大阪朝鮮学校無償化・補助金裁判

「あたりまえの権利」を求めて

大阪朝鮮学園高校無償化・補助金裁判記録集刊行委員会 編

現代人文社

だが　子供たちよ、君たちは
ニホンノガッコウヨリ　イイデス、と　つたない朝鮮語で
おれたちも祖国が統一しさえすれば
日本の学校より　何層倍も立派な学校を　建てることができるじゃないかと
かえって　この涙もろい先生をなぐさめ、
そして　また　きょうも
カバンを背負い　元気一ぱい　学校に来るのだ、

――許南麒《ホナムギ》「これが おれたちの学校だ」（１９４８）

※引用にあたって原詩の2〜3行を1行にまとめて表記した。

序にかえて――朝鮮学校無償化・補助金裁判とは何か

本書は、大阪の朝鮮学校が、日本政府のいわゆる「高校無償化」政策から排除され、また大阪府・大阪市により補助金交付を停止されたことに抗議して起こした二つの裁判闘争の記録です。提訴以前の行政や社会に対する活動の期間を含めると、大阪の朝鮮学校は10年にもわたる長く厳しい闘いを強いられました。ただし高校無償化裁判については、大阪だけでなく、全国5カ所で実施されたので、最初に一連の裁判闘争の全体像を俯瞰しておきたいと思います。

高校無償化制度の創設と大阪府・大阪市補助金裁判

２００９年8月の総選挙で圧勝し成立した民主党政権は、公約であった高校無償化制度を２０１０年4月にスタートさせました。国連人権A規約（いわゆる社会権規約）にもとづき、教育の機会均等を目的とするこの制度では、公立高校での授業料免除のほか、私立高校生徒にも公立高校授業料に相当する就学支援金を支給することになっていました。各種学校である私立外国人学校も、高校生に相当する生徒は制度の適用対象となったのですが、唯一、全国に10校ある朝鮮高級学校（以下、朝鮮高校）の生徒だけが除外されてしまいました。またこれと並行して、それまで朝鮮学校に交付してきた補助金を停止あるいは減額する地方公共団体が相次ぎましたが、その先導役を果たしたのが大阪の維新府政でした。

大阪府では１９７４年度から朝鮮学校の設置者である大阪朝鮮学園に補助金を支給しはじめ、１９９１

年度以降は人件費などを含む経常費に対する補助金を交付してきました。しかし大阪朝鮮高校に対しては２０１１年３月に、また翌２０１２年３月には初・中級学校をも含めて、府下の朝鮮学校に対する交付を全面的に停止しました。その理由は、橋下徹大阪府知事（当時）が交付の条件として一方的に提示した、いわゆる「四要件」（本書26頁参照）を満たさなかったからというものでした。そして大阪市も大阪府の方針に追随し、２０１２年３月、大阪市内の朝鮮初・中級学校に対する補助金を停止する措置を取りました。以後、大阪市以外の府下各市でも朝鮮学校に対する補助金交付を見直す動きが広まっていきます。

高校無償化実施前年の２００９年度には、大阪府から総額1億２０９９万円、大阪市から２７００万円の補助金が大阪朝鮮学園に交付されていました。しかし、これらの補助金がすべてなくなってしまったのです。一方で大阪府下の私立高校では、橋下知事の肝いりで高校無償化制度と連動する府独自の補助金制度が拡充された結果、２０１１年度の新入生から年収６１０万円未満の世帯に対しては実質的に授業料が免除されました。こうして朝鮮高校に通う生徒と、他の公立・私立高校に通う生徒との格差（＝差別）は深刻なものとなりました。

これに対し大阪朝鮮学園は２０１２年9月20日、大阪府と大阪市を相手取り、２０１１年度分補助金の不交付決定取消しと補助金交付の義務付けを求める訴訟を大阪地裁に起こしました。一方で裁判係争中の２０１６年3月に、文科省は朝鮮学校へ補助金を交付していた28都道府県知事に宛てて、事実上その見直しを求める通知を送付してもいます。

４年以上にわたる審理の末、２０１７年1月26日に言い渡された大阪地裁判決は、朝鮮学校の子どもの学ぶ権利や、民族教育の意義などには一切触れず、ひたすら大阪府・大阪市側の主張をなぞる不当なものでした。全面敗訴した大阪朝鮮学園はただちに控訴しましたが、２０１８年3月20日に大阪高裁はこれを棄却、さらに同年11月28日、最高裁は上告棄却・上告受理申立不受理を決定して、大阪朝鮮学園側の敗訴が確定しました。

高校無償化制度から排除された朝鮮高校

一方、高校無償化制度の適用によって就学支援金の交付対象となる外国人学校は、制度開始（２０１０年4月）当初、文科省令によって、イ＝外国の学校教育制度で日本の高校に対応するもの、ロ＝インターナショナルスクール、ハ＝イ・ロ以外の「高等学校の課程に類する課程を置くもの」に3分類されていました。全国の朝鮮高校10校は、このうちのハ規定にもとづく指定を受けようと、受付が開始された２０１０年11月に申請を行いました。しかし民主党政権は、同月に発生した延坪島砲撃事件を理由に審査を凍結し、２年以上も結論を先延ばしにしました。

そして自民党・公明党への政権交代により、２０１２年12月26日に成立した第2次安倍晋三内閣は、ただちに朝鮮高校への無償化制度不適用の方針を決定します。翌２０１３年2月20日に文科省令を改悪し、指定の根拠であったハ規定を削除するという暴挙が行われました。そして同日付で、指定を申請していた朝鮮高校10校に対し、下村博文文科大臣（当時）名で不指定通知が送付されました。ところが、この通知書にはハ規定削除以外に、「規程13条に適合すると認めるに至らなかったこと」という、もう一つの理由が記載されていました。

ここで言う「規程」とはハ規定にもとづき、修業年限、授業時数、教員数、校地・校舎など、指定の基準や手続などを定めた規則（文科大臣決定）のことで、その第13条は「指定教育施設は、高等学校等就学支援金の授業料に係る債権の弁済への確実な充当など法令に基づく学校の運営を適正に行わなければならない」（傍点引用者）と定めていました。朝鮮高校がこの規定に「適合すると認めるに至らなかった」ことが不指定の第2の理由とされたのです。

ハ規定削除は指定申請中の朝鮮高校を排除するための、あまりに露骨な措置であり、また「教育の機会均等」をうたった高校無償化制度の精神に反することは明らかでした。そこで政府は論点のすり替えをはかろうとして、規程第13条不適合という理屈を考え出したものと見られます。ここで政府は教育基本法第16条第1項に定められた、教育における「不当な支配」の禁止を持ち出してきます。朝鮮学校の教育内容は朝鮮総聯の「不当な支配」を受けている「疑い」があるので、指定には至らなかったというのです。牽強付会とはまさにこのことでしょう。

高校無償化裁判の経緯

朝鮮高校への不指定決定に対し、大阪と愛知では２０１３年1月24日、朝鮮高校生徒への制度適用を求める訴訟が提起されました。その後、広島、福岡、東京でも提訴が続き、全国5か所で裁判闘争が繰り広げられていきます（次頁の表を参照）。

それぞれの裁判は、朝鮮高校生徒への就学支援金支給を求めて訴えを起こした点ではもちろん共通してい

表　朝鮮高級学校「高校無償化」裁判一覧

学校名（所在地）	原告	請求内容	提訴日	最高裁上告棄却・上告受理申立不受理決定日
大阪	大阪朝鮮学園	不指定処分取消[1] 指定義務づけ	2013/01/24	2019/08/27
愛知	生徒・卒業生 10 名[2]	国家賠償	2013/01/24	2020/09/02
広島	広島朝鮮学園	不指定処分取消 指定義務づけ	2013/08/01	2021/05/16
	生徒・卒業生 110 名	国家賠償		
九州（福岡）	生徒・卒業生 68 名	国家賠償	2013/12/19	2021/05/16
東京	生徒 62 名	国家賠償	2014/02/17	2019/08/27

注：1）提訴時の「不作為の違法確認」から不指定決定（2013 年 2 月 20 日）にともない訴えの内容を変更。
2）提訴時は 5 名だったが、2013 年 12 月 19 日に 5 名が追加提訴を行った。

ます。ただし地域の事情や弁護団の方針により、その内容には、①生徒・卒業生を原告とする国家賠償請求訴訟（愛知、福岡、東京）、②設置者（朝鮮学園）を原告とする行政訴訟（大阪）、③両者（①②）をともに行う訴訟（広島）の三つのタイプがありました。

これら裁判のうち唯一、朝鮮学校側が勝訴したのが、大阪地裁判決（２０１７年７月28日）でした。判決は国に対して、大阪朝鮮高校への不指定処分を取消し、同校への指定を命じました。争点となった規定ハ削除については、下村文科大臣が裁量権を逸脱、濫用し違法であり、またもう一つの争点においても、大阪朝鮮高校は規程第13条に適合するという判断を示したのです。原告全面勝訴の内容であり、歴史に記されるべき画期的な判決でした。

しかし２０１８年９月27日の控訴審判決で、大阪高裁は大阪朝鮮学園側の逆転敗訴を言い渡しました。翌２０１９年８月27日に最高裁は上告棄却・上告受理中立不受理を決定し、大阪朝鮮学園の敗訴が確定しました。他地域の裁判でも、朝鮮学校側の敗訴が続き、2021年7月27日、最高裁が広島朝鮮学園と元生徒らの訴えを退けたことによって、五つの高校無償化裁判はすべて朝鮮学校側の敗訴が確定したのです。

裁判闘争と国際人権機関の評価

大阪では、原告である大阪朝鮮学園、実際の法廷闘争を担う弁護団、そして日本人を中心とする各学校の支援団体の三者が、2012年3月1日に「朝鮮高級学校無償化を求める連絡会・大阪」(以下、無償化連絡会・大阪)を結成し、集会、学習会、コンサート、パレードの開催、ニュースレター発行などの活動を通じて裁判闘争を主導しました。とくに毎週火曜日に大阪府庁前で実施されている抗議活動＝「火曜日行動」は、2022年12月13日に500回を迎え、現在も続いています。

大阪の弁護団は、提訴した他の4地域の弁護団と頻繁に連絡を取り合いながら裁判闘争を進めました。また各学校のオモニ会と大阪府オモニ連絡会、在日本朝鮮民主女性同盟大阪府本部は、無償化連絡会・大阪と緊密に連携しながら、全国各地のオモニ会とも協同し、運動を進める献身的な主体となりました。そのほか、在日本朝鮮青年同盟、在日本朝鮮留学生同盟、大阪朝鮮歌舞団などの在日朝鮮人団体も、つねに運動を力強く支える存在でした。

さらに韓国では、支援団体「モンダンヨンピル」(日本語訳は「ちびた鉛筆」)、ウリハッキョと子どもたちを守る市民の会などが、日常的に朝鮮学校支援の取り組みを展開していました。とりわけモンダンヨンピル

大阪「無償化」裁判控訴審判決報告集会で朝鮮学校生徒たちを激励する金福童さん（2018年9月27日、クレオ大阪中央）

の大阪公演（2023年7月5日）や、大阪「無償化」裁判控訴審判決の報告集会（2018年9月27日）で病躯をおして、逆転敗訴に沈む朝鮮学校の子どもたちを励ました元日本軍「慰安婦」被害者の金福童《キムボットン》さんの発言は印象的でした。（金福童さんは4か月後の2019年1月28日逝去。）大阪の朝鮮学校や裁判闘争を取り上げた「60万回のトライ」（朴思柔《パクサユ》・朴敦史《パクトンサ》監督、2013年）、「アイたちの学校」（高賛侑《コウチャニュウ》監督、2018年）、「差別」（金智雲《キムジウン》・金度喜《キムドヒ》監督、2023年）などの映像作品も制作、上映されました。

一方、裁判闘争が展開されるなか、さまざまな国際人権機関は日本政府による定期報告書への審査を通じて、高校無償化制度からの朝鮮学校排除の不当性を繰り返し指摘し、その是正を勧告してきました。国連社会権規約委員会は2013年6月、高校無償化除外を「差別」と明言し、制度適用を勧告しています。国連人種差別撤廃委員会も2014年9月に朝鮮学校へ高校無償化制度を適用し、地方公共団体には補助金再開・維持を要請するよう日本政府へ勧告しており、2018年8月にも再度、同様の勧告を行っています。これらに対し、日本政府が朝鮮高校の適用除外は法に則った措置だと強弁すると、2019年3月、国連子どもの権利委員会は朝鮮学校への制度適用のために基準を見直すことさえ勧告しています。

国際人権機関はいずれも日本政府の施策によって、在日朝鮮人の民族教育権が侵害されていると認めています。国際人権の基準から見て朝鮮学校の教育内容が無償化制度からの排除の理由にならないことは明白なのです。

本書の構成

さて大阪での朝鮮学校による高校無償化・補助金裁判闘争を記録するため編集した本書は、大きく分けて三部から構成されています。第一は、法廷での闘争を直接担った大阪朝鮮学園裁判弁護団（丹羽雅雄弁護団長）による二つの裁判の経緯と評価です。大阪の弁護団には二つの裁判闘争を同時並行的に進行させる大きな負担が求められました。その経緯を場面場面での思いも織り交ぜながら時系列に沿って整理したうえで、裁判結果を当事者の立場から分析、評価しました。各弁護士の個人的な感想をコラムの形式で、また鑑定意見書の要旨は付録として掲載しています。

第二は、社会学・歴史学などを専門とする研究者の裁判闘争への評価です。歴史的な観点から民族教育の課題を考察した鄭栄桓《チョンヨンファン》さんの論稿、京都朝鮮学校襲撃事件裁判の成果も踏まえて民族教育権について検討した板垣竜太さんの論稿は、いずれも私たち朝鮮高級学校無償化をもとめる連絡会・大阪のオンライン学習会での講演を文字起こししたものです。朝鮮学校保護者アンケートの結果を分析した伊地知紀子さんの論稿は、両裁判で提出された鑑定意見書の要約ですが、同様にオンライン学習会でもお話しいただきました。

そして第三は、裁判闘争に取り組んださまざまな立場からの振り返りです。当事者である朝鮮学校の元生徒、教職員、保護者はもちろん、日本人や韓国の支援者などが、それぞれ自分なりの現在の思いを綴っています。裁判に関わった多くの人びとからすれば、ほんの一部に過ぎませんが、それでも現場での貴重な体験として、後世に読み継がれればと思います。なお巻末には、関連年表と文献紹介を付しました。

これらの叙述から、大阪における朝鮮学校裁判闘争の全貌が明らかにされることでしょう。本書を読みながら、在日朝鮮人史のみならず、日本史、朝鮮史、そして世界史の1ページに刻まれるべきこの闘いの意味を、一緒に考えていただければ幸いです。

朝鮮高級学校無償化を求める連絡会・大阪　共同代表

藤永　壮

目次

あらためて、民族教育とは――オンライン学習会の記録

裁判闘争を振り返る――当事者・関係者の手記

朝鮮学校裁判・法廷闘争の記録

大阪朝鮮学園裁判弁護団

大阪「無償化」裁判地裁勝訴、喜びの旗出し（2017年7月28日、大阪地方裁判所前）

Ⅰ　闘いへの道のり——裁判に至る経緯

一　高校無償化制度の朝鮮高級学校適用問題

1　朝鮮学校に対する地方公共団体の助成と高校無償化制度

朝鮮学校は、日本の敗戦後、朝鮮半島にルーツを持つ子どもたちが、民族のことばや歴史・文化を学ぶために設立された学校である。日本の学校と同じ6・3・3の学制を組む朝鮮学校は、全国各地にあり、大阪府においては学校法人大阪朝鮮学園により、2012年当時、初級学校7校、初中級学校1校、中級学校1校、高級学校1校が運営され、約1550名の子どもたちが学んでいた。

日本政府は、1965年には、朝鮮学校を各種学校としても「認可すべきではない」と各地方公共団体に通達していたが、朝鮮学校が地域に根付き、広く社会的承認を受ける過程の中で、1975年までには各都道府県の独自の判断ですべての朝鮮学校が各種学校として認可された。また、1980年代に入ると、地方公共団体の間に朝鮮学校を「日本における学校教育に準じる教育を行っている学校」との認識が定着し、私立学校と比較すれば不十分であるものの、教育費の助成が行われるに至った。

大阪府においても、大阪朝鮮学園は１９７４年度から助成を受けられるようになり、１９９２年度からは「私立外国人学校振興補助金」の交付を長年にわたり受け続けてきた。また、学園は、１９８７年度から大阪市による「義務教育に準ずる教育を実施する各種学校を設置する学校法人に対する補助金」の交付を長年にわたり受け続けていたのである。

そのような状況下で、初めて日本国家が朝鮮学校に通う生徒に対する助成を実施する可能性を開いたのが、民主党政権が実施した「高校無償化」制度であった。

2　高校無償化法の成立

２０１０年3月31日、「公立高等学校に係る授業料の不徴収及び高等学校等就学支援金の支給に関する法律」（以下、「高校無償化法」という）が成立した。法の目的は、「高等学校等における教育に係る経済的負担の軽減を図り、もって教育の機会均等に寄与すること」（第1条）にあり、外国人学校に通う生徒にも平等に就学支援金を支給する制度となるはずであった。

ただし、各種学校にあたる外国人学校に通う生徒が就学支援金の支給を受けるためには、その生徒たちが通う教育施設が文科大臣から就学支援金支給対象校として指定を受ける必要があった。

指定を受けることができる外国人学校については、高校無償化法の施行規則（文部科学省令。以下、「施行規則」という）により、以下の３種類の学校に分けられた。

イ「当該外国の学校教育制度に位置付けられたもの」
ロ「文部科学大臣が指定する団体の認定を受けたもの」
ハ「イ及びロに掲げるもののほか、文部科学大臣が定めるところにより、高等学校の課程に類する課程を置くものと認められるもの」（以下、「規定ハ」という）

「イ」は、外国から認定を受けた学校が想定され、「ロ」は国際バカロレア等の認定を受ける欧米系のインターナショナルスクールが想定されていたが、朝鮮学校については、これら「イ」にも「ロ」にもあたらないとして、規定ハにあたるかどうかが検討されることになった。

3　朝鮮学校に対する審査の迷走

２０１０年5月26日、文科大臣は、「高等学校就学支援金の支給に関する検討会議」を設置し、この検討会議において、規定ハにより指定を受けられる施設の基準作りが行われた。その結果、同年11月5日、修業年限原則３年、授業時数年間８００時間、１クラス原則40人以下などの具体的基準（規定ハに基づく指定に関する規程。以下、「規程」という）が設けられた。そして、「外国人学校の指定については、外交上の配慮などにより判断すべきものではなく、教育上の観点から客観的に判断すべきであるということが法案審議の過程で明らかにされた政府の統一見解である」ことが明らかにされた。

これらの基準からすれば、歴史と伝統と実績のある朝鮮高級学校は、当然に指定を受けられるものと考えられていた。しかし、その後、政府の統一見解に反する「外交上の配慮」によって朝鮮高級学校に対する審査が迷走することになってしまうのである。

２０１０年11月24日、当時の菅直人首相（民主党）は、南北朝鮮の海上軍事境界線近くの延坪島で発生した朝鮮民主主義人民共和国と大韓民国の間の砲撃事件を理由にして、文科大臣に朝鮮高級学校に対する高校無償化法に基づく審査手続きの停止を指示した。国家間の対立問題を審査停止の理由にするのは、外交上の配慮以外の何ものでもなかった。

こうして早くも政府の統一見解が崩れ去り、今後の状況が見通せなくなっていった。外交問題を理由に審査手続きが停止している間に、朝鮮高級学校に通っていた生徒は、就学支援金を支給されないまま卒業していくことになった。

4　三者合同学習会のはじまり

朝鮮学校に通う生徒が就学支援金の支給を受けられない差別を解消するため、朝鮮学校を運営する各学校法人の理事たち、学校の支援者、そして弁護士たちが各地で行動を起こすことになった。

大阪では、２０１１年7月22日、学園理事、支援者とともに、弁護士11名が学習会をはじめることになった。呼びかけたのは、当時、大阪弁護士会の副会長をしていた丹羽雅雄弁護士であった。丹羽弁護士は、その数年前、東大阪市から提訴された大阪朝鮮高級学校のグラウンド明渡裁判で弁護団長を務め、勝訴的な和解に導いたことで、当時の大阪朝鮮学園理事たちと強い信頼関係があった。このグラウンド裁判の弁護団員だった原啓一郎、普門大輔、中森俊久、金英哲《キムヨンチョル》を始め、外国人の人権問題や子どもの権利に関心を持つ弁護士たちが学習会に集まった。

学習会では、高校無償化制度において朝鮮高級学校の生徒だけが支給を受けられていない問題の解決策や、自治体からの補助金削減の動きなどについて現状報告と問題提起があり、弁護士からは、現状を打破するための訴訟の検討がなされた。すなわち、文科大臣から指定を受けるため、国を相手にして指定を求める行政訴訟と損害賠償を請求する国家賠償請求訴訟の両方の検討を行ったのである。

この三者学習会は、提訴を念頭にほとんど毎月継続的に行われ、多くの議論が交わされた。

二　大阪府及び大阪市の補助金をめぐる動き

1　補助金問題の浮上

朝鮮高級学校に対する高校無償化制度適用が論議されるなかで、大阪では大阪府及び大阪市による朝鮮学校への補助金交付問題が浮上していた。

地方公共団体の各種学校に対する助成は、教育基本法や私立学校振興助成法等に依拠したもので、大阪府においては「私立外国人学校振興補助金」、大阪市においては「義務教育に準ずる教育を実施する各種学校を設置する学校法人に対する補助金」が、それぞれの要綱に則って交付されていた。

2　大阪府の場合

大阪府では、「私立外国人学校振興補助金」が1992年度に新設された。大阪府は、この補助金制度の新設理由について、2011年10月13日の大阪府議会（教育常任委員会）において、「外国人学校振興補助金につきましては、平成四年度に制度が創設されたものでございまして、〔中略〕同年に策定をされました大阪府国際化推進基本指針において示されております、国籍や民族を問わず、すべての人々が同じ人間として尊重し合い、違いを認め合って共生していく地域社会づくりなど、〔中略〕という趣旨を踏まえまして、民族教育や国際化教育の振興を図るという観点から、〔中略〕交付したもの」と述べている。

大阪府補助金は、学園の生徒の人数に応じて金額が決定されるので、「人」に対する補助金といえる。

ところが2010年3月12日、橋下徹大阪府知事（当時）は、①北朝鮮は拉致問題などを抱える不法な国家である、②北朝鮮という国と暴力団というのは基本的には一緒である、③暴力団が経営する学校に関して助成を行うことは府民から文句が出る、④不法国家とは大阪は付き合わない、北朝鮮という国家と学校がどんな関係を有するか詳細に確認する、⑤拉致被害者を返してくれ。朝鮮学校の子どもたちを泣かせたくないのであれば、もうちょっと北朝鮮本国もしっかりしてくれ、などと発言し、補助金交付に関するいわゆる「四要件」を提示した。

この橋下府知事の発言は、当時、高校無償化法の対象から朝鮮学校を外すとの議論が民主党政権内部からも出ていたことを受けてのものである。四要件とは、①朝鮮総聯と一線を画すこと、②北朝鮮指導者の肖像画を教室から外すこと、③日本の学習指導要領に準じた教育活動を行うこと、④学校の財務状況を一般公開すること、であった。

2010年度補助金の交付をめぐり、この四要件に対応して、学園側は財務内容等の公開及び指導者らの肖像画の取り外しなどを行ったうえで、大阪府による調査が実施された。その結果、2010年度については2011年3月25日、初・中級学校に対しては予定どおり補助金が交付されることとなった。

3　大阪市の場合

大阪市補助金は「義務教育に準ずる教育を実施する各種学校を設置する学校法人に対する補助金」として、1987年度から交付が開始された。当初は120万円程度であったが、1997年度には3000万円まで増額され、大阪府の補助金交付が議論されていた2010年度も2650万円が交付されていた。

大阪市補助金は、教具、設備等の費用の実額の半額を上限として交付される「物」に対する補助金という点において、先述の大阪府補助金との違いがある。

大阪市は、大阪府による一連の動きとは関係なく、2011年1月27日、2010年度の学園に対する補助金を交付する旨決定した。

三　提訴に向けて

1　二つの裁判への対応と無償化連絡会・大阪の結成

高校無償化問題に加えて大阪府・大阪市補助金問題が浮上する中、弁護士の間では、高校無償化法を主に

無償化連絡会・大阪忘年会（2012年12月25日）

検討する無償化班と、補助金問題を主に検討する補助金班に分かれ、それぞれ訴訟提起について深く検討していった。無償化班の初期メンバーは、主査として金英哲、班構成員として李承現《リスンヒョン》、具良鈺《クリャンオク》、岡崎真由子という、いずれも当時弁護士経験5年以内の比較的若いメンバーで構成された。全員がロースクールで行政法を学んでおり、義務付け訴訟などの新しい訴訟形態も積極的に取り入れながら訴状の検討を重ねた。

片や補助金班の初期メンバーは、主査として原啓一郎、班構成員として普門大輔、中森俊久、大橋さゆりら、多様な分野で活動実績があり、その知見の活用を期待できる弁護士で構成された。補助金裁判は、理論的に困難を伴う訴訟遂行が予想されたからである。

またこの長きにわたった裁判闘争の過程では、前述の各班初期メンバーらに加え、田中俊、三好吉安、木下裕一、金南湜《キムナムシク》、大塚喜封、仲尾育哉、金星姫《キムソンヒ》、朴日豪《パクイルホ》、任真赫《イムジンヒョク》らを含め、多数の志を同じくするメンバーが加わり、また各班の構成にかかわらず、共通する論点などについては共同で検討を行い、一致団結した陣容で取り組んだ。

無償化班の訴状は2012年2月にはほぼ完成し、若干の検討を加えながら提訴の決断を待つ状態になった。ただちに訴訟を提起すれば、審査を進めない違法状態を解消するため、当時の民主党政権が朝鮮高級学校を無償化対象校として指定するだろうという考えから、すぐにでも訴状を提出すべきという意見もあった。一方、補助金班では当時進行中であった2011年度補助金交付へ向けての動きを見ながら、研究を深めていった。

提訴に向けての準備が進む中、2012年3月1日、阿倍野区民センター大ホールで、「朝鮮高級学校無償化を求める連絡会・大阪」(無償化連絡会・大阪)の結成集会が行われた。

約800人の支援者や市民が参加したこの集会では、高校無償化裁判・補助金裁判提訴に向けた支援団体の結成と、その共同代表として、丹羽雅雄(弁護士)、藤永壮(大阪産業大学教授)、伊地知紀子(大阪市立大学准教授〔現・大阪公立大学教授〕)、宇野田尚哉(大阪大学准教授〔現・教授〕)が就任することが宣言された。

無償化連絡会・大阪の結成を機に、多くの方から支援や援助を受け、裁判費用や若干の弁護士費用の支払いも受けられるようになり、弁護団も安心して訴訟に臨むことができる環境が整った。当事者(学校法人大阪朝鮮学園理事者・生徒・教員)、弁護団、支援者たちが、お互い連携を取りながらそれぞれの役割を存分に果たす三位一体の闘いが始まった。

2　補助金不交付の決定

(1)　大阪府

無償化連絡会・大阪の結成直後、大阪府・大阪市は２０１１年度補助金の不交付を決定した。
大阪府は、２０１１年9月から11月にかけて、２０１１年度の補助金交付に関し、前年度の実績を元にした補正予算案を大阪府議会へ提示していた。ところが、府議会では継続審議となり、府によって大阪朝鮮学園に対する再度の実地調査が行われた。

また、大阪府は、２０１２年2月20日、私立外国人学校設置者宛に、「「大阪府私立外国人学校振興補助金交付要綱」の改正について」とする文書を発送し、いわゆる「四要件」に沿って、交付要綱の内容に、①日本の学習指導要綱に準じた教育活動を行うこと、②学校の財務情報を一般公開すること、③特定の政治団体と一線を画すこと、④特定の政治指導者の肖像画を職員室を含む教室から外すこと（傍点引用者）、を要件に盛り込む改正を予定しているなどと通知した。

このような経緯から学園側は、エスカレートする大阪府の要求にその都度対応していては、際限なく困難な要求を突きつけられるのではないかという危惧を抱いた。だが学園側は、生徒への不利益などを考慮して、職員室からも指導者の肖像画を取り外した。そのうえで学園は、２０１２年3月9日、大阪府に対し前年度分と同様の補助金交付申請を行った。

ところが、補助金の交付対象となる学校法人等について定める交付要綱第2条には、同年3月7日、前年の4月1日に遡って「四要件」が盛り込まれるよう、以下の条項（カッコ内は号番号）が加わっていた。

(1)　財務情報を一般に公開していること

〔中略〕

(5)　生徒に対し、幼稚園教育要領、小学校学習指導要領、中学校学習指導要領又は高等学校学習指導要領に準じた教育をそれぞれ行っていること

(6)　私立学校法第35条第1項（同法64条第5号において準用する場合を含む。）に規定する理事及び監事が、特定の政治団体（公安調査庁が公表する直近の「内外情勢の回顧と展望」において調査等の対象となっている団体をいう。ただし、政治資金規正法第3条第2項に規定する政党を除く。以下同じ。）の役員を兼務していないこと

(7)　学校法人が、特定の政治団体への寄附又は特定の政治団体からの寄附の受入れをしていないこと

(8)　特定の政治団体が主催する行事に、学校の教育活動として参加していないこと

(9)　政治指導者の肖像画（特定の人間の外観を表現した絵画や写真等をいう。）を教室等に掲示していないこと

大阪府の松井一郎知事（当時）は、同年3月16日に産経新聞が掲載した、朝鮮民主主義人民共和国で行われた1月の「迎春公演」に朝鮮学校の生徒が参加したという記事を取り上げ、これが学校行事としての参加ではないことが証明されないとして、3月19日に補助金不交付を報道発表した。3月30日、大阪朝鮮学園は大阪府より、3月29日付けで補助金全額不交付の決定通知を受けた。補助金不交付の理由は、「交付要綱第

2条第8号に該当しているとの確証が得られず、交付要綱第2条に該当するものと確認できないため」と記載されていた。

(2)　大阪市

一方、大阪朝鮮学園は、2011年9月9日に2011年度の大阪市補助金の交付申請をしていた。申請は、同年10月12日に受理された。

それにもかかわらず大阪市は、自ら定めた標準処理期間である60日が過ぎても、交付申請に対する決定を行わなかった。処理を遅らせたのは、大阪府及び大阪市の首長選挙が近く実施され（投票日は同年11月27日）、大阪府知事（当時）の橋下徹氏が大阪市長に当選することを見込んでいたからであった。

2012年3月8日、大阪市の担当者が、学園担当者に対し「朝鮮学校に対する補助金支給にかかる要件」と題するメモを手渡した。そのメモには、①日本の学習指導要領に準じた教育をする、②学校の財務内容の公開、③朝鮮総聯との関係を清算する、④肖像画を教室から撤去する、⑤肖像画を職員室から撤去する旨記載されていた。（大阪府の「四要件」を真似ているが、合致はしていない。以下、便宜上「五要件メモ」という。）

同年3月12日から14日にかけて、大阪市の担当者は大阪府の担当者に随伴し、朝鮮初級学校及び中級学校等を視察した。前述のように3月19日、大阪府が2011年度補助金を交付しない方針を表明すると、大阪市の担当者は3月21日、大阪朝鮮学園に対し、大阪市補助金を交付しない旨を電話で伝えた。

続いて3月27日、大阪市は補助金交付要綱を突然改定した。主な改定の内容は第2項「交付対象」であり、新たに「当該年度に大阪府私立外国人学校振興補助金の交付を受けることが見込まれる」という文言が付加された。また本件要綱改定を２０１１年４月１日に遡って適用するともした。

そして3月30日、大阪市は、大阪朝鮮学園に対する補助金不交付を正式に決定した。その理由は、改定された補助金交付要綱の「第２項の平成23年度大阪府私立外国人学校振興補助金の交付対象でないため」というものであった。補助金交付申請後に改定した交付の要件を遡って適用し、大阪朝鮮学園を交付対象から除外してしまったのである。

(3)　火曜日行動のはじまり

大阪府・大阪市補助金不交付決定、高校無償化審査決定の遅延という事態に対応し、無償化連絡会・大阪は、各種集会や街頭イベント等を開催して地道な活動を行っていた。

特に２０１２年４月17日から毎週火曜日、「火曜日行動」として、大阪府庁前で朝鮮学校への無償化制度適用・補助金再開を求める街頭アピールが行われるようになった。火曜日行動は、雨にも風にもコロナにも負けず続けられ、２０２２年12月13日に５００回を迎えた。

弁護団のひとこと　(1)

人間としてどう考えるかが試されている
――朝鮮人差別の問題に関わってきた経緯から思うこと

田中俊（たなか・しゅん）

わたしが朝鮮学校の子どもたちとの関わりを持つようになったのは、今から20年前の2002年頃である。拉致報道によって、朝鮮民主主義人民共和国に対するバッシングが強まり、日本に住む朝鮮学校の子どもたちに対するいじめや嫌がらせが横行していた。当時、わたしは、大阪弁護士会人権擁護委員会で国際人権部会担当の副委員長であったこともあり、中森弁護士ら弁護士1年目の弁護士らと「在日コリアンの子どもたちに対する嫌がらせを許さない大阪弁護士の会」（以下、「許さない会」という）を立ち上げた。いじめや嫌がらせの実態を調査するため東大阪の朝鮮高級学校を訪れ、直接生徒たちに話を聞くことができた。初級学校をはじめ、大阪にある朝鮮学級の子どもたちにアンケートを行った。調査の結果、「朝鮮に帰れ！」とかの暴言だけでなく、ホームで突き飛ばされたりするなどのいじめの実態が明らかになり、その結果、日本の若者（未成年者も含め）がいじめの主体になっていることも分かった。許さない会では、緊急声明を出すとともに、この調査結果を報告集にして、近畿弁護士会連合会の人権大会で報告した。

その後、2003年になって、朝鮮高級学校の卒業生には、国公立大学の受験資格が認められていないことが社会問題となった。これは、本質的に、在日コリアンの子どもたちに対するいじめ以外のなにものでもないという気持ちから、許さない会の名義で緊急声明を出して、大阪弁護士会の賛同者を募ったところ、

２４２名の賛同署名が集まった。この署名を持って上京し直接文部科学省に持参して申し入れをした。また、この問題で大阪大学で集会を開いた。

そして、この問題を取り組む中で、丹羽雅雄弁護士らのグループの存在を知り、許さない会は、丹羽弁護士らと一緒に共同して受験資格問題を取り組むことになった。丹羽弁護士のグループには、田中宏先生、師岡康子弁護士、殷勇基《ウンヨンギ》弁護士などがいて人脈が広がった。２００５年には、大阪弁護士会で「大阪朝鮮高級学校の公平な資格認定を求める声明」を出すように働きかけ会長声明を発出させた。また許さない会で、大阪にある大阪大学、大阪市立大へ看護学校受験資格認定を求める申入れ活動を行なった。このような運動の中で、朝鮮学校は1条校ではないが、事実上、大学入学資格検定試験（２００５年度から高等学校卒業程度認定試験）なしで、国公立大学を受験できる運用がなされるようになった。

その後、民主党政権下で、朝鮮学校に無償化法の適用が速やかになされない事件が起こった。許さない会の名前で、大阪弁護士会の弁護士に朝鮮学校にも無償化法の適用を求める賛同署名を呼びかけ、その結果２００名を超える賛同が集まり、上京して文科省に申し入れを行った。２０１０年3月高校無償化の対象に朝鮮学校を含めるよう求める緊急アピールを許さない会名義で発出した。

そのような状況下で、丹羽弁護士から、この問題で訴訟を行うということで、会の中心メンバーであった中森俊久弁護士と一緒に弁護団に参加することになった。その後、事実上、許さない会の活動は、無償化及び補助金弁護団の活動に収斂されていくことになった。

在日コリアンの子どもたちの人権問題に関わるようになってから、20年は経つ。この間、中堅どころであった私自身、弁護団の中では丹羽弁護士に次ぐ年齢になった。最大の成果は、無償化裁判の一審判決で勝訴したことであるが、忘れてはならないのは、朝鮮・韓国籍の弁護士と日本国籍の弁護士が一緒に活動を取り組んできたことである。「日本人なのになんで弁護団の活動をしているの」という質問を何度か受けたことがある。確かに、朝鮮・韓国籍の弁護士にとって、これは自分自身や家族の民族的アイデンティティに関わる問題である。彼らには当事者性がある。こちらは差別している日本人と同じ国籍を有しており、加害者であるが、加害者としての当事者性がある。日本人として、いじめをしたり、大学に受験資格を認めなかったり、無償化、補助金の対象外としようとすることが恥ずかしい。歴史の教訓を踏まえ、相手の立場に立って考えることができない日本人。在日朝鮮人の問題に関わることは、人間としてどう考えるかが試されていると思う。昔は日本人の民主的成熟性が試されている問題であると思っていたが、それよりも同じ人間としてどのように考えるかの問題であると思うに至った。今後も私がライフワークとして取り組むべき問題には変わらない。

弁護団活動への目覚め

岡﨑真由子（おかざき・まゆこ）

島根県松江市で弁護士をしています、岡﨑真由子です。

当時、「若手」のひとりとして、弁護団に加えていただきましたが、裁判が始まってまもない２０１３年夏に、里帰り出産を機に一時離脱し、そのまま地元島根に登録替えしてフェイドアウトしているので、関係者の皆様には大変不義理をしていました。今回、丹羽雅雄先生からこの原稿の執筆依頼を受け、正直気まずくて、辞退の言い訳をあれこれ考えたのですが、ご挨拶の機会をいただいたものと覚悟を決め、思い出を連ねてみようと思います。

２００９年12月に大阪弁護士会で弁護士デビューした私は、大阪弁護士会の子どもの権利委員会に入り、その中の「外国人の子どもの人権部会」に参加するようになりました。この部会で、後に高校無償化裁判・補助金裁判の弁護団の仲間となる弁護士の先生方にも出会いました。

外国人子ども部会では、その活動の中で、外国人学校の実情を知るため、朝鮮学校やブラジル人学校等を訪問し、学校施設の見学や教職員の先生方のお話を聞くだけでなく、実際の授業中の様子を見せてもらったり、給食時間に一緒に給食をいただいたりと、学校の日常を見せてもらいました。それぞれの学校やそこへ通う子どもたちの実情は一様ではありませんが、どの学校でも、子どもたちからはエネルギーを感じ、日本という外国で生活することでの制限や不自由が、子どもたちの可能性を閉ざすことがあってはならないし、むしろ可能性を広げるのが大人の責任だと強く感じました。

この時期に、大阪では、橋下徹知事（当時）が、朝鮮学校を視察した上で、補助金支給の前提となる「四要件」を提示し、府・市ともに、朝鮮学校への各補助金を不支給としていく流れができつつありました。また､国も、高校無償化法の適用に関する朝鮮学校への審査手続きを凍結し、朝鮮学校が適用外にされてしまう流れができつつありました。

朝鮮学校は子どもたちの学びの場として申し分ないのに、政治判断に子どもたちを巻き込む国や自治体の姿勢に憤慨しっぱなしで、丹羽先生から弁護団への参加をお声がけいただいたとき、私には断る理由がありませんでした。当時勤めていた事務所のボス上原康夫先生は、「運動をリードする丹羽先生をよく見ておけ。すごく勉強になるぞ」と応援してくれました。

その丹羽先生が常々言っておられたのが、弁護団と当事者と支援者の、三位一体による運動の重要性でした。

弁護団は、無償化裁判と補助金裁判のチームに分かれ、私は無償化チームに入りました。

最初で最大の難題が、無償化法を適用せよという「義務付け訴訟」にするのか、損害賠償を求める国家賠償請求訴訟にするのかという点で、結果「義務付け訴訟」に決めたのですが、一般論として、「義務付け訴訟」のハードルはとてつもなく高く、当時の若手は恐いもの知らずというか、しかし不当な権力と真っ向勝負する感覚に心燃えたことを覚えています。

各チームでの打ち合わせや、両チーム合同の打ち合わせのほか、全国の弁護団との会議や、定期的に当事者や支援者と一緒に行う勉強会もあり、パレードに参加したり、集会に参加したりと、なんやかんやしてましたが、実は「運動」には及び腰の気の小さい私が、弁護団をはじめ、この朝鮮学校を巡る運動に参加したのは、やはり、当事者が子どもたちだったというのが大きかったと思います。裁判所でも、街頭でも、必ず、当事者の子どもたちが参加していて、自分たちがやっている裁判は、子どもたちに直接影響する裁判なんだと、都度、思い知りました。そして、この問題は、彼ら彼女らの問題ではなく、私たち日本の、日本人の問題であり、日本社会にそのことを示すためには、在日の弁護士と一緒に、日本人の私が弁護士として参加することに意味があるのだと思っていました。

とはいえ、2013年の夏で結果的に離脱してしまったので、私は諸運動のほんの最初だけで、その後のきっとあったであろう紆余曲折には関与していないのですが、2017年7月に、無償化裁判が地裁で認容されたニュースをみて、弁護団・当事者・支援者三位一体の運動が実を結んだのだと、とても感激しました。

その後、裁判は、最高裁で棄却が確定してしまい、日本という国はほんとつまらんと思いましたが、日本の裁判所は、上級審になるほど政治的な問題にはソンタクするので、一審で認容されたということには、とても大きな意義があったと思います。

朝鮮学校に関する高校無償化裁判・補助金裁判は、日本社会に大きな問題提起ができましたし、社会を動かす可能性を示すことができました。そこに弁護団の一人として参加させていただいたことに、とても感謝しています。月並みですが、この経験を、今後の私の弁護士としてのありかたに生かし、これからも、私なりに、世の中をちょっとでも良くしていきたいと思っています。

朝鮮学校とのつながり

中森俊久（なかもり・としひさ）

私が弁護士になったばかりの2002年、当時の拉致報道の影響で、朝鮮学校に通う子どもたちのチマチョゴリが切られるなどの事件が相次いだ。

そんなとき、阪口徳雄弁護士の呼びかけで、朝鮮学校の子どもたちの被害の実態調査をすることなどを目的に有志の会が結成され、同期の佐藤真奈美弁護士、國本依伸弁護士らと参加した。そこで、現在も様々な活動でご一緒している田中俊弁護士と初めて出会った。弁護士になりたての私は、弁護士の仕事の責任の大きさに苛まれていたが、田中弁護士に叱咤激励され、何とか1年目を無事に終えることができた。

上記嫌がらせの実態調査の結果が、毎日新聞の1面に掲載された。私は、弁護士という肩書きの影響力に驚いた。それとともに、基本的人権を擁護し、社会正義の実現を使命とする仕事に就くことができたことを嬉しく思い、この仕事を続けていこうと思えるようになった。上将倫弁護士らとともに、大阪弁護士会の子どもの権利委員会に外国人の子どもプロジェクトチーム（PT）を立ち上げ、チマチョゴリをモチーフにしたポスターを作成し、公共交通機関に掲載を求めた。

また、外国人の子どもPT（その後、PTから「外国人の子どもの人権部会」となった）のゲストに来てくれたのが、当時大阪市立大学法学部に通っていた具良鈺《クリャンオク》弁護士だった。私も若かったので、上弁護士らとともに、かなり遅い時間までお酒を飲み、具弁護士から色んな話を聞かせて貰った。このときのことを今でも懐かしく思う。

2007年1月、「ラグビーのまち」を標榜する東大阪市が、土地区画整理事業を理由に大阪朝鮮高級学校の運動場4分の1を明け渡すよう求める理不尽な訴訟を提起した。私は、丹羽雅雄弁護団長のもとその弁護団に参加し、子どもたちの学習権の保障の重要性、民族教育の有用性を改めて学び、また、大阪朝鮮高級学校に通う子どもたちに背中を押されて裁判を闘った。提訴から約3年が経過した2009年12月、同訴訟は勝利的な和解により終了した。

そして、今回の補助金裁判（2012年9月20日提訴）、無償化裁判（2013年1月24日提訴）である。当事者の方々から様々な話を聞き、民族教育を担う朝鮮学校の意義を改めて感じるとともに、無償化連絡会・大阪の積極的な活動と支援に自分も頑張らなければと励まされた弁護団活動であった。

また、玄英昭《ヒョンヨンソ》大阪朝鮮学園理事長（当時）と丹羽雅雄弁護団長の一蓮托生のように信頼し合う関係に加え、雪の中での合宿、私が尋問を担当した伊地知紀子大阪市立大学准教授（当時）によるアンケート調査結果に基づく証言、法廷での当事者の涙ながらの証言・供述などが記憶に残っている。その中でも、大阪地方裁判所で画期的な判決を得た瞬間のことを今でも忘れないし、今後も忘れないと思う。

弁護士になった直後から繋がりを持たせていただいた朝鮮学校。その中で得られた多くの関係を今後も大切にしたい。

II　大阪府・大阪市補助金裁判

一　大阪地裁での審理

1　提訴

弁護団は提訴に向けて検討を行ってきたが、補助金が裁量による交付にすぎず、「権利」とは言えないとされれば、勝訴は困難ではないかという障壁が存在した。しかしながら、不交付処分が決定された以上はそのまま待っていても何も起こらないこと、露骨な政治介入による交付打ち切りを見過ごせないこと、損失が重大であること、補助金の交付要綱の定めを法的な「要件」と捉えることで係争可能性を見出せるとも考えられたことなどから、全国でも大阪だけが補助金交付を求める提訴に踏み切ったのである。

こうしてまず大阪府・大阪市補助金の交付に関し、大阪朝鮮学園が提訴したことにより、長きにわたる裁判闘争の火ぶたが切られることになった。

大阪朝鮮学園は2012年9月20日、大阪府及び大阪市に対して訴訟を提起した。この裁判は、大阪地方裁判所第7民事部に係属し、訴状を法廷で陳述した2012年11月8日の第1回期日以降、第一審では23回の期日が積み重ねられてゆくこととなった。本件は、学校法人大阪朝鮮学園による大阪府及び大阪市に対する補助金（大阪府は「私立外国人学校振興補助金」、大阪市は「義務教育に準ずる教育を実施する各種学校を設置する学校法人に対する補助金」）の申請に対し、大阪府及び大阪市のいずれもがその支出を不交付とする処分を行ったことにつき、①補助金不交付処分の取消し、②補助金を交付する旨の義務付け、③補助金の交付を受けられる地位の確認（以上は行政訴訟）、および④大阪府及び大阪市に対する損害賠償（国家賠償）を求めた訴訟である。

2　争点整理

(1)「処分性」というハードル

まず大阪府・大阪市による補助金不交付について、「行政処分の取り消し」を求める前提の「処分」に当たるのかという問題がある。（行政処分に当たることを「処分性がある」と表現する。）この論点が、この訴訟の入口にして実に困難なハードルであった。

大阪府・大阪市の補助金不交付は、公権力の行使（発動）としての不利益処分であると捉えるのが筋（すなわち「処分性」がある）と考えられた。また行政処分には様々な制約（適正性、公正性、適正手続きなど）が課されているので、弁護団ではこの枠組みに基づいた判断を裁判所に行わせるべきだとも考えた。

しかし被告側からは、補助金の直接の根拠は自治体の行政が定める要綱（一般的には、市民の権利義務を形成しない内部規定とされる）だから、「処分」に該当しないという反論が示された。これに対して弁護団は、補助金は、私学助成制度の一環として、地方自治法、教育基本法、私立学校法、私立学校振興助成法などの法律を根拠としていること、「処分性」を認めたいくつかの判例などにも合致すること、補助金が単なる「贈与」ではなく制度的に定着していたことなどを主張した。

但し、この主張が認められない場合に備えて、大阪朝鮮学園が補助金を受けられるという「地位の確認」、また補助金交付を求めた大阪朝鮮学園の「申込」を被告らが「承諾」することの請求（大阪府・大阪市に「意思表示を求める請求）という2種類の主張を追加して行った。このようにして、裁判の入口で門前払いされる危険を回避しながら、大阪府・大阪市の補助金不交付の違法性を主張していった。

⑵　大阪府補助金不交付の違法性

弁護団は、大阪府補助金不交付の違法性について、以下のような主張を行った。

(a)　各種学校への補助金は前述のように教育基本法や私立学校振興助成法等法律に根拠があり、これらの法律は助成を促進するべきとの趣旨で制定されている、そもそも大阪府補助金は子どもの教育施設を対象としており、学校運営のために必要で、とくに継続的に交付されていることなどから、その性質上、「権利性」があると考えるべきである。

(b)　政治的な狙い撃ちに基づく要綱改定であり、平等原則や公正性に違反する。

(c)　新たに要件（いわゆる「四要件」）として設定された内容については、まず、「学習指導要領に準じた教育」という要件は、外国人学校の存立意義を奪いかねず、学校教育への不当な介入になり得る。次に、「財務情報の一般公開」という要件は、一条校（学校教育法第1条で定める小学校、中学校、高等学校など）ですら求められていない過剰な設定である。また、「特定の政治団体と一線を画する」という要件について、(i)大阪府補助金要綱第2条第6号の「特定の政治団体」として掲げられた〈公安調査庁が直近で調査対象として公表した団体だが政党は除く〉という要件の内容には合理性も公平性もなく、選定が恣意的であり、これは、補助金交付から排除するために大阪朝鮮学園を恣意的に狙い撃ちにしたものである。(ii)その主催する行事に「学校の教育活動として」参加していないという文言が突発的に示され、読み方によっては遵守事項が元々示された四要件から意味がさらに拡張されるので、不意打ちにあたる。

さらに、「政治指導者の肖像画」を掲示していないという要件こそ政治的理由である。一条校ですら禁じられているのは、「特定の政党を支持し、又はこれに反対するための政治教育その他政治的活動」（教育基本法）である。外国人学校の特色ある教育方針は最大限尊重されるべきである。

(d)　そして、朝鮮学校に生徒を通わせている家庭も、日本学校に生徒を通わせている家庭も同様の納税義務を果たしているから、その支給において差別があってはならない。

(e)　大阪府は、補助金交付の要件として、もともと「一条校に準じる」ことや「政治的中立性」が要件として求められていた、または明示されていなくとも補助金交付の「内在的要件」であった、などと主張したが、これらに対して弁護団は、以下のように反論した。

まず、「一条校に準じる」とは日本国民教育の枠内における「タテの関係」の議論であって、外国人学校は普通教育を行うという枠の中での「ヨコの関係」にあるので、原理的に「準じる」という関係にならない。そもそも交付される補助金額も一条校に比べて圧倒的に少ないのに、「準じる」ことを要求するのはおかしい。

また実際に、制度創設当時の資料（府議会議事録や行政文書）にそのような記述はなく、むしろ「大阪府在日外国人施策に関する方針」（1992年）等においては、特色ある教育を尊重する観点から定めたものであったことが記述されている。

さらに、「政治的中立性」は選挙権を有する日本国籍者であることを前提とする概念であり、選挙権のあることを前提としていない外国人の学校に適用したり求めたりする法的根拠はなく、これを求めたこと自体が「政治的」である。

(f)　本件補助金不交付が、様々な権利を侵害しているので違法という観点からの主張も行った。憲法第26条（教育を受ける権利）及び憲法第13条（個人の尊重、生命・自由・幸福追求の権利の尊重）違反、私立学校の自由の侵害、後退的措置禁止の原則違反、要考慮事項の考慮不尽・他事考慮、平等原則違反、国際人権基準への違反等である。国際人権基準への違反の内容としては、「経済的、社会的及び文化的権利に関する国際規約」（以下、「社会権規約」という）上、人々には教育への権利が保障されており、民族教育権も保障されている。既に長年交付されてきた補助金を不交付とすることは、後退的措置禁止原則に反して違法であること等である。

すなわち、社会権規約第13条第1項は、教育の目的として「すべての者に対し、自由な社会に効果的に参加すること、諸国民の間及び人種的、種族的又は宗教的集団の間の理解、寛容及び友好を促進すること」を規定する。このように多様な価値観を認める多文化共生社会を標榜しそれに向けた教育を目指していることから、社会権規約第13条にいう教育には、外国籍及び外国にルーツを持つ者の母語・継承語教育や出身国・地域の歴史や文化を学ぶ民族教育を含むとされる。

そして、社会権規約第13条第2項(a)(b)は、特に初等教育や中等教育について、締約国が財政措置等、教育の均等機会の実現に向けた措置を取ることを求めている。

ところで、社会権規約第2条第1項には「この規約の各締約国は〔中略〕この規約において認められる権利の完全な実現を漸進的に達成するため」という一節がある。

ここから、権利の実現は漸進的に進歩しているべきことが導かれ、締約国の取った措置によって権利の実現がそれ以前よりも後退することは、規約第2条第1項の趣旨に反することになる。

社会権規約委員会が一般的意見第3（1990年）「締約国の義務の性格」（パラグラフ9）において述べるように、いかなる後退的な措置が意図的に取られた場合にも、規約上の権利全体に照らして、及び利用可能な最大限の資源の利用という文脈において、それを十分に正当化することが求められる。締約国が後退的な措置につき正当化できなければ、即時に社会権規約上の義務違反となる。

そして、国際法上、条約の国内実施義務の第一義的責任は国家が負う。地方公共団体も国家の統治機構の構成要素であることから、地方公共団体は、直接に、あるいは第二義的に条約の国内実施義務の責任を負うことになる。また、統治機構の要素として行使された地方公共団体の条約違反行為は、国際法上、国家の行為として責任を負うべき行為ということになる。

地方公共団体が、教育への権利を具体化する補助金を交付してきたものを、故意に停止したのであるから、前述の後退禁止の段で述べた十分な正当化事由が必要であり、また、他の外国人学校を含め、差別なく、すべての人に平等な保護を及ぼさなければならないのである。そして、これらは即時の義務であり、後退的措置の正当化事由を立証できない場合や差別が現にあるだけで、国際人権法に違反することとなる。

(3)　大阪市補助金不交付の違法性

大阪市補助金については、大阪府補助金と同様の点に加えて、以下の点が問題になった。

[a]　大阪市の主張

大阪市は、補助金不交付が適法であることの理由として、①大阪市の補助金は従来から大阪府の補助金を補完する、大阪府の補助金が交付されていることが前提となっている制度であった、②①と関連して2011年度に実施された補助金交付要綱の改定は、従来の要件を明文化しただけであり、実質的な要件変更ではない、③本件不交付決定が標準処理期間（60日）以後にされたことをもって違法とはならない、と主張していた。

［b］大阪市の補助金の独自性

大阪市の上記①の主張に対し、原告弁護団は、概ね以下のとおり主張した。

まず、大阪市の補助金は経費に対する補助であるのに対し、大阪府の補助金は生徒数により金額が決定されるため、補助金の性質が異なる。そして、過去に大阪市の補助金交付を決定する際、大阪府の補助金交付が決定されているか確認されたことはなく、大阪府補助金交付決定前に大阪市の補助金交付が決定されたこともあった。特に、本件不交付の前年である２０１０年度の補助金については、大阪府の補助金交付決定が年度末までもつれ込む不透明な状況であったにもかかわらず、大阪市の補助金は例年どおり交付決定が行われており、大阪府補助金が交付されていることが前提になどなっていなかった。

［c］補助金交付要綱改定の違法性

大阪市の上記②の主張に対し、原告弁護団は、概ね以下のとおり主張した。

まず、上記［b］で述べたとおり、大阪市の補助金は大阪府の補助金を補完するものではなく独自の補助金であったので、要綱の改定は、単にこれまでの交付要件を明文化したものではなく、実質的な要件の変更にあたる。

それにもかかわらず、学園が補助金の交付申請をしてから要綱を改定しており、手続違反にあたる。

これだけではなく、要綱を改定する前に学園に対し本件不交付を連絡しており、要綱に基づいた不交付決定ですらなく、手続違反にあたる。

〔d〕標準処理期間の徒過

大阪市の上記③の主張に対し、原告弁護団は、標準処理期間を徒過した理由について、大阪市長選挙の結果を見極めるためであり、それはもっぱら政治的意図によるものであるので、正当な理由がないと主張した。

3　立証活動

(1)　各種資料の提出

裁判で行う主張は「立証」すなわち証拠によって裏付ける必要がある。また、「争点」と直接の因果関係はなくとも、背景及び前提として存在する事情の理解なしに、事案の正しい把握も、それに基づく評価・判断もなし得ない。そこで、以下のように、補助金不交付の背景及び前提となる事情の立証を意識して行った。

まずは、補助金不交付が政治的な「狙い撃ち」であったことを立証するため、大阪府・市の首長による政治的発言など、多数の証拠資料を提出した。

また、補助金制度創設当時の資料（議会議事録や行政文書等）を提出することで、「一条校に準じる」ことや「政治的中立性」を要件とすることが、いかに補助金制度の趣旨に合致しないかを裏付けた。むしろ、合わせて提出した「大阪府国際化推進基本指針」により、「国籍や民族を問わず、すべての人々が同じ人間として尊重し合い、違いを認め合って共生していく地域づくり」という趣旨を踏まえて定められた補助金制度であったことを裏付けた。

さらに、政治的意図による補助金不交付を非難し、朝鮮学校にも補助金を交付すべきだと指摘する数多くの新聞の社説や声明なども提出した。

そして、藤永壯、田中宏、伊地知紀子の鑑定意見書をはじめとした学者意見書等を提出し（藤永・田中鑑定意見書は本稿資料の要旨、伊地知鑑定意見書は本書所収の同教授論稿を参照）、民族教育の歴史、朝鮮学校の存在意義から、補助金不交付による損害は計り知れず、不当であることを裏付けた。

これらに加え、保護者アンケート、朝鮮学校関係の出版物などを提出することにより、学校生活の実情、児童・生徒の様子、支援者の存在等を裁判官に伝えていった。

ところで、このように積み重ねていた主張・立証の作業の途中で、唐突に、担当裁判官（本件では裁判長）の交替（異動）が行われた。このような場合、通常は、「弁論の更新」といって、法廷で「弁論を更新する」と口頭で確認するだけの形式的な手続きが行われる。しかし、本件のように、担当裁判官に「わかってもらう」ことが重要である訴訟においては、それでは物言わぬ分厚い記録が残るだけとなり、積み重ねてきた理解してもらう作業の効果が大きく失われてしまいかねない。そこで、これを補うため、新任の担当裁判官に、それまでの主張などの要点もあわせて説明した（更新弁論、２０１５年11月）。このためにかけた労力も、相当なものがあった。

国や権力に厳しい判決を出したり、出そうとする裁判官が異動になるという話はしばしば見聞きする。また、異動のタイミングを図ることも、司法当局には可能である。

この唐突な交替が行われるまで、裁判長がこちらに有利な心証を持っていると弁護団としては感じていたので、当時は本件の異動が、司法当局による作為的な異動なのではないかという疑いを持った。本当にそうだったのかについて、今のところ知るすべはない。

(2)　陳述書大作戦

弁護団は二つの裁判を勝訴に導くため、当事者、支援者とともに工夫を凝らしたさまざまな取り組みを行った。その一環として実施されたのが、Ⅲ—一—3「審理の過程」で詳述する二回の弁護団合宿である（96、102頁参照）。

とくに第1回弁護団合宿をきっかけとして、弁護団においては、「陳述書大作戦」を大々的に展開することになった。「陳述書大作戦」は、裁判所・裁判官に、朝鮮学校やそこに関わる（働いたり、通学したり、通学させたり、外から支援をする）当事者の生の姿を見せる、知ってもらうために、弁護士が聞き取りを行い、陳述書としてまとめあげて提出するという立証活動である。

弁護団では当事者・関係者の人選を行い、手分けをして多数の陳述書を作成し、これらを両裁判で証拠として提出した。大阪朝鮮学園の理事長、教員、保護者（朝鮮学校出身者ではない者、日本人も含む）、在校生、卒業生（プロサッカー選手、大学ラグビー選手、東京大学在学生）、そして日本人支援者であった。

　陳述者は、悩みや思いの丈、意見や分析、不安や誇りや鼓舞の気持ちを、それぞれの言葉で述べてくれた。この言葉を聞いて書き留め、文章にまとめていく作業は弁護士にとっても、自身の認識や経験を見つめ直し膨らませながら血や肉としていく、またとない機会となった。

(3)　検証申出と映像の作成・提出

　原告弁護団は2015年8月、証人申請とともに、朝鮮学校を裁判官が直接訪問する「検証」の手続を申し出た。

　しかし実務上、この手の検証申出はまず採用されない。そこで、検証が実施されない場合に備え、学校生活の様子をとりまとめた映像を作成し、法廷でそのDVDを上映して裁判官に見てもらう方針を立てた。

　弁護団は、裁判官たちに朝鮮学校に通う生徒たちの様子を伝えるため、大阪朝鮮学園総務部長（当時）の林学《リムハク》氏にDVDの作成を依頼し、出来上がったDVDを裁判所に提出した（本書所収の林学氏執筆稿参照）。裁判所はこの証拠を採用し、尋問手続に先立ち2016年1月の期日で上映された。映像には、充実した学校生活を送る朝鮮学校の児童・生徒たちの姿が活写され、その姿を見た多くの傍聴人は落涙した。

4　証人・当事者尋問

⑴　概　要

２０１６年４月、２回の期日に分けて証人尋問・当事者尋問が行われた。大阪朝鮮学園側からは、鑑定意見書を提出した伊地知紀子教授と、教員、保護者、生徒（卒業生）という異なる立場の者からそれぞれ１名ずつが証人として、そして最後に当事者として玄英昭《ヒョンヨンソ》理事長（当時）が証言した（伊地知教授の証言内容は本書所収の同教授論稿を参照）。

他方、被告側からは、要綱改定に関わった担当者（行政官）が合計３名（大阪府2名、大阪市1名）、証言を行うことになった。

⑵　教員の証言

当時教員歴34年で、当時は生野朝鮮初級学校教員の文貞淑《ムンジョンスク》氏が証言した。

文氏は、教員として日々接する児童たちの生活ぶりについて、「朝鮮学校に対する逆風の中でも一点の曇りもなく、はつらつと元気に一生懸命学び、遊び、生活している」と語った。卒業生については、医師、弁護士、司法書士、教師、Jリーガーなど、いろいろな職業に就いて活躍しており「しっかりしているなと思っています」と胸を張って証言した。

大阪府と大阪市から補助金が打ち切られたことによる学生たちへの影響については、学校施設の補修や、教材購入に支障があることなどの経済的影響もさることながら、「また私たちが差別されるのか、この中でまた頑張っていかないといけないのかという精神的なダメージ」もたくさん受けたと述べた。

文氏は、最後に、裁判官に対し、民族教育は「母国語を知って、自分のルーツを知って、そして日本社会で日本の人と同じように貢献できるようにする人材を育てるためのものなので、これは絶対守っていかないといけないと思います。私はそういう強い気持ちを子どもたちに対する教育にかけて、情熱と変えて、頑張っていきたいと思います」と、民族教育の必要性と教員としての自負を訴えた。

(3)　保護者の証言

自身は日本国籍でありながら朝鮮学校に子どもを通わせている保護者が証人として証言した。

弁護団は、日本人で日本の公立学校の教育を受けた母親の立場から見た朝鮮学校の様子と子どもたちの姿を、具体的に裁判所にイメージさせるような質問を心がけた。例えば、学校側は朝鮮語がわからない保護者用の資料や会議では日本語を用いていること、教育の内容は朝鮮語、朝鮮の歴史や地理などがあるものの、その他の科目は公立学校で教えている内容とほぼ同じであること、子どもたちが素直に育ち、目上の人に大変しっかりした対応や挨拶ができること、などが証言された。

補助金不交付については、自分は大阪府民・大阪市民として税金を払い義務も果たしているのに「朝鮮学校の学生だけ除外されて、教育を受ける権利や、それに伴う権利がなくなるというのは本当に差別ではないかと思って、怒りを感じています」と語気を強めた。

(4)　生徒（卒業生）の証言

補助金不交付当時、朝鮮学校に通っていた生徒（卒業生）は、朝鮮学校で学んでいる科目の内容や、朝鮮学校に通ってよかったと思うこと、補助金が打ち切られ思うこと、公立学校等との交流内容やその感想、朝鮮民主主義人民共和国での迎春公演に実際に参加しての感想等を証言した。

学校生活について「楽しいことや大変なこと、苦しいことを一緒に乗り越えて、楽しく学校生活を送りながら友達と出会うこと、〔中略〕母国語である朝鮮語を習得することができ」朝鮮学校が「私のいる場所」「心から楽しめる場所」だと語った。

また7、8年ぐらい前に参加した迎春公演については、「どういう舞台だったか、私が踊った踊りがどういうものなのかというのを今でもはっきりと覚えて」おり「1か月間、全国から集まってきた友達と一緒に舞台を成功させるために練習に励んで、大きな舞台を成功させたという達成感が今でも残っています」と述べた。

(5)　学園理事長の当事者尋問

大阪朝鮮学園の玄英昭理事長は、まず大阪朝鮮学園の教育運営、大阪府・大阪市補助金の意義やその不交付の経緯などに関する事実関係を説明した。

大阪府・市補助金裁判で原告側証人尋問を終えた後、笑顔を見せる丹羽雅雄弁護団長（写真中央、2016 年 4 月 19 日、大阪弁護士会館）

そして橋下徹大阪府知事（当時）が補助金交付の前提として「四要件」を提示したことに対し、教育と政治は関係ないと言っておきながら、完全な政治的介入だと怒りを覚えたこと、また、朝鮮学校の教科書は、1983年から日本に永住することを前提にした教科書に改定され、その後も10年毎に日本の教科書に準ずる教科書に改定していること、特に2013年以降は、ICT教育の導入や英語教育の推進を通して国際社会に通じるような人材を育てる教育に発展していること、などを述べた。

また朝鮮民主主義人民共和国主催の迎春公演に朝鮮学校の児童・生徒が参加していることについて、産経新聞に記事が掲載されると、それまでは一度もなかった大阪府からの問い合わせが再三行われたこと、この公演は1987年から朝鮮民主主義人民共和国が主催し、大阪府下の朝鮮学校の児童・生徒も本人たちの希望により参加していたこと、学校行事ではないこと、日本国内でのとりまとめは芸術関係の専門家によって構成された実行委員会が行っていること、生徒らの滞在費は保護者の負担であること、などと説明した。

他方、大阪市の補助金については、橋下徹氏が大阪市長になったことから、大阪府の四要件をエスカレートさせた五要件メモを提示し、改定した要綱を根拠に不交付となったことを説明した。

(6) 大阪府担当者への尋問

大阪府からは、当時の府民文化部私学・大学課長2名（2009・2010年度の室井俊一課長と、2011年度の市橋康伸課長）が、証人として出廷した。室井証人は追加提出した陳述書で、「四要件」を「四要請項目」と言い換えていた。

各証人は当時の経緯のほか、補助金交付の要件として「一条校に準じる」内容は要綱改定以前から存在した、補助金が交付された2010年度は「四要請項目」を満たしていた、などと証言した。

弁護団の反対尋問に対しては、橋下府知事発言についてはよくわからない、交付要件が新たに加わったのは府議会教育常任委員会で特定の会派の委員から意見が出たことが理由である、最終的に不交付としたのは「知事判断」であった、当時参考とした報道は結局産経新聞だけであった、交付に関し大阪朝鮮学園に対して当時大阪府担当者が示した書類に明確に「条件」と書いてあったことについてはよく覚えていない、「特定の政治団体」というのは2010年度時点では朝鮮総聯のことであった、政治団体と一線を画していなくても公安調査庁「回顧と展望」にその団体が載っていなければ交付に問題はない、「回顧と展望」に載っている団体とのつながりを各外国人学校に尋ねた、「政治的中立性」を趣旨としながら政党を除いた理由は要綱にそう規定したからである、「一線を画す」や「学校の教育活動として参加」との要件についてどこまでが該当するのかの細かい詰めは行っていない、「迎春公演」の主催者が朝鮮総聯かもしれないと当時判断した、などと証言した。なお、国が就学支援金から朝鮮学校を外したのは政治判断と認識している、とも述べている。

(7)　大阪市担当者への尋問

大阪市からは、総務局行政部総務課長であった藤澤宗央氏が、証人として出廷した。弁護団は、大阪市の動きを大阪府の動きと比較しながら時系列を追っていくと、大阪市の主張に矛盾があることに着目した。そこで、反対尋問でこれらの事実を証人に突きつけて、大阪市の主張の矛盾を浮き彫りにしようと考えた。

藤澤証人は、2010年度の大阪市の補助金交付決定の際には、大阪府の補助金交付決定について大阪府や大阪朝鮮学園に確認しなかったと証言した。2010年度の補助金交付決定が大阪府より先に行われている事実を突きつけられると、藤澤証人は大阪府が不交付決定を検討していなかったと答えた。しかし、2010年度の大阪府の補助金交付決定が年度末ギリギリまで紛糾していた事実について質問されると、忘れた、記憶にないと苦しい証言に終始した。

藤澤証人は、2012年3月に五要件メモを学園側に渡したことと、学園の視察に赴いた理由については、大阪府と同様の取り扱いをするためと証言した。そこで、原告側弁護団が、大阪府の補助金交付が要件であるなら、五要件メモの提示や学園の視察などを実施する必要などなく、単に大阪府の補助金交付がされているか否かを確認すれば足りるのではないか、と質問したところ、最終的に藤澤証人は大阪府補助金の交付を要件とすることは考えていなかった、と曖昧に証言した。

また藤澤証人は、大阪市の補助金不交付決定の理由について、大阪府の補助金が不交付になったためと証言した。そこで、弁護団は大阪朝鮮学園への補助金不交付方針の伝達（3月21日）が要綱改定（3月27日）よりも先に行われた事実を確認したうえで、どのような要綱の条項に基づいて不交付決定の理由を学園に説明したのかと質問したところ、藤澤証人は沈黙し、何も答えられなかった。

このように、大阪市担当者の尋問では、大阪市の主張の矛盾点が明らかになった。判決はこの点をどのように指摘するのか、傍聴者に期待を抱かせるものだった。

二　大阪地裁判決の内容

2017年1月27日、大阪地方裁判所第7民事部（山田明裁判官、新宮智之裁判官、坂本達也裁判官）は、原告である大阪朝鮮学園全面敗訴の判決を下した。その内容は以下の通りであった。

1　補助金不交付の「処分性」と確認の利益の有無

大阪地裁判決は、大阪府及び大阪市の不交付の処分性について、いずれも「行政庁の処分その他公権力の行使に当たる行為」とは認められないから、抗告訴訟の対象となる「処分」に該当しないとした。

その上で、補助金の交付を「受けられる地位にあることとの確認」訴訟の形式であれば「訴えの利益」を肯定し、この確認訴訟の形式によって裁判所の実質的判断を受けることが可能となるとの判断が示された。

この中で、裁判所は、次のような注目すべき判断をしている。補助金交付は「契約（贈与契約）という形式で行われるものであるとしても、教育の振興という行政目的を実現するために行われるものであって公益的性格を有していることは明らかである」。補助金交付主体（地方公共団体）はその「内部における事務運営が上記の行政目的及び要綱の定めに沿ったものとされる点において制限を受ける」のだから、大阪朝鮮学園側から見ると「要綱に沿った事務運営の対象とされることについて、一定の利益を有している」（当該判示は、直接は大阪市補助金との関係でなされたが、大阪府補助金との関係でも同様の判断である）。

この「契約（贈与契約）」という形式であっても「教育の振興という行政目的を実現するため」なので「公益的性格を有している」という判断は、補助金の公的性格を認めて「単なる（与えるも与えないも自由の）贈与」ではないという出発点に立つことを可能にしたという点で、一定の評価をすることができる。

2　大阪府補助金不交付について

(1)　交付対象としての要件充足の有無

大阪地裁は、大阪府が、朝鮮「初・中級学校の生徒らが学校の教育活動として、朝鮮総聯の主催の下に迎春公演に参加したのではないかと疑うに足りる状況が生じていたことは否定できない」という前提のもとに、大阪府が大阪朝鮮学園に対して「行事の主催者が確認できる参加者募集のチラシなど生徒に対する案内文書等の提出を求めた際に」同学園側から「提出を受けることができなかった」ことを取り上げた。これをもとに「交付対象要件該当性についての検討をしなければならない被告大阪府の担当者」が「その疑われるべき状況を解消することができたとは到底いえない」と結論づけた。

こうして大阪地裁は「少なくとも「直近の「内外情勢の回顧と展望」において調査等の対象となっている団体」が「主催する行事に、学校の教育活動として参加していないこと」（大阪府要綱第2条第6号、第8号）の要件を充たしているものと認めることができる状況になかった」と、大阪府の主張を支持したのであった。

(2)　認定しなかった事実と誤った事実認定

大阪地裁判決は、大阪府の補助金要綱改定の直接の原因となった橋下徹府知事（当時）の指示や発言内容をあえて認定事実から除外した。更に、大阪府の補助金交付に関して、大阪府が本件裁判になって主張しはじめた、本件補助金の創設時から「1条校に準じた教育を行っている外国人学校に助成する趣旨のもの」な

大阪府・市補助金裁判地裁判決報告集会（2017 年 12 月 9 日、中央区民センター）

る主張を、十分な論証を経ることなく認定事実とし、判決の基本的枠組みとして判示している。

例えば、判決文では、大阪朝鮮学園が「平成23年度大阪府補助金の交付を受けられないことにより」結果として朝鮮学校の「児童、生徒及びその保護者の学習環境の悪化や経済的負担の増大等の影響が生ずることが懸念されるところではある」が、「税金等の公金を原資とする本件大阪府補助金は1条校に準じた教育活動が行われている学校法人に対して交付されるものであることに照らせば、1条校に準じた教育活動を行っている学校あるいは同学校を運営している学校法人であるといえない場合に、本件大阪府補助金の交付が受けられないとしてもやむを得ないといわざるを得ない」と述べている。

そして、大阪地裁判決は、上述のような基本的枠組みを前提として、次のように述べる。「本件大阪府補助金の交付の法的性質は贈与であって、被告大阪府は、贈与を受けることができる資格をいかに定めるかについて、教育の振興という行政目的の実現のため一定の裁量を有している」。したがって四要件を「交付対象要件として追加して明記したことも、私立学校としての公共性や本件大阪府補助金の経緯や考え方に沿うものとして、上記裁量の範囲内というべきである」。

更に、大阪地裁判決は、四要件の提示の経緯や、改定要綱で交付要件として新設された公安調査庁調査対象の除外という「朝鮮学校を狙い撃ちとした実相」について、公正な判断をしなかった。

例えば、判決文は、各種学校も私立学校法に基づき「『私立学校の健全な発達』を図ることを目的とし、『公共性』が求められて」おり、加えて本件大阪府補助金は「1条校に準じた教育活動が行われていることが助成の実質的な要件」であるので「一定程度の政治的中立性が確保されていることが必要である」と述べている。

そのうえで、橋下府知事が「朝鮮総聯と一線を画すこと」などの4項目を大阪朝鮮学園に告げたのは「本件大阪府補助金に係る交付対象要件の一般論を原告の場合に置き換えて説明したものにすぎない」、そして「4要件を具体化した大阪府要綱の内容も一般性を具備した体裁をとっているのであって、殊更に原告に対する本件大阪府補助金の交付を阻止するため、原告を狙い撃ちにしたものとまではいえない。また、4要件は本件大阪府補助金の交付対象要件であって、原告における教育内容を直接規律するものではなく、教育に不当に介入するものともいえない」と判示したのであった。

3　大阪市補助金不交付について

大阪朝鮮学園による補助金申請後に大阪市要綱が改定され、遡って適用されたことで補助金不交付となったことについては、次のように判示し、原告の訴えを退けた。

大阪朝鮮学園の申請は「大阪市要綱に定められた提出期限である5月末日を3か月以上経過してされたので「申請後に大阪市要綱が改正されることにより不利益が生ずるとしてもやむを得ない」（現実の運用上は、経費の領収証等を大阪朝鮮学園と大阪市との間でチェックしてから申請を行っており、事実上提出期限は死文化していたが、大阪地裁はこのような実情について審理をせずに、不意打ち的に認定した）。

また「各種学校の監督権限が被告大阪府にあり、本件大阪市補助金は本件大阪府補助金を補完する性格のもので、本件大阪府補助金を前提としているとし、これを明記すべく大阪市要綱2項を改正すること〔中略〕は、相応の根拠がある」。

これまでは「本件大阪市補助金が本件大阪府補助金を補完するものであるという性格が問われるような状況が現実化することがなかったにすぎない」のであって「平成23年度において〔中略〕本件大阪府補助金を補完する性格が問われる状況が生じたことから、その性格を大阪市要綱上においても明確にするために平成24年3月27日付け大阪市要綱の改正が行われた」。

このように大阪地裁の判決は、前年までは大阪市補助金が大阪府補助金とは別途に交付されてきた事実に目を背けている。

となっている。原告側による国家賠償請求についても「国家賠償法1条1項の違法があるとは認められない」と退けられた。

4　判決の不当性

(1)　判決が看過した本質的事項

本件訴訟で判断されるべき本質的事項は、被告橋下徹大阪府知事（当時）による朝鮮民主主義人民共和国と朝鮮総聯、朝鮮学校に対する露骨な偏見に基づく発言と教育行政に対する指示によって提示された新四要件の定立、そしてどのように言い繕おうとも「特定の政治団体（公安調査庁の調査対象団体）」（第2条第6号）という文言に端的に表れているように、四要件を基盤とする改定要綱自体が朝鮮学校に対する狙い撃ち規定であり、したがってこの改定要綱に基づく不交付決定は、朝鮮学校で学ぶことを選択した子どもたちの教育への権利（学習権）とその保障のために学校運営を実施している朝鮮学校に対する著しい法益侵害であり差別であって、教育への露骨な政治介入であるという事実である。

また大阪市が、長年にわたり独自に実施して来た補助金交付を、交付要綱の改定すら行わない段階で、唐突に「大阪府補助金の交付対象である」とする判断基準を持ち出し、補助金全面不交付に至った経緯も重視されるべきであった。

被告大阪府は、特定の新聞社の報道記事をもって、首長及び党派的な勢力と一体となって、朝鮮学校に「悪魔の証明」（事実が「ない」ことを証明させること。「ある」ことの証明に比べて極めて困難である）を強要したうえで、「交付要綱第2条第8号に該当しているとの確証が得られず」として補助金全面不交付を決定し、被告大阪市がそれに追従した事実も判断されるべきであった。

(2)　歴史認識の欠如

大阪地裁判決は、大阪朝鮮学園が主張した国際人権法や民族教育への権利、私立学校の自由、平等原則及び差別禁止について、とりわけ、「公費助成の後退的措置が許容されるのは、利用可能な資源を最大限用いても権利状況の悪化が避けられないような経済的危機に直面している場合や、諸権利全体の状況改善を目的とした措置である場合等に限定されるものであり、かつ公的機関はその客観的かつ合理的理由を立証しなければならない」とする後退的措置禁止の原則などについては、一顧だにしなかった。

また、大阪地裁判決のこのような態度は、次の点に象徴的に表れている。

同判決は、その「略語一覧」において（第一審判決81ページ）、「朝鮮民主主義人民共和国」を、「北朝鮮民主主義人民共和国」と表記している。しかし、「北朝鮮民主主義人民共和国」という国は存在しない。

本件は、日本社会における子どもたちの教育への権利（学習権）充足を巡る問題であり、朝鮮半島の歴史や国家の名称が争点となっているわけではない。しかし、裁判官が朝鮮半島に存在する国家の名称を誤り、「北朝鮮民主主義人民共和国」と記載したのは、日本の植民地支配によって日本に定住・永住することになった経緯及び在日朝鮮人のルーツに関する敬意と認識の著しい欠如を露呈していると言わざるを得ない。

(3) 政治的判決

大阪地裁は、日本の植民地支配の結果、居住する日本で自分たちの学校を作り、その学校で教育を受けている朝鮮学校の子どもたちの教育への権利に関する裁判において、歴史的事実を軽視し、子どもたちの教育への権利を無視した。そうであるがゆえに、前述のように「補助金の交付を受けられないことにより、結果として、原告が運営する学校に通学する児童、生徒及びその保護者の学習環境の悪化や経済的負担の増大等の影響が生ずること」は「やむを得ない」と切り捨てたのである。

判決を下した裁判官たちに、この裁判が、子どもたちの教育への権利の充足に深刻な影響を与えるかもしれないとして、思い悩んだ姿や、立ち止まり、証拠と照らし合わせ、真摯に臨む姿勢は微塵もなかった。公平性や説得力に欠ける大阪地裁判決は、著しく不当な政治的判決である。

三　大阪高裁・最高裁の判断

1　控訴から結審まで

大阪朝鮮学園は不当な一審判決に対して控訴を行い（2017年2月7日）、審理は大阪高等裁判所へ移った

（高裁第9民事部に係属）。弁護団は、２０１７年4月28日付で控訴理由書を提出した。

(1) 大阪府補助金部分への主張

第一審判決のうち、大阪府補助金についての判断に対しては、次のような問題点を強く指摘した。

まず、事実認定の取捨選択に偏りがある。例えば、政治的な狙い撃ちが顕著に現れている事情を「認定事実」には書かなかったこと、四要件の提示を「要請」と言い換え事実を故意に曲げたこと、証拠として提出されていない報道の内容さえ「認定事実」として列挙したことなどを指摘した。

また、要綱について、先に要綱自体の適法性から判断しなければならないのに、それをせず、「要件の充足の有無」の判断を先に行ったことについて、恣意的であることを指摘した。

さらに、第一審判決が、「要件をいかに定めるかについて［行政が］裁量を有している」という、被告を勝たせるための理屈を持ち出したことに対して、子どもたちの教育への自由を侵害するような要件を設定するのは、その裁量の逸脱濫用にあたることを主張した。

そして、第一審判決が、「1条校に準じた教育活動が行われていることが実質的な要件であった」と、制度創設当時の事実を無視した御都合主義の事実を認定し、しかも、なぜそう認定したのかの理由の記載さえなかったことも指摘した。

加えて、国際人権基準が全く考慮されていないことも強く指摘した。社会権規約第13条を「19条」と誤って記載しているという点もあり、国際人権法を軽視すべきでないと指摘した。

(2)　大阪市補助金部分への主張

第一審判決は、大阪市補助金が大阪府補助金を補完する形で交付されてきたと認定したが、控訴理由書では改めて、大阪市補助金は算定方法、対象が大阪府補助金と異なることを指摘した。

また、２０１１年度までは、大阪府補助金が交付されない状況が想定されていなかったから大阪市補助金も交付されてきたかのように認定する第一審判決に対し、控訴理由書では、２０１０年度は大阪府補助金が交付されない可能性があったにもかかわらず、大阪市補助金は例年通り交付されたから、第一審判決の認定が誤っていると指摘した。

さらに、要綱改正は、これまでの要件を明文化しただけであり実質的な改正ではないという第一審判決に対し、過去の経緯からも明らかに実質的な改正であり、新たな要件が新設される以上は厳格な手続きによらなければならないと指摘した。

第一審判決が、要綱の改正は大阪市の裁量の範囲内で適法であると認定したことに対しては、要綱は申請者に対する応答義務があり単に内部細則ではなく、また単なる贈与契約でもないため、裁量は厳格に判断されるべきであって、朝鮮学校に対する政治的な狙い撃ちは裁量の範囲を超えることを指摘した。

第一審判決が、補助金交付申請後に改正された要綱を適用することも信義則に反しないと認定したことに対しては、これまで申請後に不利益に変更された要綱が適用された事例はないことも指摘した。

第一審判決は、要綱改正前に不交付決定をしたことが注意義務に反しないと認定したが、これに対しては、

大阪府・市補助金裁判控訴審の結審を報告する木下裕一弁護士（左）と普門大輔弁護士（2017年12月6日、大阪弁護士会館）

大阪市担当者が学園に対し「大阪府の要件に合わせる」と事前に伝達することが可能だったのにしていないことは、注意義務違反であることも指摘した。

(3)　証拠提出

以上の主張を裏付けるため、大阪府補助金創設時の事情について当時の大阪府の行政担当者（私学課長）による発言資料や証言、及びそれらをもとにした藤永壮鑑定意見書、大阪府及び大阪市補助金のそれまでの交付の実態に関する多数の書証、民族教育を受ける権利と本件不交付の違法性について論じた丹羽徹鑑定意見書などを提出した（本稿資料の藤永・丹羽鑑定意見書の要旨を参照）。また、本件補助金が「贈与ではない」という論点、及び要件設定についての裁量の逸脱濫用という論点に対し、理論的な補強も行った。

(4) 控訴審の審理

第1回期日（2017年8月7日）においては、裁判所から、①直前（7月28日）に出た高校無償化大阪地裁判決が本件に及ぼす影響、②補助金と私立学校振興助成法との関係について質問があった。

第2回期日（2017年12月6日）では、第1回期日で質問があった点について、駒込武鑑定意見書（本稿資料の要旨を参照）を証拠として提出するなど、主張立証を補充した。また、公安調査庁の調査の実情などの論点も強調して、いかに公安調査庁の調査対象という要件に根拠がないか指摘するとともに、憲法違反・条約違反・法律違反などについて主張を掘り下げた。

この第2回期日で、控訴審の審理は終結し、結審となった。

2　大阪高裁の判決

2018年3月20日、大阪高等裁判所第9民事部（松田亨裁判官、檜皮高弘裁判官、髙橋綾子裁判官）は、控訴人大阪朝鮮学園の訴えのうち各取消等請求に係る部分は不適法であるからいずれも却下し、その余の請求はいずれも理由がないから棄却すると判断した。

大阪高等裁判所の判決は、大阪地方裁判所が下した判決の内容を一部補正のうえ踏襲したが、それとは別

大阪府・市補助金裁判控訴審判決報告集会でシュプレヒコールを上げる弁護団（2018年3月20日、東成区民センター）

に大阪高等裁判所独自の判断も付加している。補正内容および付加された具体的な判断内容を以下に紹介する。

(1)　主な補正内容

大阪府の私学課長（1992〜95）は、一条校というのは学校総体をいい本件大阪府補助金の趣旨は朝鮮学校の教育活動の一部（一条校に準じた教育活動）に着目して助成しようということであった旨の発言をし、大阪府私学課参事等（1993〜98）も「朝鮮学校を一条校と同じように考えるのではなく一般的な各種学校とは違う外国人学校であるという立場から補助金を支給している」旨の発言をしている。これに対し大阪高裁は、前者は本件大阪府補助金が一条校に準ずることを前提とすることに符合し、また後者についても一条校に準ずることを前提とすることと相容れないものではないとした。

そのうえで、大阪高裁は、本件大阪府要綱は、広く外国人学校一般に助成を行うという趣旨ではなく、飽くまでも一条校に準じることを前提として、本件補助金が創設されたとみるのが自然であると認定した。

⑵　控訴審判決において付加された判断

［a］憲法、国際人権法違反

大阪高裁は、憲法や国際人権法は学校法人等が国や地方公共団体から補助金の交付を受ける権利や法的地位を具体的に基礎付けるものではなく、朝鮮学校の設置運営者や通学する生徒、保護者という社会的身分により別異の取扱いをするものではないこと、改正後の大阪府要綱に基づく不交付は教育の振興及び私立学校としての公共性の観点からの判断であって、被控訴人大阪府の有する裁量の範囲内のものと判断した。

そして、大阪高裁は、納税者のなす拠出と補助金等の給付とは対価関係に立つものではなく、在日朝鮮人が納税しているという事実は本件各不交付の適否の判断に影響を及ぼすものではないとした。さらに大阪高裁は、本件各不交付や改正後の大阪府要綱第2条の定めは、人種、皮膚の色、言語、宗教、政治的意見その他の意見、国民的若しくは社会的出身、財産、出生その他の地位等（社会権規約第2条第2項、自由権規約第26条）によって控訴人大阪朝鮮学園を差別するものではないと認定した。

［b］教育関係法規違反

ア　私立学校法第1条違反

大阪朝鮮学園は、外国人学校において、国家指導者の肖像画を掲げる行為や当該国家を支持する在日団体と協力関係を維持することは私立学校の自主性に含まれるから、大阪府要綱第2条の改正及びこれに基づく本件各不交付は私立学校法第1条の定める私立学校の自主性を重んじる義務に違反すると主張した。

これに対し大阪高裁は、改正後の大阪府要綱第2条各号の定めは補助金の交付要件にすぎず控訴人の教育活動自体を規律し制限を加えるものではないこと、本件大阪府補助金や本件大阪市補助金の交付を受けない外国人学校においては四要件に拘束されることなくその教育内容を原則として自由に定めることができるのであるとして、控訴人の主張に理由はない旨判示した。

イ　教育基本法第14条第2項違反

大阪朝鮮学園は、改正後の大阪府要綱第2条第6号ないし第8号が政治的中立性を理由としながら、政党に該当しない朝鮮総聯と関係があれば補助金交付の対象から除外し、他方で政党を規制対象から除外しており、政党と関係のある学校を優遇する結果を招いているとして上記各号及びこれに基づく本件各不交付は教育基本法第14条第2項（政治活動の禁止）に違反すると主張した。

これに対し大阪高裁は、改正後の大阪府要綱第2条第6号ないし第8号の定めは、飽くまでも補助金の交付要件にすぎず、控訴人に対し一条校と同様の政治的中立性を求めるものではないこと、補助金交付の対象となるべき私立学校に一定範囲で政治的中立性を要求することに不合理なところはなく教育基本法第14条第2項に違反するものといえないと判断した。加えて大阪高裁は、代議制民主主義における政党の役割に鑑みれば、補助金の交付要件として学校法人等が一線を画すべき政治団体から政党を除外することにも理由があり、大阪府知事の裁量の範囲内にあると判断した。政治的中立性を要求しながら、最も政治的な存在の政党は除外するという、全く筋が通らない判断が示されたのである。

[c] 行政手続条例違反

ア　大阪府行政手続条例違反

大阪高裁は、大阪府行政手続条例第30条第1項が、行政指導が当該機関の任務又は所掌事務の範囲を逸脱してはならず、行政指導の内容が相手方の任意の協力によって実現されるべきことを定め、同条第2項には行政指導に従わなかったことを理由に不利益な取扱いをしてはならないことを定めているが、大阪府の補助金不交付は、迎春公演の参加について特定の政治団体の主催する事業への参加に該当しないこと（改正後の大阪府要綱第2条第8号）が確認できなかったことによるものであり、控訴人が行政指導に従わなかったことを理由とするものではないから、条例にも違反しないとして、控訴人の主張を退けた。

イ　大阪市行政手続条例違反

大阪高裁は、適切な情報提供を行わなかったことが大阪市行政手続条例に違反するとの指摘に対して、大阪市が交付した五要件メモの内容は改正後の大阪府要綱の交付対象要件に沿うものであり、その交付は誤った情報提供ではないと判断した。

［d］裁量を逸脱・濫用した大阪府要綱改定

ア　私立学校振興助成法等違反

大阪朝鮮学園は、大阪府要綱の改定が、同要綱や大阪府補助金の根拠となる私立学校振興助成法の趣旨・目的に反し、学校と特定の政治団体との関係を理由に交付要件を厳格化するものであり、法律よりも過度の規制となっていると主張した。

これに対し大阪高裁は、大阪朝鮮学園が指摘する私立学校振興助成法の条文により、地方自治体が補助金の交付要件を定める権限が制限されたり、禁止されるものではないとした。

イ　不正な動機による不交付

大阪朝鮮学園は、大阪府要綱の改正が拉致問題に対する報復制裁という不正な動機によるものであると主張した。これに対し大阪高裁は、不交付となる前年度に、結果的に朝鮮高級学校を除く9校分につき本件大阪府補助金が交付されていることからすると、橋下徹大阪府知事（当時）の各発言が北朝鮮への報復制裁の動機を示すものであったということはできないとして、大阪府要綱の改正が北朝鮮に対する報復制裁を動機とするものとはいうことはできないと認定した。

ウ　府知事の政治的発言等

橋下徹大阪府知事（当時）は、2011年9月大阪府議会定例会教育常任委員会において、朝鮮学校への補助金交付について厳しい態度をとる議員の質問に対し、四要件は「朝鮮学校にだけ特別に付加したわけですよね」「特別に朝鮮学校に付加した要件ですから〔中略〕補助金支給要件というよりも、補助金ストップの要件というのが正式なしつらえなのかな」等と述べ、大阪府私学・大学課長（前記市橋康伸証人）は「拉致問題も含めましてさまざまな議論がある中、府民の理解を得るという観点から、国や他府県にない大阪府独自の4つの要件を設けたものでございます」等と述べていた。

この点について大阪高裁は、上記発言は、朝鮮学校を取り巻く環境の中で外国人学校の政治的中立性が問題となる中、本件大阪府補助金の創設時の議論に立ち返り、朝鮮学校も含めた外国人学校助成のための補助金の運用について、府民や議員等の理解を得られる形で設けられた四要件について説明したものであり、これを明文化したのが大阪府要綱の改正である、上記府知事等の府議会における発言は、四要件が朝鮮学校に特化したかのようであるが、それは、当時大阪府議会等で現実に問題視されていたのが朝鮮学校だけであったことから、結果的に朝鮮学校に対する補助金交付の是非について焦点が当てられたものと評価でき、上記発言から大阪府要綱の改正が大阪朝鮮学園だけに設定された特別の要件であるとみることはできないとした。

エ　信義則違反

大阪朝鮮学園は、大阪府要綱、大阪市要綱について、約18年間にわたりこれを遵守してきたから、経過措置等を設けることもなくこれを大阪朝鮮学園に不利益に改正することは信義則に反すると主張した。

これに対し大阪高裁は、大阪府要綱及び大阪市要綱はいずれも内部的な手続細則であり、上記各要綱の内容は将来にわたり継続的に補助金を交付するための準則を確定的に示すものとはいい難く、大阪朝鮮学園が継続的に大阪府補助金及び大阪市補助金の交付を受けていたとしても事実上のものに止まり、大阪朝鮮学園と大阪府・大阪市との間に先例として確立した準則に基づく関係が成立していたとはいい難いとして、この主張を退けた。

オ　平等原則違反

大阪朝鮮学園は、大阪府要綱の改正によって外国人学校に特定の政治団体との関係に関する規定が設けられたのに、大阪府私立専修学校高等課程経常費補助金交付要綱にはそのような規定がないとして、上記大阪府要綱の改正は平等原則に反するとも主張した。

これに対し大阪高裁は、私立専修学校高等課程においても政治的中立性の要請はあり、そこに政治的中立に反する事態が生じれば、他の条項により補助金が不交付又は減額となると考えられるから、文言の有無のみから改正後の大阪府要綱の改正が平等原則に反することにはならないとして、この主張を退けた。

カ　比例原則違反

大阪朝鮮学園は、大阪府要綱の改正部分は教育機関として欠かすことのできない要件を定めるものとはいえないのに、これを満たさないことを理由に長年続いてきた多額の補助金が全面的に不交付とされるのは、重すぎて比例原則に違反するとも主張した。

これに対し大阪高裁は、本件大阪府補助金は一条校に準じた教育活動が行われていることを実質的要件とするものであり、そのような要件を充たすというために教育機関に政治的中立性を求めたとしても（教育基本法第14条第2項等）、不合理なところはないとして、この主張を退けた。

キ　判断過程の非合理性

大阪朝鮮学園は、改定後の大阪府要綱第2条第6号において、「特定の政治団体」を「公安調査庁が公表する直近の「内外情勢の回顧と展望」で調査等の対象となっている団体」（政党を除く）と定義していることが、調査結果の目的外使用ではないか等とも主張した。

これに対し大阪高裁は、改正後の大阪府要綱第2条第6号ないし第8号は公安調査庁が公表する直近の「内外情勢の回顧と展望」において調査の対象となった団体との関係を要件として採用したものであり、調査結果自体を利用するものではないから目的外使用には当たらないこと、ある団体が公安調査庁の調査対象の団体との関係については意見を述べたり資料を提出することなどが可能であること等を指摘し、この主張を退けた。

［e］補助金交付要綱を充たすか

大阪朝鮮学園は、迎春公演は国家が主催する行事であって、特定の政治団体が主催する行事ではないし、朝鮮民主主義人民共和国への訪問には朝鮮総聯を経由して出入国手続をする必要があるから、生徒の朝鮮民主主義人民共和国訪問に朝鮮総聯が関与するとしても、これを特定の政治団体が主催する行事への参加と考えることは現実的でない等と主張した。

これに対し大阪高裁は、当時、特定の政治団体との関係とは、大阪朝鮮学園と朝鮮総聯の関係を指すことは明らかであった中、案内文書等の資料が確認できなかったことが重要であるとして、この主張を退けた。

(3)　大阪高裁判決の不当性

大阪高裁判決は、朝鮮学校が在日朝鮮人の子どもたちに対して行ってきた教育活動に着目して創設され、長年支給が続いてきた学校経営に不可欠な補助金の交付について、その権利性を全く認めなかった。大阪朝鮮学園からは、権利性の根拠になる国際人権法、憲法、国内法の規定が数多く指摘されたが、これらを全く採用しなかった。そして、明らかに朝鮮学校に対する狙い撃ち的な不交付なのに、それが差別であるとも認めなかった。国連人権関連委員会や各種人権団体からの指摘も全く考慮せず、単に地方自治体の不交付決定を追認した。

また、外国人学校に対してお門違いの「政治的中立性」を要求し、逆に時の政治による介入を広く容認して、学校教育に対する政治介入を排除し教育の権利を守る必要があるという、法律や最高裁判決（旭川学力テスト事件等）の趣旨にも全く背反する判決だったのである。

このような不当判決を確定させることは到底できないので、大阪朝鮮学園は、高裁判決を不服として最高裁へ上告することになった。

3　最高裁の決定

大阪朝鮮学園は、２０１８年4月2日に上告状及び上告受理申立書を、同年5月30日に上告理由書と上告受理申立理由書をそれぞれ最高裁判所に提出した。上告理由書には原判決に憲法解釈の誤りがあること及び憲法違反があること等を示さなければならず、上告受理申立理由書には判例違反又は法令解釈に関する重要な事項を含むこと等を記載する必要があり、これらに準拠した書面である。上告理由書は68ページ、上告受理申立理由書は１１０ページにのぼる書面となった。

しかしながら、２０１８年11月28日、最高裁判所第2小法廷（鬼丸かおる裁判官、山本庸幸裁判官、菅野博之裁判官、三浦守裁判官）は、これら上告及び上告受理申立を棄却した。

弁護団のひとこと（2）

弁護団の端っこで

大橋さゆり（おおはし・さゆり）

私はどういうきっかけでこの無償化・補助金弁護団に関わることになったのだろう。実は記憶の彼方なのだが、きっと丹羽雅雄弁護団長にお誘いいただいたのだと思う。

私は1999年に弁護士登録をして大阪・堺で勤務弁護士となり、3年半で独立して大阪市内に共同経営の法律事務所を構えた。

多分それと前後して、朝鮮学校の生徒のチマチョゴリが電車内で切られるという事件が数回発生し、弁護士での調査活動に関わることになった。

朝鮮学校への訪問は、初めて。被害を受けた女子児童3名に会ってインタビューをするためであったが、印象は、「こんな街中で、田舎の子みたいに素朴で真っ直ぐに育っている！」というものだった。（ちなみに、私はサツマイモ畑と玉ネギ畑の広がる農村育ちである。）

ここで、朝鮮半島にルーツを持つ人たちが、子どもをいかに大事に大事に育てているかを、肌で感じたのである。

それから先輩弁護士にいろいろな弁護団にお誘いいただき、朝鮮総聯の各支部に関わる事件で代理人をしたこともあった。そして、この無償化・補助金弁護団にも。

私の視点の中で揺るぎなくあるのは、「女性の存在」である。

どんな弁護団に誘われても、そこに何人の女性弁護士がいるかをまず見る。大抵は少ない。それで、私は出席だけは心がける。（控訴審以降に弁護士会役員就任準備で抜けて、ごめんなさい。）無償化・補助金弁護団では、具良鉉さんと金星姫さんがいた。2人とも芯が強そうで、私を親しく受け入れてくれた感じがした。私が年上だったのもあるのだろうか。私がこの2人を好ましく思うのは、在日朝鮮人の社会を外から見ながら感じる一種の古めかしさを、きっと打破していくだろうという勢いを感じるからである。

２０１7年7月28日は、無償化裁判の大阪地裁判決の日だった。

でも私はそのとき、別の弁護団の事件で、佐賀地方裁判所にいた。玄海原子力発電所稼働差止訴訟の弁論期日だった。金曜日だったもので、あとに旅行まで入れていた。

判決の日への気構えとしてどうなんだ！と言われそうで、ここでこっそり告白するまでこの弁護団や支援の皆さんにお知らせしたことはなかったと思う。

補助金裁判の敗訴判決が先に出ていて、私としては逃げたのもあったのかもしれない。玄海の訴訟の弁護団会議もかなり入っているのが、当時の日誌を開くとわかるが。

嗚呼……私はこういう運命の巡り合わせで、皆さんの歓声と感涙の渦巻く場を知らず、この本でようやく、細切れの映像を超える当時の空気を、じっくりと知ることができた。

もう字数も尽きるので、最近思っていることを最後に書きたい。

なぜ、政治家・行政はともかく、個々の日本人が朝鮮人に差別とか偏見とかの感情を持ち続けるのだろうか？　いや、政治が変わり、行政が制度化すれば、何の根拠もない差別偏見は薄らぎ、非常識な言辞だと無視できる時代は来るだろうが。朝鮮民主主義人民共和国であれ日本国であれ、「国家」と「個々の人」は別。分けて考えず、人には国家を動かす力があることを確信できない、これは日本の民主主義教育の不備だと、自分にも腹立たしい。

弁護団のマイノリティー

木下裕一（きのした・ひろかず）

２０１４年の夏、私が所属していた大阪弁護士会子どもの権利委員会外国人の子どもの人権部会の暑気払いの席上であったと思う。中森俊久弁護士から「朝鮮学校の無償化・補助金の裁判をやっているんだけど、弁護団に入らない？」と飄々とした感じで誘われ、どれぐらい活動できるかはともかく名前を連ねるぐらいはいいか（京都の朝鮮学校街宣禁止訴訟には名前だけ弁護団に参加していた）、と深く考えずに弁護団に途中加入したことが始まりである。ただ、加入を決めた後、事務所で雇っている事務員には、「朝鮮学校の事件の弁護団に入るから、嫌がらせの電話とかあるかもしれんけど、あったらすぐに言ってな」と説明したことは鮮明に覚えている。

弁護団に加入、とは言っても、弁護士になってから、在日コリアンの事件や、国や行政機関を相手とする社会運動的な事件に積極的に取り組んだことはなく、朝鮮学校に関する知識もニュースで得られる程度しか持っていなかった。ましてや訴訟を提起してから１年以上、準備期間から含めると４年近く経過している事件の弁護団への途中加入である。朝鮮学校の歴史や現状、無償化、補助金の制度の仕組み、法的な争点など……、熱く議論を交わすオリジナルメンバーを眺めながら、わけもわからずただ弁護団会議で座っている日々が続いた。

２０１５年７月、河内長野で実施された弁護団合宿が一つの転機となった。弁護団合宿には、弁護士や支援の研究者だけでなく、多くの朝鮮学校関係者、子どもを学校に通わせている保護者が参加されていた。弁護団途中加入であり、在日コリアンでもなく、社会運動的な事件の経験もない、端的に言えば「戦力になっていない」私に対し、多くの当事者の方から励まし、感謝の言葉をいただいた。弁護士になってから現在に至るまで、当事者の方からここまで励まし、感謝の言葉をいただいた事件は未だない。

河内長野の弁護団合宿が終了してしばらく経ってから、私の「試用期間」が終了したのか、無償化と補助金、どちらの訴訟を担当するか、という話になった。私としては、弁護団に加わった最初から「新しく作られた制度が適用されない」ことよりも「今まで続いていた制度がいきなり打ち切られる」ことの方が酷いと感じていたので、補助金訴訟を担当することを希望した。丹羽雅雄先生からは「補助金訴訟の方が難しいよ」とアドバイスを受けたが「20年以上続いた補助金が政治的理由で打ち切られたことの方がより違法性が高いと思っています」と言って、補助金訴訟を担当することになった。（当然、私よりも丹羽先生の見通しが正しかったのだけど。）

闘うべき法律、制度がはっきりしている無償化裁判に比べ、補助金裁判は、要綱というヌエのようなものとの闘いであって、取り組む弁護士が少なかった。その中でも当時の大阪府知事の発言などで政治的意図が鮮明だった大阪府の補助金に比べると、大阪市の補助金は主担当者がおらず、原啓一郎弁護士、普門大輔弁護士が大阪府の補助金と掛け持ちでやっていた。ということで、なんとなく私が大阪市の補助金部分を担当することになった。

在日コリアンでもなく、社会運動的な裁判の経験もなく、朝鮮学校にも詳しくなく、弁護団に途中参加である「弁護団マイノリティー」の私が、無償化ではなく補助金、大阪府ではなく大阪市という「マイノリティー」な役割を得た。それからは、弁護団会議でも自分の担当部分以外でも積極的に発言することを心掛けた。例えその発言が「弁護団マジョリティー」の文化に反していたとしても、マイノリティーとして率直に考えたこと、感じたことを共有してもらうことが、より良い裁判になると考えたからだ。

大阪市の職員の反対尋問で、職員をしどろもどろに追い詰めながら、①前年度は大阪府の動向に関係なく先に補助金交付決定をしていたこと、②市長が代わった翌年は大阪府に追随する形で不交付決定をしていたこと、③不交付を内部で決めてから要綱を不交付決定に合わせる形で変更したことを明らかにできた時、少なくとも手続違反で一部勝訴できる可能性があると感じていた。ところが全面敗訴。ここに至ってようやく私は、朝鮮学校に関わる人々が日本社会に感じている大きな「壁」を実感させられたのだ。マイノリティーの生きづらさを。

裁判以外でも様々な経験をさせてもらった。近畿弁護士会連合会の研修で伊地知紀子先生のアンケート報告など朝鮮学校訴訟の紹介をしたこと、東京の在日本朝鮮留学生同盟（留学同）で朝鮮学校訴訟の研修講師をしたこと、朝鮮学校への補助金交付の再考を求める文科省通知に対する大阪弁護士会、日弁連の会長声明の起案をしたこと、韓国から来た「民主社会のための弁護士会」の研修講師をしたこと（ほぼ韓国語で話した）などなど。でも結局のところ、私を励まし、感謝してくれた当事者の方には、何の恩返しもできていない。弁護団マイノリティーとしてできることは何かないだろうか。

振り返りと、これから

原啓一郎（はら・けいいちろう）

私の弁護士になるまでの歩みの中では、在日の方との接点は、（ほぼ）なかったなあと思いながら、弁護士になってからは、朝鮮学校の裁判には、ずっと関わってきていて、本件を思い返して、2010年代の自分はこれとともにあった、とじわじわっと思う。もはや「なぜ」関わってきているかはよくわからなくなっていて、民族としてそこにいて言葉を学びたいなどの当たり前の行動を、権力施策、力を持つ側が尊重しない、ことへの怒りみたいなものだろうか。日本社会の構成員としての責任めいた感覚もあるのかもしれない。（あるいは単に、ずっと心の中にいる、具体的な、この人たちのために、という単純な話なのかもしれない。）

今般の執筆を通じて、ほどよく忘れていた、自分たちが書いた書面の内容を新鮮な目で読んで、よく書けていると思った。説得力を感じるし、事実の根拠にも即している。この手の「裁判」は常に難しいが、その中でも、勝てるかも、と思っていたことを思い出した。

今でも、勝ちたかったな、と思う。

この手の裁判にはほかでもぽつぽつ関わっていて、悲喜こもごも味わっているが、終わってみたときにいつも思うことは、裁判官も人の子だった、ということ。当たり前なのだが。どんなに全力を尽くしても、その先にある、どの裁判官に当たるかということ。異動も含め。だから、最後は、運、と思うことがある。

と言ってしまうと元も子もないのだけれど、物事を成すときはきっと「天地人」が揃ったときで、人の和と、地の利（裁判に即すと、最善の準備を尽くすこと）、ここは、心掛けと努力で何とかなるので、天の時、これは、待つとか、やって来るとか、気付くと居る、ものなのだろう。行動を起こさないと勝ちはないわけであるし。

但し、持続可能に、楽しく。

随筆みたいになってしまったが、これからも、きっといろいろな何かが必要で、何かできることがあるときにはできる尽力をしたいと思っているし、私的事情（2015年から）が発生して時間の捻出が難しくなって久しいけれども、さらに社会的事情（2020年から）がそれに乗るので難しさがあるけれども、なるべく何かできればと思っている。それと飲みには行きたいとも思っている。それをこの場を借りて伝えられたら幸甚である。

Ⅲ　無償化裁判

一　大阪地裁での審理

1　いよいよ提訴へ

大阪朝鮮学園が高校無償化について訴訟を念頭に検討を加えていた頃、大阪だけではなく、東京、愛知でも弁護団が結成されており、相互に連携をとって対策を検討することになった。２０１２年６月、大阪で東京、愛知、大阪の各弁護団が集まり、提訴に向けた検討会議が行われた。

無償化裁判については、東京弁護団、愛知弁護団のどちらも、行政訴訟ではなく、生徒が原告となる国家賠償請求訴訟を検討しているとのことだった。大阪弁護団が主に検討してきた行政訴訟については、慎重な意見が相次いだ。

確かに行政事件で行政相手に勝訴する確率は相当低い。行政事件は、一般的な民事事件をあまり取り扱わない「行政部」という部署に配属された裁判官たちが審理して判決を出すが、その行政部の裁判官はお堅い印象がある。行政事件は一般的な民事事件に要求されない訴訟要件がいくつもあり、事件の内容に入らず却下されてしまうこともある。このようないくつものハードルがあるので、一般的に行政事件は弁護士からも避けられる傾向にあった。だからといって国家賠償事件が勝ちやすいわけでもない。

大阪弁護団の無償化班は、元々行政事件訴訟法を学んできた若い弁護士が中心で、特に苦手意識が無かったことに加え、大阪地裁の行政部がこれまで出してきた判決を分析し、十分に闘えるという確信を持っていた。裁判の結果によって高校無償化の対象として指定を受けるには、文科大臣に指定を義務付けることが必要であり、そのような判決を出せるのは行政訴訟だけだった。ハードルは高くても、正面から挑んで勝ち取るべく、着々と提訴準備を続けた。また、弁護団会議で生徒が原告になる国家賠償請求訴訟も視野に入れて検討していたとき、会議に参加していた朝鮮学園の理事が、涙ながらにこう語ったことがあった。「子どもよりも、大人が前面に立って闘うべきだ」と。

こうして、大阪の無償化裁判では大阪朝鮮学園が原告となり、国を被告として、申請に対して結果を出さない「不作為」を違法と確認すること、文科大臣に朝鮮高級学校を支給対象として指定することを義務付けることを求める行政訴訟を起こす方針が固まった。

２０１２年12月26日、民主党から自民党・公明党に政権が交代し、第二次安倍晋三内閣が発足した。自民党や内閣の姿勢から、朝鮮高級学校に対する「無償化」指定を行わないことは明らかだと思われた。このような時期に、大阪と愛知では同時に朝鮮高級学校に対する無償化制度適用を求める訴訟を提起することになった。（続いて、広島、福岡、東京でも同様に訴訟が提起された。）

2　訴状提出後の不指定処分

２０１３年1月24日、大阪弁護団は学校法人大阪朝鮮学園を代理して訴状を提出した。訴状によって求めたのは、①２０１０年11月27日に就学支援金支給対象校として指定を受けるために申請をしたのに、これに対して文科大臣が2年以上も判断をしていない「不作為」が違法であると確認すること、②大阪朝鮮高級学校を就学支援金支給対象校として指定することを文科大臣に義務付けること、である。

第1回期日は２０１３年3月13日に指定されていた。ところが、その直前である2月20日、文科大臣は申請をしていた全国の朝鮮高級学校に対して、申請に対する応答として「不指定処分」を行った。つまり、期日直前に何もしていない「不作為」の状態を解消してきたのである。そうすると、「不作為」でないからこのままでは裁判が成り立たないことになる。被告国の答弁書に、不指定処分の実質的な理由は何も書かれず、ただ「不作為」ではないから訴えを却下すべきだとだけ書かれていた。

この事態はある程度予想できていたので、大阪弁護団はすかさず前記①の訴えを、「不作為」の違法確認から「不指定処分」の取り消しを求める内容に変更した。このように土壇場の対応を迫られながら、いよいよ第1回期日を迎えることになった。

3　審理の過程――第1～18回期日

(1)　第1回期日

2013年3月13日、大阪地裁大法廷で第1回口頭弁論が行われた。数多くの当事者・支援者たちがかけつけて傍聴席に入りきらないので、法廷傍聴をするための抽選券が配られ、当選した者だけが入室できた。そしてこの後、毎回の期日で同じような光景が見られた。

弁護団は、当事者・支援者に対して裁判の内容を分かりやすく伝えるため、毎回の法廷で提出書面の内容を10分程度にまとめた要旨陳述を行い、裁判の後には傍聴できなかった人にも説明する場を設けるようにした。

第1回期日においては、弁護団を代表して金英哲弁護士が、訴状及び訴え変更申立書の要旨を陳述するとともに、大阪朝鮮学園の玄英昭理事長による原告代表意見陳述も行われた。

金英哲弁護士は、訴状の内容として、朝鮮学校の生徒に対して就学支援金を支給することは2010年度の国家予算でも想定され、検討会議で繰り返し検討されて2010年度中に支給を受けるための特別な規定も設けられたのに、2年以上経過しても応答しなかった文科大臣の不作為が違法であると述べた。また、2013年2月の不指定処分と同時に行われた規定ハ（I―一―2「高校無償化法の成立」〔21頁〕参照）の削除について、教育の機会均等を図ることを目的とする法律が委任した範囲を超えたもので違法・無効であること、不指定処分が平等原則（憲法14条等）に違反すること、審査中に審査の根拠規定を削除したのが行政手続法に違反すること、審査基準を満たしているので指定すべきことを求めた。

また、これに加え、教育の機会均等を目的とする制度において、日本で生まれ育った生徒たちが影響を与えられるはずのない砲撃事件や拉致問題などの外交的・政治的問題によって排除するのは、差別意識を助長する重大な人権侵害行為であり、国家的な「いじめ」と言っても過言でないと指摘した。そして、裁判所においては、少数者の人権保障の最後の砦として、「拉致」というレッテルを張られて制度から排除された何の罪もない子どもたちの苦痛を想像しながら審理に臨むよう求めた。

玄英昭理事長は、高校無償化法が当初、外国人学校に通う生徒にも平等に就学支援金を支給する制度であると聞いており、おおいに喜んで期待していたのに、朝鮮高級学校だけ除外されるという差別的な扱いを受けたことに対する怒りと悲しみについて述べた。また、大阪朝鮮高級学校が、社会において活躍する人材の育成を目的としており、教育水準も高く、部活動においても生徒が全国大会で活躍するなど、多くの成果をあげていることも指摘した。そのうえで、この裁判が日本という法治国家、民主国家においてはびこるコリアンジェノサイドを放置し、マイノリティーに対するヘイトクライムをはびこらせるのか、阻止するのかという裁判でもあるとして、裁判官に公正な判断を求めた。

法廷では、朝鮮学校の生徒を含め、多くの傍聴者が静かにこれらの陳述を聞き、大きくうなずいていた。たまらず拍手をしてしまった人もいた。

(2)　第2～5回期日

第2回期日（2013年5月20日）では、被告国から実質的な反論が提出された。被告の準備書面は47ページもあったが、内容は極めて曖昧なものだった。不指定処分の積極的な理由が書かれておらず、審査基準適合性を「認めるに至らなかった」というものである。「認められない」とはっきり書かず、「認めるに至らない」とするのは、逆に排除する理由が何もなかったことの表れでもあろう。そのうえで、朝鮮学校と朝鮮民主主義人民共和国を結び付けて問題があるかのように述べる新聞社説、公安調査庁の報告書「内外情勢の回顧と展望」など、朝鮮学校に対する悪印象を裁判官に与えるような証拠を複数提出した。

大阪朝鮮学園側からは、具良鈺弁護士が意見陳述を行った。具弁護士は、自分自身が朝鮮高級学校で学んだことに触れ、朝鮮半島にルーツを持つ子どもたちが、自分たちにはどうしようもない政治と外交に巻き込まれ、政治家らにより露骨に差別されている今、まさに少数者の人権の最後の砦としての司法の役割が問われていると述べた。

第3回期日（2013年7月29日）においては、原告大阪朝鮮学園の第1準備書面にもとづき、李承現弁護士が次の通り陳述した。国が、朝鮮民主主義人民共和国による拉致問題等の解決という政治上・外交上の理由により規定ハを削除し本件不指定処分を行ったことは極めて明白であり、高校無償化法が全く想定していない理由に基づくものであることから違法な行為であることは明らかであると。

第4回期日（2013年10月25日）では原告・被告双方から第2準備書面が提出された。その要旨について、田中俊弁護士は、朝鮮高級学校に就学支援金を支給対象校として指定するのか否かについての審査の状況を詳細に分析し、指定される方向での議論がなされていたことを指摘した。

第5回期日（2014年1月27日）では、同じく双方から第3準備書面が提出された。その要旨を陳述した朴日豪弁護士は、拉致問題と関連付ける発言を行ってきた下村博文文科大臣（当時）による不指定処分の真意は、外交的、政治的目的であることが明らかであると指摘した。

(3)　転機となった大雪の第1回弁護団合宿

２０１４年2月8~9日、丹羽雅雄弁護団長の提案を受け実施された第1回弁護団合宿には、三位一体の闘いをより強固にするため、大阪朝鮮学園関係者と支援者たちも参加した。

珍しく雪が降り積もる中、運転手役の大阪朝鮮学園の林学氏と李昌受《リチャンス》氏が手際よくタイヤのチェーンをつけたバスに乗って目的地の山荘に向かった。しかし、雪の勢いが増し、バスが前に進まなくなったため、仕方なくバスを降り、歩くことになった。弁護士は皆、事件の記録を大量に抱えての移動になり、困難な道のりになったが、予定よりも1時間30分ほど遅れて、何とか無事に全員が目的地に到着した。

合宿では、初日にこれまでの裁判の報告を行って議論を深めつつ、懇親会を通じて連携を強めたうえで、二日目には今後の主張・立証の方針を検討した。

高校無償化裁判については、李承現・朴日豪・金英哲弁護士がこれまで出てきた論点についての一覧表を事前に作成して、弁護団がこれを説明し、被告国側の主張を分析した。被告は、「認めるに至らない」というあいまいな主張で論点をずらしながら、朝鮮高級学校が朝鮮民主主義人民共和国や朝鮮総聯から「不当な支配」を受けているおそれが否定できないとして、朝鮮学校を就学支援金支給対象として指定すべきでないと主張する社説や意見書などを提出することで、朝鮮学校に対するイメージダウンを狙っていると分析できた。

一方、原告大阪朝鮮学園側からは、出てきた論点について全部反論してきたが、論点について理論的に反論することを中心に据えたので、当事者の切実な思いが裁判官に十分届いていないのではないかとも感じられた。

そこで、弁護団としては、判決を書くことになる裁判官に朝鮮学校に通う生徒の様子を伝え、生徒たちが平等に守られるべき存在であることを意識させるため、被告を凌駕する証拠を提出し、イメージアップを図ることを重視する立証方針にここから切り替えることにした。

弁護団合宿をきっかけに、「裁判官の心を動かす」ことを目指す「イメージアップ大作戦」が始まることになる。

(4)　第6～8回期日

第1回弁護団合宿の後、弁護団は、当事者の悲痛な思いを裁判所に伝えるため、Ⅱ―一―3（2）「陳述書大作戦」（52頁）で述べたように朝鮮学校生徒の保護者らへの聞き取り等を続けてきた。2014年4月11日に行われた第6回期日で意見陳述を行った金英哲弁護士は、文科大臣が、審査会の意見も聞かないまま朝鮮高級学校不指定の判断を行うという重大な手続き違反があり、審査会を無視した判断は違法であると主張した。これに加え、本件が、法律上は学園に対する不指定処分が問題になっているが、より本質的には、自分のルーツについて学ぶことができる学校を選択し、当たり前のように普通教育を受けている生徒たちが、政治・外交上の問題に翻弄されて差別されてもいいのかが問われている、裁判所におかれては、生徒たちの普

大阪「無償化」裁判地裁第７回期日について報告する弁護団の具良鈺、田中俊、中森俊久、金英哲弁護士（左から。2014 年 6 月 20 日、大阪弁護士会館）

遍的な教育を受ける権利に十分配慮しつつ、公正な判断が行われるよう求めると述べた。

第７回期日（２０１４年６月20日）においては、丹羽雅雄弁護団長が、今後、朝鮮学校の教育実態について明らかにする主張立証を行うこと、保護者に対するアンケートの回答を提出すること、学校関係者・生徒・保護者らの陳述書を提出すること、学者による意見書を提出すること、保護者、生徒、学者、学園理事長等の尋問を求めること等を述べた。裁判官の心を動かすための立証活動が、いよいよ本格的に始まることになった。

第８回期日（２０１４年８月29日）において、金星姫弁護士が第５準備書面に基づき、意見陳述を行った。

金星姫弁護士は、大阪朝鮮高級学校の教育課程が学習指導要領に準拠して作成されており、

２０１３年度の卒業生の進路を見ても、進学率が85・２％に上ること、卒業生からは裁判官、弁護士、医師、スポーツ選手、学者など、各分野で活躍する人材が輩出していること、ラグビー部の活躍が韓国の映画監督によって映画化されたことなどを指摘し、大阪朝鮮高級学校が就学支援金支給の要件である「高等学校の課程に類する課程」を有することが明らかであると指摘した。また、朝鮮学校の成り立ちについても述べ、朝鮮学校は自身のルーツを承継できる貴重な場であるとともに、自己肯定感を育むうえでも重要な場であり、地域同胞コミュニティの中心地ともなっていることを指摘した。

そのうえで、高校無償化法が各種学校である外国人学校にも就学支援金を支給する制度を設けたのは、外国人学校の自主性を尊重しながら教育の機会均等を図るためである。このような視点で考えた場合、朝鮮学校の歴史的特徴や存在意義は十分尊重されなければならない。これらを尊重する視点を全く持たず、単に朝鮮民主主義人民共和国や朝鮮総聯との関係を否定的にのみ考慮した文科大臣の不指定処分は、外国人学校の自主性を歪める違法な処分であると指摘した。

これらを基礎づける証拠として、卒業生の進路一覧表、ラグビー部を取材したドキュメンタリー映画「60万回のトライ」のパンフレット、大阪朝鮮高級学校が発行する『大阪朝高通信』等を提出した。

(5) 第９〜11回期日

第９回期日（２０１４年11月14日）では原告第６および被告第５準備書面が提出された。

原告第６準備書面の要旨陳述を行った田中俊弁護士は、高校無償化適用除外の問題に関する新聞社説を掲載時期及び内容別に分類整理して、その内容を明らかにした。多くの社説に共通するのは、高校無償化法の趣旨からは、朝鮮学校を排除する理由がないということであり、逆に排除すべきと指摘するものに共通するのは、拉致問題、核開発などの政治的なものである。日本で暮らす朝鮮学校の子どもたちに制裁を加えるのは筋違いであって、被告国による教育に対する政治介入の問題を、朝鮮学校に対する「不当な支配」の問題にすり替えようとしていると指摘した。

また、この問題に関し、この時点で既に日本弁護士連合会で2度、各弁護士会で11度も会長声明が出されているが、これらに共通する論調は、朝鮮高級学校も平等に就学支援金支給対象校として指定すべきというものであったことも指摘した。

さらに、ヒューマンライツ・ナウ、子どもの権利・教育・文化全国センター、歴史学研究会、自由法曹団、自由人権協会、アジア女性資料センター、フォーラム平和・人権・環境、アムネスティ・インターナショナル日本支部などの諸団体の声明や796名の大学教員が賛同者となって朝鮮高級学校を就学支援金支給の対象校にすべきとの要請が出されていること、日本だけでなく韓国の労働組合、NGO、市民団体等474団体が共同声明を発出していることも指摘した。

加えて、国連人種差別撤廃委員会においても、2014年8月、日本政府から提出された同条約の遵守状況を示す報告書の審査の中で、朝鮮学校を就学支援金の対象から外していることによって、韓国・朝鮮を起源とする子どもたちの教育を受ける権利が阻害されていることに懸念を表明するとともに、一般的勧告として「自国の領土内に居住するあらゆる子どもが学校入学について障害に直面しないよう、教育を受ける機会の提供においていかなる差別もないことを確実なものとする」ように勧告していることを明らかにした。田中弁護士は、このような諸団体の声明や国際人権基準からも、文科大臣の不指定処分が違法であることが明らかだと締めくくった。

弁護団はこれらを立証するため、38の社説、13の弁護士会の会長声明、11の諸団体の声明、人種差別撤廃委員会の総括所見等を提出した。

また第10回期日（2015年2月6日）では、原告第7・第8および被告第6準備書面が提出された。原告準備書面の要旨陳述を行った李承現弁護士は、証拠として提出した学園関係者など11名の陳述書の内容からも、大阪朝鮮高級学校が就学支援金支給対象となるべきであると述べた。そのほか、支援者による各種集会のビラやチラシ、支援集会について取り上げた記事、韓国の支援団体による支援コンサートのビラ等を、証拠として多数提出した。

そして第11回期日（2015年4月24日）では、被告から第7準備書面が、原告から第9準備書面が提出され、木下裕一弁護士が、この第9準備書面の要旨陳述を行った。

被告国は、朝鮮学校の生徒に就学支援金支給の途を閉ざす規定ハ削除が違法であるとの原告大阪朝鮮学園の指摘に対して、朝鮮学校が学校教育法第1条に定める「高等学校」（いわゆる一条校）になることにより、就学支援金支給対象として指定することが可能であるから、途を閉ざすことにはならないなどと主張していた。

これに対して木下弁護士は、「高等学校」になれば母国語や母国の歴史・文化を十分に学ぶことが困難となる事実を指摘し、このような国の主張は、異なる文化、風習、歴史を持っている外国人に対し、その多様性に対する尊重を欠く暴論であると述べた。また、文科大臣が記者会見において、朝鮮高級学校の視察を行った結果、客観的には「高等学校」になる条件が備わっているとの認識を示した点を取り上げ、「高等学校」にあたる学校を就学支援金支給対象から外すのは、外交や政治を考慮した差別であると鋭く指摘した。

また原告弁護団はこの日、藤永壮大阪産業大学教授と田中宏一橋大学名誉教授の鑑定意見を証拠として提出した（本稿末に付した両鑑定意見書の要旨を参照）。

(6)　第2回弁護団合宿

2015年7月11～12日、河内長野市内で第2回弁護団合宿が行われた。この合宿では、丹羽雅雄弁護団長の考案により、判決を見据えて主張立証の締めくくりをどのように行うべきかを確認するため、実際に裁判官の視点で判決を書いてみることになった。弁護団を二つに振り分け、学園勝訴と敗訴の判決を作成し、その理由について議論しあう作業であった。

その目的について、丹羽弁護団長は「判決を書くことで当事者からの視点ではなく裁判官の視点が明確になる。また、勝訴判決を書くだけでなく、敗訴判決を書くことで、我々の主張のどの部分が強くて、どの部分が弱いのか明確になる。主力として活動していて争点に詳しい弁護士らが敗訴判決を書くことによって、勝訴判決よりも敗訴判決の方がより説得力を増すことになり、克服すべき弱点がより明確になる」と述懐する。

第2回弁護団合宿を終えて（2015年7月12日、河内長野市）

こうして、これまでの主張立証に多く関わってきた弁護士たちが敗訴判決を書き、関与が比較的少ない弁護士や途中加入の弁護士が勝訴判決を書き、合宿当日にそれぞれ判決を言い渡す、学園関係者、支援者が傍聴人になり、その判決を聞くという、模擬判決期日が行われた。

これまで勝訴のために主張立証を組み立て、理屈からすれば敗訴などあり得ないと考えていた弁護士たちが、心を鬼にして敗訴判決を書いてみると、意外にも行政事件で裁判官が下す典型的な判決文に近いものが出来上がっていた。続いて勝訴判決班の弁護士が勝訴判決を言い渡した。

傍聴者にこれらの判決に対する意見を聞くと、判決を聞いている間はとても悔しかったが、敗訴判決の方が良く書けているという感想が述べられた。このような感想を聞き、弁護士たちは、裁判官が原告敗訴という結論を決めてしまえば、そのための理屈を作って説得的な判決を書くことは、意外にも簡単にできてしまうということに気づいた。

つまり、この時点で重要なのは、裁判官がどのような結論を意識して判決を書くかであり、裁判官に、国を負かして原告勝訴判決を書く重大な決心をさせるため、「裁判官の心を動かす」立証活動に最後まで取り組む必要性が高いことを改めて意識することになった。

(7) 第12〜17回期日

第12回期日（2015年7月15日）では、原告第10および被告第8準備書面が提出され、原告から朝鮮学校の保護者を対象にしたアンケート結果、及びその結果を分析した伊地知紀子大阪市立大学（現・大阪公立大学）教授の鑑定意見書（本書所収の同教授論稿を参照）等を提出するとともに、複数人の証人尋問の申請と、実際に裁判官に学校を見てもらう検証の申出を行った。また原告第10準備書面の要旨として、三好吉安弁護士が、前回提出した藤永教授、田中名誉教授、および今回提出した伊地知教授の鑑定意見書を引用しつつ陳述を行った。

こうして陳述書、鑑定意見書をはじめとする多数の証拠を提出し、事実関係を裏付けたうえで、原告弁護団は裁判官に朝鮮学校の真実を訴えるために証人尋問、現地の検証を求める主張を続けた。

第13回期日（2015年10月14日）では、原告第11および被告第9準備書面がそれぞれ陳述された。被告国からは、原告大阪朝鮮学園による証人尋問申請、検証申請に対して、その必要性はないという意見が述べられた。

他方、原告弁護団から鄭文哲弁護士が、第11準備書面の要旨として、苦悩しながらも子どもを朝鮮学校に通わせた保護者の体験談のほか、韓国の朝鮮学校支援団体「モンダンヨンピル」の代表をつとめる俳優の

大阪「無償化」裁判地裁第 14 回期日について報告する弁護団（2015 年 12 月 9 日、大阪弁護士会館）

権海孝《クォンヘヒョ》が「一つ確かなことは、朝鮮学校を訪れた時、『まだ世の中は生きていくに値する』と確信がもてることなのです。もしかすると、私たちはそのような『希望』を確認したくて、何度も『ウリハッキョ』の子どもたちに会いにいくのかもしれません」などと述べていることを紹介した。また裁判所が、被告の政治的偏見に満ちた主張に惑わされないために、裁判官が実際に朝鮮学校を訪問して検証を行うことを改めて強く促した。

第14回期日（２０１５年12月9日）では、李承現弁護士が、当事者である学園理事長や教員、生徒と保護者らと、鑑定意見書を作成した田中名誉教授のほか、不指定処分を行った張本人である下村博文文科大臣の尋問を求めた。

これを受けて第15回期日（２０１６年2月17日）は進行協議として開かれ、裁判官は、この事件の争点を、①審査基準（規程第13条）に適合するに至らないと判断して不指定処分をした文科大臣の判断が正しいのかどうか、及びその主張立証責任、②不指定処分と同日に行われた規定ハを削除する施行規則（Ⅰ－一－2「高校無償化法の成立」〔21頁〕参照）改正が、教育の機会均等を図ることを目的とする高校無償化法から委任された範囲を逸脱した政治的・外交的理由によるものかどうか、③文科大臣が審査会の意見を取りまとめさせずに不指定処分をしたことが、審査会の意見を聴かなければならないと定めた規程第15条に違反しているかどうか、④国際人権法違反があるか、⑤行政手続法違反があるか、⑥憲法第14条違反があるかという点にあることを確認した。これに対し、丹羽雅雄弁護団長は、特に②規定ハ削除に関する争点が最も重要であると指摘した。

更に、裁判官は、被告国に対して、不指定処分の根拠とされる「不当な支配」の認定について文科大臣に裁量があることを示す判例や文献などがあるのかどうか、ないのであればその根拠を明らかにすることを求めた。

第16回期日（2016年4月27日）も進行協議となり、裁判官は被告国から提出された準備書面の内容を踏まえて、被告に対して「不当な支配」の認定に行政裁量があるという裁判例や文献は特にないことを確認した。原告弁護団からは、証人尋問前に法廷で生徒の様子を撮影したDVDを上映することを検討して欲しいと要求した。その結果、裁判官は第17回期日（2016年7月8日）で、次回期日に大法廷でDVDを上映したうえで、原告が申請する4名の尋問を行うことを決めた。

4　証人・当事者尋問、そして結審——第18〜19回期日

(1)　DVD上映

２０１６年10月14日、審理の場は大法廷に戻され、第18回期日が行われた。この日はまず午前中に、生徒の様子を撮影した15分程度のDVDが上映された（本書所収の林学氏執筆稿参照）。勉強してクラブ活動にも励む生徒たちの姿を映したDVDは、この子どもたちが差別されるべき存在ではないことを、弁護士の準備書面よりも説得力を持って裁判官に伝えてくれたに違いなかった。

(2)　学園理事長の当事者尋問

午後からは、原告が申請した各証人の尋問が行われたが、そのトップバッターは、当時の学校法人大阪朝鮮学園理事長、玄英昭氏であった。

玄英昭氏は、大阪朝鮮高級学校が、日本社会や国際社会で堂々と活躍することのできる人材育成を目的として、高等学校と同等以上の水準の普通教育を行いながら、朝鮮語、朝鮮地理、朝鮮歴史などの民族教育も行い、在日朝鮮人が自身のルーツについて学んで堂々と生きて行けるよう育てる教育施設であると述べた。また、クラブ活動も活発で進学率も高く、卒業生が多くの分野で活躍しているとも述べた。

そのうえで、高校無償化制度が外国人学校にも平等に適用されると聞いて喜んだが、政治・外交問題と絡められて審査が停止したことを理解できなかったと述べた。

審査手続再開後も、明確な基準を示されることがないまま、報道内容等を確認するような質問が文科省からあり、これらにすべて回答して追加資料を求められることもなく、不指定とされる理由がなかったのに、不指定とされて存在を否定されているような思いになったこと等が語られた。玄英昭氏は、高校無償化制度から排除された影響で、経済面から大阪朝鮮高級学校に通わせられず、他の学校を選択する保護者も増えたので、生徒数も減り、学校運営も危機的な状況になってしまっていることも語った。

そして裁判所には、上映したＤＶＤに映っていたような子どもたちの笑顔を奪わないよう、公正な判断を求めた。

(3) 元教員の証言

次に尋問を受けたのは、以前大阪朝鮮高級学校で日本語の授業を担当していた李明淑《リミョンスク》氏だった。李氏は、授業について、朝鮮学校独自の教科書を使うが、検定教科書等も参考にしながら、現代文、古文、漢文、詩、俳句、短歌等も教えて、他の高校と比較してもその水準は遜色なかったと述べた。そして、朝鮮学校での教育が、ポジティブなアイデンティティを育み、豊かな人格を形成し、友人同士でお互い助け合う関係性を築いていくことが素晴らしいと述べた。高校無償化制度ができることに対する期待感と、そこから外される過程で、生徒たちからの質問への答えに困ったことが率直に語られ、自分たちだけが除外されることについて、子どもたちを納得させる答えを見つけることができずに一緒に悩んだということであった。子どもたちが自分たちの権利を認めてもらうため、街頭に立ってビラ配りなどをした際も、大人から暴言を吐かれることもあり、子どもたちへの精神的苦痛もとても大きかったこと、教員として働いていた自分自身も否定された気分になり、大きな精神的苦痛を被ったと述べた。李明淑氏は、さらに真剣な眼差しで次のように語った。

「全ての子どもは等しく愛されるべきで、等しく権利を持っていると思う。でも自分の教え子は、ただ学校で朝鮮の文化や言葉を習って同じ出自の友達を持ちたいだけなのに、等しい子どもとして認められず、傷ついてきた。大人たちが大人の論理で子どもたちがどうすることもできないことで子どもたちを傷付けることは絶対にあってはならない。この裁判を通して、17歳18歳の自分のことだけ考えていればいいような子どもたちが、今後もずっと癒えない傷を負ってしまったことを忘れないで欲しい」。

大阪地裁の大法廷内は静まり返ったが、傍聴席から鼻をすする音が多く聞こえた。裁判所職員までも涙を拭う様子が見えたとき、当事者の声が確実に裁判所に届いていると感じられた。

李明淑氏の子どもたちへの熱い思いと気迫に圧倒され、被告国の指定代理人は、反対尋問を一切することができなかった。おそらく事前には用意しており、質問をしようと少し立ち上がったが、少し考えて「ありません」と渋々引き下がった。

(4)　卒業生の証言

次に証言台の前に立ったのは、高校無償化制度ができたときに大阪朝鮮高級学校に通っていた、卒業生の李忠慶《リチュンギョン》氏だった。

朝鮮学校では、自分の民族の歴史や言葉を学ぶ中で、自身のルーツを再確認してアイデンティティを確立していくことができ、また、自分たちの力で文化祭を作り上げていくなど、楽しい経験も多くしたことを語った。そして、高校無償化の対象になれば、授業料が安くなり両親の助けになると思って期待していた。自身は奨学金を借りたので、多額の返済をしなければならず、友人たちも同じような人が多くいること、平等な権利を得るため、街頭でビラ配りをしたときに、寒いけど頑張ってと励ましてくれた人がいた反面、「そんなに金が欲しいなら、国に帰って養ってもらえばいいじゃないか」という暴言を吐かれたという辛い経験についても語った。

李忠慶氏は、なぜ朝鮮学校だけ無償化の対象にならないのか疑問を持ち続け、納得できない思いを抱き続けていた、同じような心の傷を後輩たちに負わせたくないと思い、勇気を出して証言台に立ったということであった。

数年前まで大阪朝鮮高級学校の生徒だった若者が証言台に立って受け答えする姿は、朝鮮学校の生徒が他の高等学校の生徒と同じく社会から守られるべき存在だということを、改めて印象付けるものだった。

(5)　専門家の証言

田中宏名誉教授は、概ね自身の鑑定意見書（本書所収の要旨を参照）のとおり証言したが、これに加えて、高等学校の課程に類する課程を置くものに該当するかどうかの判断基準を専修学校高等課程に求められている水準を基本とすることは合理的なやり方であったこと、朝鮮学校の場合、具体的な留意事項の案文が作成されていたので審査も大詰めまで進んでいたこと、特定の新聞が朝鮮学校のことを記事にするたびに文科省から朝鮮学校へ質問がなされるといった奇妙な関係が存在したこと、高校無償化法の不適用は極めて政治的な判断に基づくものであったこと、下村文科大臣（当時）も北朝鮮への制裁の感覚でこの問題を考えていること、規定ハを削除する理由が記載された決裁文書が作成されていないことについては「非常に政治的にばたばたっとやっちゃったんだな」という所感を述べる等、専門的観点から説得的な証言を行った。

(6) 結　審

２０１７年2月15日、いよいよ大阪地裁での最後の口頭弁論が行われた。原告大阪朝鮮学園は、76ページの最終準備書面を提出し、法廷ではこれを要約した意見陳述を行った。

最初に、李承現弁護士が、事案の概要と「規定ハ削除の違法・無効」について述べた。李承現弁護士は、本件裁判が、朝鮮学校に通う生徒たちだけが支給を受けられないという異常な差別的状態を解消し、高校無償化法の目的である「教育の機会均等」を成し遂げるための裁判であり、朝鮮高級学校に通う生徒が普通教育に加えて民族教育を受ける権利を充たすための、子どもたちの未来を切り拓く訴訟であると力強く語った。そして本件の事実経過を改めて述べたうえで、このような経過で規定ハの削除と各朝鮮学園に対する不指定処分が行われたのであるから、これらが政治上、外交上の理由によって行われたことは極めて明らかであって、教育の機会均等という法の趣旨に反し、違法・無効であると強く主張した。

続いて、金英哲弁護士が、被告の国が裁判で強調する「規程第13条に適合すると認めるに至らなかった」という理屈について、教育の機会均等を図るという法律の目的に反した政治的・外交的理由による不指定処

大阪府オモニ会から勝訴祈願の千羽鶴を手渡された弁護団（2017年6月16日）

分が違法にならないための、訴訟対策の後付けの理屈でしかないと指摘した。金英哲弁護士は、日本教育法学会会長（当時）の成島隆獨協大学教授（新潟大学名誉教授）が「基準性を欠く規程13条については、一種の訓示規定と解するほかない」、仮に「法令に基づく」ことを指定の要件とするにしても、その「法令」の範囲は限定され、学校の一般的な財務会計、会計事務に関する法令のことであると指摘していたことを引用し、「不当な支配」などの抽象的規定を問題にするのは違法であると主張した。さらに文科大臣の判断としては、憲法・国際法上の権利を重視し、全ての後期中等教育を受ける生徒に、もれなく就学支援金が支給されるようにしなければならないと述べた。

最後に丹羽雅雄弁護団長が、「十分に理解されるべき本質的事項」について情熱的に語った。

まず、朝鮮学校とそこで学ぶ子どもたちの存在は、日本による朝鮮半島への植民地支配という歴史的経緯を持つ歴史的存在であって、歴史に対する認識と理解が必要である、そして、この裁判が、民族的少数者である朝鮮学校で学ぶ子どもたちの教育への権利を非差別・平等に保障する裁判であるから、母国語による普通教育と民族教育への権利を保障する国際人権法に適合するように法律が解釈されなければならないことを指摘した。

更に、高校無償化法が社会権規約第13条第2項(b)の留保撤回に向けた立法政策を具体化した法律であり、戦後初めて、各種学校扱いとされてきた外国人学校で学ぶ生徒に対しても非差別・平等に就学支援金を支給する法律となったのであるから、このような立法趣旨・目的に従って、法律の委任を受けて具体化する省令や規程の解釈がされなければならないことも指摘した。

そして、本件の不指定処分が、野党時代から政治上、外交上の理由により朝鮮学校を排除すべきとしてきた自民党が政権奪取した直後に、やはり政治上、外交上の理由から排除したという経緯を十分に理解する必要があると述べた。

さらに、本件の不指定処分によって、他の施設との間に著しい差別を生起させて、人種的憎悪によるヘイトスピーチ、ヘイトクライムの誘引となっていると述べ、国連人種差別撤廃委員会が、日本政府に対して、朝鮮学校を高校無償化制度の対象にするよう勧告したことを重要な事実として指摘した。

丹羽弁護団長は、本件訴訟が、国際的関心事項であり、人種差別撤廃条約、社会権規約、自由権規約、子どもの権利条約などの条約と適合的に解釈されるべきであり、朝鮮学校の生徒だけを排除したのは国家的な制度的人種主義ともいえる事案であるとして、裁判官に対して、国内の司法機関であるとともに国際人権条約の下にある司法機関であることも理解したうえで、「歴史の法廷」にも耐えうる適正かつ公正なる判断を求めるとして、最終の意見陳述を締めくくった。

３名の弁護士が意見陳述をしている間、裁判官たち（西田隆裕裁判官、角谷昌毅裁判官、松原平学裁判官）は、真剣な眼差しで各弁護士をしっかり見て、発言を一言一句漏らさないように集中して聞いていた様子が伺われた。提訴から約４年、大法廷を舞台に繰り広げた当事者、支援者、弁護団による三位一体の闘いにより、皆の切実な思いは裁判官たちに伝わったと感じられた。裁判官の心も少しは動いたはずである。あとは公務員でもある裁判官たちが国を敗かす決心をしてくれるか、その高いハードルを乗り越えてくれるのか、運命の判決期日は、５か月以上も先に指定された。

二　笑顔と涙の一日——大阪地裁での歴史的勝訴

1　判決言い渡し

無償化裁判の大阪地裁判決期日は２０１７年７月28日に指定されていた。ところが、大阪よりも後に結審した広島の裁判（原告は広島朝鮮学園とその生徒たち）の判決が、大阪より先んじて（7月19日）言い渡されていた。

その結果は、原告たちの全面敗訴判決だったので、続く大阪でも敗訴判決が言い渡されるのではないかと心配する人が多かった。「大阪は行政訴訟だけだから勝ち目はない」。そんな言葉さえ聞こえてきた。前述のように、同年1月27日、大阪府・大阪市補助金裁判第一審において、大阪地裁は大阪朝鮮学園敗訴の判決を下してもいた。

午前11時、大阪地裁の静まり返った大法廷で、代わったばかりの裁判長の声が響き渡った。

「判決を言い渡します。主文、文部科学大臣が原告に対し平成25年2月20日付でした、平成25年文部科学省令第3号による改正前の公立高等学校に係る授業料の不徴収及び高等学校等就学支援金の支給に関する法律施行規則1条1項2号ハの規定に基づく指定をしない旨の処分を取り消す。文部科学大臣は、原告に対し、大阪朝鮮高級学校について平成25年文部科学省令第3号による改正前の公立高等学校に係る授業料の不徴収及び高等学校等就学支援金の支給に関する法律施行規則1条1項2号ハの規定に基づく指定をせよ。訴訟費用は被告の負担とする」。

主文を読み終えた直後、裁判官3名は退室したが、傍聴席からは拍手が沸き起こり、「よっしゃ！」という声とともにほぼ全員が立ち上がって喜びを表現した。弁護団も立ち上がって近くの弁護士や大阪朝鮮学園理事長と握手を交わした。チマチョゴリを着て傍聴席にいた女生徒たちは、手を固く握り合って嬉し涙を流していた。その姿を見てたまらず涙を浮かべる人たちもいた。

僅か数分間の出来事だったが、歴史的な全面勝訴判決が言い渡された大法廷内は、感極まった人々の涙と笑顔が溢れた夢のような舞台となった。弁護士たちも、いままでこんなに素晴らしい法廷を経験したことがないと口々に語っていた。

そして法廷の外では、皆に第一報を伝えようと、結果を聞いた直後に法廷を走り出た金星姫弁護士と任真赫《イムジンヒョク》弁護士が、支援者と報道機関が待ち構える裁判所の正門前で、予め用意した旗をそれぞれ広げて見せた。「勝訴」と書かれた旗を掲げる金星姫弁護士が満面の笑みを浮かべるのと対照的に、「行政の差別を司法が糾す」と書かれた旗を掲げた任真赫弁護士は号泣していた。

裁判所正門前はお祭り騒ぎとなった。拍手して、叫び声をあげ、抱き合い、涙を流す。その姿を多くのカメラが撮影する。この光景はすぐにＳＮＳ上でもアップされ、全国至る所で泣いて喜ぶ人が続出したようである。

当事者、支援者、弁護団が三位一体となり、夜遅くまで会議を行い、合宿までして書面や資料を作成し、傍聴席を毎回いっぱいにして、裁判所にアピールし続けたその成果が、このような最高の形で実を結んだのである。政治により排除され、心無い人からヘイトスピーチまで浴びる苦しい状況に立たされていた分だけ、裁判所に救われた喜びは大きかった。

2　判決の要旨

判決では、まず、各朝鮮学園が申請する根拠となる規定ハを削除したことの違法性について認定された。高校無償化法第２条第１項は、就学支援金支給の対象となる「高等学校等」の定義について定める規定であるが、その定義の中に高等学校や中等教育学校の後期課程等と並んで「各種学校（このうち高等学校の課程に類する課程を置くものとして文部科学省令で定めるものに限り）」と規定されている。つまり、本来法律で決めるべき就学支援金支給の対象となる各種学校の範囲について、文科省令（施行規則）に委ねられたということである。いわゆる委任立法として文科省に権限が与えられてはいるが、その権限は、法律が定めた範囲内において、法律の趣旨に反してはならないという限界がある。つまり、文科大臣は、あくまで高校無償化法の趣旨である「教育の機会均等」に寄与するよう権限を行使しなければならない。

この点について大阪地裁判決は、①拉致問題について軟化したメッセージを与えるという下村博文元文科大臣の野党時代の姿勢、②義家弘介議員による拉致問題等を理由にした高校無償化法改正案の提出、③下村元文科大臣が就任後、拉致問題の進展がない等の理由で規定ハを削除したこと、④外交上の配慮により判断しないという民主党時代の政府統一見解を廃止したことを挙げ、文科省による規定ハの削除が、法の目的である教育の機会均等とは無関係な外交的・政治的判断に基づくものであるから、高校無償化法による委任の趣旨に反するものとして違法・無効と判断した。

もう一つの大きな争点は、訴訟対策の後付けの理屈である「規程第13条に適合すると認めるに至らなかった」という理由についてであった。

規定ハは、就学支援金支給対象となる外国人学校の範囲について、「イ及びロに掲げるもののほか、文部科学大臣が定めるところにより、高等学校の課程に類する課程を置くものと認められるものとして、文部科学大臣が指定したもの」と規定しているので、これだけではどのような学校が指定されるか明確ではなく、更に文科大臣がその基準を定めることが求められている。文科大臣が指定するための審査の基準等を定めたものが「規程」である。

「規程」は、文科大臣が法の趣旨に従った指定の可否を判断するための審査基準として、修業年限や授業時間数、教員数等の客観的に判断可能な事項が主に定められているが、第13条だけは「前条に規定するもののほか、指定教育施設は、高等学校等就学支援金の授業料に係る債権の弁済への確実な充当など法令に基づく学校運営を適正に行わなければならない」という抽象的な定めとなっている。国は、ここに目をつけ、朝鮮民主主義人民共和国や朝鮮総聯から「不当な支配」（教育基本法第16条第1項）を受けるような学校は就学支援金を流用する危険があるとか、学校運営の適正性について認めるに至らないというような主張を行ってきた。法律等において基準が具体的に定められず解釈の余地が残った場合、その規定についての最終的な解釈・適用は行政の判断に委ねられており、その判断が著しく不合理でない限り、裁判所が審査をしなくて良いというのが行政裁量論であるが、国はこのような行政裁量論で逃げ切ろうとしてきた。

しかし、大阪地裁判決は、「授業料に係る債権の弁済への確実な充当」つまり支給された就学支援金が他の用途に流用されないかに関しては、学校の財務状況の資料等によって客観的な判断ができること、法が教育の機会均等の観点から就学支援金を単なる恩恵ではなく生徒の受給権として規定しており、司法的救済の必要性が高いことなどに照らせば、文科大臣の裁量権を認めるべきでないとした。

また、国側が主張する教育基本法第16条第1項の「不当な支配」についても、教育の自主性を侵害するものか否かによって客観的に判断できること、そして教育基本法第16条第1項が特に教育に対する行政権力による介入を警戒し、これに抑制的態度を表明したものであるという最高裁判例を引用し、行政権力による過度の介入を防止する観点からも、「不当な支配」の判断に文科大臣の裁量は認められないとした。

そして、規程第13条に適合しているか否かについては、①私立学校法に基づいて財産目録、財務諸表が作成されている、②理事会等も開催されている、③所轄庁である大阪府から5年以内に法令違反の処分を受けていないという、規定ハに基づいて指定を受けた他の外国人学校と同じ条件が満たされれば、他に特段の事情がない限り、基準に適合するという枠組みを採用した。

大阪朝鮮高級学校が①②③を満たしていることは明らかなので、国が主張するような新聞の記事や公安調査庁からの情報等が「特段の事情」にあたるかどうか、裁判所の視点から判断されることになった。

大阪地裁判決は、大阪朝鮮高級学校が在日朝鮮人子女に対して朝鮮人としての民族教育を行うことを目的の一つとする外国人学校であるところ、母国語と母国の歴史及び文化についての教育は、民族教育において重要な意義を有し、民族的自覚及び民族的自尊心を醸成するうえで基本的な教育であると認めたうえで、朝鮮学校が朝鮮語による授業を行い、朝鮮民主主義人民共和国の視座から歴史的・社会的・地理的事象を教えるとともに建国し現在まで統治してきた指導者や国家理念を肯定的に評価することも、朝鮮学校の教育目的に沿うものであり、自主性を奪うような支配が及んでいるとは認められないので、「不当な支配」と言えるような「特段の事情」もなく、大阪朝鮮高級学校が規程第13条に適合すると判断した。

こうして、不指定とした文科大臣の判断は違法であり、取り消されること、審査基準を満たすので指定が義務付けられるべきことが認められたのである。

3　判決報告集会

勝訴の興奮が冷めやらない中、午後6時30分から、東成区民センター大ホールで、判決報告集会が行われた。用意していた600席はすぐに満席となった。階段に座る人や立ち見の人までいた。

弁護団から登壇した金英哲弁護士は、冒頭いきなり、「皆さんの力で、国に、勝ちましたーーーー!!」と叫び、拳を突き上げた。その瞬間、割れんばかりの拍手が沸き起こった。

この心からの叫び声は、これまでの長く苦しい闘いを物語っていた。政治の影響で閉鎖されそうになりながらも激しい闘争により続いてきた朝鮮学校の歴史、その朝鮮学校で学んだが、部活動や大学受験資格などで日本学校に通う生徒と同等に扱われず差別を受けてきた自身の経験、拉致問題などを理由に今も差別を受け続ける後輩たち、その状況を何とかしようと立ち上がり、弁護団無償化班の主査として、深夜まで会議をして方針を定め、夜を徹して書面を書き、大法廷で弁論を行い、必死で闘ってきた重圧から解放された瞬間だった。そして、突き上げた拳は、その重圧に耐え、当事者や支援者たちと協力して皆の力で勝訴という結果を勝ちとったことで、政治や社会からの差別と偏見を突き破ったことを表現していた。

熱気に包まれた会場内で、金英哲弁護士は冷静になって判決の内容を説明し始めた。原告大阪朝鮮学園の請求を全面的に認める全面勝訴判決であること、すなわち裁判所が文科大臣の「不指定」を取り消して、大阪朝鮮高級学校を就学支援金支給対象校として指定することを文科大臣に義務付けるという画期的なもので

大阪「無償化」裁判地裁勝訴報告集会（2017 年 7 月 28 日、東成区民センター）

あると評価したうえで、判決理由の概要を説明した。

次に大阪朝鮮学園の玄英昭理事長が声明文を読み上げ、大阪朝鮮高級学校のオモニ会、東京、愛知、広島、福岡から駆けつけた各裁判の支援者たちがそれぞれアピールを行った。現役の大阪朝鮮高級学校生徒代表として、続いて登壇した姜河那《カンハナ》さん（当時2年生）の発言は会場を再び感動に包み込んだ。

「街にあふれるヘイトスピーチ、高校無償化の裁判、補助金の裁判と私たちが朝鮮人として生きていくことが、こんなにも難しいことなのか、また、純度１００％でないとのけ者にされるような、そんな最近のニュースをみながら、本当に不安が大きくなるばかりでした。今日、裁判を聞きながら、私たちは手を握り合って、抱き合って泣きました。やっと、やっと私たちの存在が認められたんだ。私たちはこの社会で生きていっていいんだと、そんなふうに言われている気がしました。差別は差別を生みます。それ以外は何も生まれません。〔中略〕私は、この大阪が、日本が、そして、世界が、偏見や差別がなく、みんなが平等で、当たり前の人権が守られる世の中になることを願っています。そして、私は、そんな世の中を創っていく一員になるべく、これからもウリハッキョに通っていきます。〔中略〕私は、この大阪で、日本で、ウリハッキョに通う在日コリアンが本名で堂々と生きる、どこの国、どこの民族の一員であっても堂々と生きていける、いろんな人が助け合って生きる、そんな、そんな素晴らしい社会が来ることを強く願い、そのための架け橋のような存在になりたいと思っています」。

二つの裁判で問われた本質的事項は、この発言に凝縮されていた。

さらに韓国の市民団体からのビデオメッセージが放映され、はるばる来日した「ウリハッキョと子どもたちを守る市民の会」の代表が支援64団体の共同声明文を読み上げたのち、主催者である無償化連絡会・大阪が声明文を読み上げた。

最後に会場にいた弁護団員が一言ずつ勝訴判決の喜びを語ったうえで、丹羽雅雄弁護団長が今後も力を合わせて頑張っていく決意を語った。再び拍手が沸き起こり、優しい笑顔があふれた感動の報告集会は幕を閉じた。

三　偏った訴訟指揮――大阪高裁での審理と判決

1　控訴審での審理

第一審で敗訴した国は、控訴しないよう求める当事者、支援者たちの声を無視して控訴した（2017年8月10日）。これにより、闘いの場は大阪高裁に移された。

(1)　第1回期日

控訴審の第1回期日は2017年12月14日に指定され、それまでに控訴人となった国からは控訴理由書が、被控訴人となった大阪朝鮮学園からは答弁書が提出された。控訴審の進行としては、第一審で十分な審理が尽くされている場合、第1回で結審して、第2回期日に判決を言い渡す場合が多い。そこで、被控訴人の大阪朝鮮学園としては第1回期日までに控訴理由書に対する十分な反論をして第1回で結審させることで、第一審判決を維持する判決を導く戦略を立てた。

第1回期日には、第一審と同じく多くの人々が傍聴に来ており、大阪朝鮮学園側弁護団では傍聴者と裁判官に答弁書の内容を伝えるための要旨陳述を用意していた。この時は珍しく国側も要旨陳述を用意してきた。

法廷では、まず国側の指定代理人から控訴理由書の要旨陳述が行われた。国側は、「高等学校の課程に類する課程」を有するとして就学支援金の支給対象になるためには、①当該学校における教育内容が教育基本法の理念に沿ったものであること、②支給した就学支援金が授業料以外の用途に流用されるおそれがないこと、③外部団体・機関から不当な人的・物的な支配を受けていないこと、④反社会的な活動を行う組織と密接に関連していないことが必要であるとして、諸事情を正しく評価すれば、本件規程第13条に適合すると認めるに至らないと判断した文科大臣の裁量権の逸脱、濫用はなく、本件不指定処分が適法であることが明らかであると述べた。

そして、不指定処分が適法であれば、文科省令（施行規則）改定の適否を判断する必要がないとしながら、規定ハの削除は、文科省内でも以前からの懸案事項であり、文科大臣の外交的、政治的意見によるものではないとした。よって、これらに反する認定をした第一審判決は違法であり、取り消されるべきであるとした。

そして、最後の一文に、「なお、被控訴人が提出した答弁書の主張に対しては、次回までに詳細な反論を準備する予定です」と付け加え、第1回期日で終わらせないよう、裁判官に求めたのである。国家公務員である裁判官にとっては、この意見陳述が大きなプレッシャーになったに違いない。

これに対し、被控訴人大阪朝鮮学園側からも弁護団のうち3名（丹羽雅雄、金英哲、李承現）が、以下のように控訴答弁書の要旨陳述を行った。

国側は第一審から主張してきた「不当な支配」（教育基本法第16条第1項）だけでは敗訴が濃厚なので、より抽象的な規定を多く持ち込み、控訴審対策としか考えられない独自の枠組みを設定して主張を展開している。

しかし、国側の主張は、高校無償化法が成立した経緯やその趣旨・目的、その立法原理である憲法第26条の「ひとしく教育を受ける権利」、第14条の「法の下の平等」、社会権規約第13条の「無償教育の漸進的導入」と第2条第2項の被差別平等原則、及び教育基本法第4条の「ひとしく、その能力に応じた教育を受ける機会が与えられなければならない」という理念や、本件規程が定められるに至った経過などを一切無視するものである。したがって、これらが十分に考慮された第一審判決に対する批判として、著しく的外れであることは明らかであるから、速やかに控訴が棄却され、第一審判決が維持されるべきである。

また、国側が控訴審で新しく「①当該学校における教育内容が教育基本法の理念に沿ったものであること」を要件として主張してきたことに対しては、教育基本法を含む関連法令からは、私立各種学校の自主性と学問の自由を尊重しなければならず、教育内容を規制することはできないから、教育内容を規制するかのような枠組みの設定は、教育基本法を含む教育法体系に対する無理解を物語っていると指摘した。国側の主張②③については、第一審での反論を繰り返した。

そして、国側が「④反社会的な活動を行う組織と密接に関連していないことが必要」と主張する部分については、「反社会的な活動」が何を指すか、「密接な関連」がどの程度の関係をいうのか明らかでない、抽象的な文言を使って行政に判断の余地を与えれば、政府にとって都合の悪い団体を理由なく排除することができ、それこそ「平和的で民主的な社会」の理念に反すると述べた。国側が主張する枠組みは、教育行政における平和や民主主義の破壊につながりかねないものであり、これを判断基準とすることは到底許されないと厳しく指摘した。

また、規定ハ削除が違法・無効であることについては、控訴審で新たに提出した元文部科学事務次官前川喜平氏の陳述書の内容を紹介した。前川氏は高校無償化法の制定、施行段階を担当しており、朝鮮高級学校を指定対象として含むことは関係者の共通認識であったこと、大阪朝鮮高級学校を含む複数の朝鮮学校を訪問したところ、「高等学校の課程に類する」教育が行われていることを強く感じたことなど述べた。文科省内でかねてから規定ハを削除する議論などはなかったと断言できるとまで言い切っていた。

さらに、控訴審において国側が唐突にかつ何らの理論的根拠と具体的理由を示すことなく提示してきた上記①から④の要件に対しては、著しく不明確な治安・公安的概念である「反社会的な活動」とは何かを一切示すことなく、「判断枠組」と称する項目に入れること自体が、国及び国家機関たる文科大臣による教育への不当な介入であることを指摘した。

裁判官は、被控訴人大阪朝鮮学園から速やかな結審が求められたにもかかわらず、国側にだけ配慮して結審せず、第2回期日が指定された。裁判官は、他の地方での無償化裁判の状況がどうなっているかも気にしているようであった。

(2)　第2回期日

2018年2月14日に控訴審第2回期日が行われた。被控訴人大阪朝鮮学園としては、この期日で結審となるように、控訴人国がこの間に提出した準備書面に対する反論の書面を提出していた。

裁判長は双方とも更なる主張立証がないことを確認すると、裁判官3名で合議をするための短時間の休廷を告げた。法廷に戻ってきた裁判長は、双方に対して、本件規程第13条にかかる文科大臣の行政裁量が広いのか狭いのか、関連して教育基本法第16条の「不当な支配」についての裁量に関し、更なる主張を求めたのである。

第一審判決を維持するのであれば、これ以上主張を促す必要はないはずだった。このような裁判所の姿勢は、国に対して、「行政裁量が広く、行政裁量に属するので、その点を違法と認定した一審判決は取り消されるべきである」と主張すれば、それを採用する可能性があると、助け舟を出したようなものであった。

こうした不公平な高等裁判所の姿勢に学園側弁護団は失望したが、それでも裁判官にまともな判決をしてもらうべく、改めて準備書面を提出することにした。

(3) 第3回期日

2018年4月27日、控訴審の第3回期日が行われた。双方から準備書面が提出され、被控訴人大阪朝鮮学園からは、金英哲弁護士による準備書面の要旨陳述と、代表者（玄英昭大阪朝鮮学園理事長）の意見陳述が行われた。

金英哲弁護士は、高校無償化法において、対象となる各種学校について定める「高等学校の課程に類する課程を置く」という文言について、日本教育法学会理事の石井拓児名古屋大学教授の意見書を引用し、ここにいう「課程」が学校の運営体制や団体との関係性を含まない概念であると述べた。また、高校無償化の制度設計に関わった前川喜平氏の陳述書も引用し、「準ずる」ではなく「類する」としているのは、中学校卒

大阪「無償化」裁判控訴審結審後の報告集会（2018年4月27日、大阪弁護士会館）

業程度の学力を前提とした教育課程を置いている教育施設がなるべく広く含まれるようにしたからだと述べた。

つまり、法律は、文科大臣が学校運営や関連団体との関係を考慮して対象となる教育施設を選別して排除する裁量を与えていないと指摘した。

また教育基本法第16条第1項の「不当な支配」に関する裁量については、本件で国側が「不当な支配」という抽象的規定を持ち出したのが、そもそも拉致問題と関連付けた外交的・政治的判断を行うためであるから、そのような判断の余地を認めるのは許されないなどと述べた。

これにより控訴審は結審し、次回期日で判決が言い渡されることになった。この間、東京地裁でも名古屋地裁でも原告敗訴判決が下されており、関連する裁判の状況を気にしていた大阪高裁の裁判官たち（高橋譲裁判官、山本善彦裁判官、安田大二郎裁判官）がまともな判断をするのか、不安が募った。

2　控訴審判決

(1)　判決言い渡しとその内容

２０１８年９月27日、高裁での判決期日を迎えた。裁判長は弱々しい声で原判決を取り消す大阪朝鮮学園逆転敗訴の判決主文を読み上げた。

傍聴席からため息が聞こえ、傍聴者の怒声が鳴り響いた。弁護団も呆然としてしばらく椅子から立ち上がれず、チマチョゴリを着た生徒たちも座ったまま涙を浮かべていた。提訴から４年半もかけて当事者、弁護団、支援者が一丸となって闘い、前年の７月28日に勝ち取った歴史的な全面勝訴判決が、わずか１年２か月後に全面的にひっくり返されてしまったのである。

大阪高裁判決は、第一審が先に判断した規定ハ削除の違法性について判断を示さず、「規程第13条に適合すると認めるに至らなかった」という理由についてだけ判断した。

大阪高裁は、規程第13条の趣旨について、「他に流用されるおそれが否定できないにもかかわらず、就学支援金を支給することを許容するものではないことが明らか」として、「法令に基づく適正な学校運営が行われていない疑いのある学校」を「許容するものではない」ことが高校無償化法から求められているとした。

そして、本件規程第13条の要件適合性の判断にあたっては、①教育内容が教育基本法の理念に沿ったものであるかどうか、②教育に対して教育基本法第16条第１項の「不当な支配」がされていないか等に係る事情を判断要素として考慮すべきであるとした。

また、高校無償化法に規定されている高等学校の「課程」の意義について、「課程」という文言のある学校教育法においても学校運営の適正が求められているから、「高等学校の課程」とは、広く教育内容、学校の組織及び運営体制も含むと解すべきとした。

そのうえで、大阪地裁判決が採用した①私立学校法に基づいて財産目録、財務諸表が作成されている、②理事会等も開催されている、③所轄庁である大阪府から5年以内に法令違反の処分を受けていないという、規定ハに基づいて指定を受けた他の外国人学校と同じ条件が満たされれば、他に特段の事情がない限り、基準に適合するという枠組みについて、「それらが持つ事実上の推定力に照らすと」、国側が主張立証すべきなのは「特段の事情」ではなく、「相当な根拠」による「疑い」で足りるとした。

さらに、教育基本法第16条第1項の「不当な支配」の有無の判断についても、文科大臣の裁量が認められるとして、朝鮮高級学校と朝鮮民主主義人民共和国及び朝鮮総聯との関係についての報道等、国側が提出した証拠をただ羅列し、大阪朝鮮高級学校が朝鮮総聯から、教育の目的を達するための必要性、合理性の限度を超えて介入を受け、教育の自主性をゆがめるような支配を受けている合理的な疑いがあり、同様に、就学支援金の管理が適正に行われないことを疑わせる相当な根拠があるとした。

その他、規程第15条違反（審査会の意見を聴かなかったこと）、民族教育への権利の侵害、憲法第14条違反、国際人権法違反、行政手続法違反についても、短く簡単な理由が記載されるだけで全て退けられてしまった。

(2) 判決の評価

大阪高裁判決は、高校無償化制度から排除されて悔しい思いをしてきた生徒たちへの配慮が全く感じられない心無い文章ばかりが目立つものだった。

高校無償化法の趣旨は、第1条に掲げられている通り、「教育の機会均等」であって、就学支援金の平等な支給に向けたものとならなければならないが、大阪高裁判決は、逆に、「疑わしい者は排除する」という、目的規定からは読み取ることが難しいものに誤変換している。平等な支給に向けた法の趣旨を、排除の論理にすり替えてしまったのである。

法律の文言についても、各種学校の範囲を定める「高等学校の課程に類する課程」のうち、「課程」の意味について、行政裁量を広げるため拡大解釈してしまった。学校教育法上、「課程」については、「前期課程」「後期課程」「高等課程」「全日制の課程」「定時制の課程」「通信制の課程」等として、体系化された制度的なものとして規定されている。文字通り解釈すれば、学校運営の適法性や適正性とは別の概念である。ところが、高裁判決は、なぜか、学校教育法の別の条文で学校運営の適法性が求められているから、「課程」に学校運営の適法性まで含むと解釈している。高校無償化法上、明確に文科大臣の自由を縛っている「課程」の概念の中身を広げて国を勝たせるために、一般的に通らない理屈を無理に通してきたのであろうか。

このように法の趣旨・目的を歪めて解釈することで、文科大臣への縛りを緩めたのである。第一審判決で認定された、規定ハに基づいて指定を受けた他の外国人学校と同じ条件が満たされれば、他に特段の事情がない限り基準に適合するという枠組みを、国側が主張立証すべきなのは「特段の事情」ではなく、「相当な根拠」

による「疑い」で足りるとしてしまった。

このような緩い枠組みを採用すれば、あとは出てきた事情を都合よく並べて、相当な根拠による疑いがあると判断してしまえば国を勝たせられる。

ただし、もう一つのハードルが、「不当な支配」の判断について裁量がないとした一審判決の認定であった。これは旭川学力テスト事件の最高裁判決から導かれており、簡単に覆せないはずである。しかし、大阪高裁判決は、同じ最高裁判例が、「許容される目的のために必要かつ合理的と認められる介入は、たとえ教育の内容及び方法に関するものであっても必ずしも『不当な支配』に該当しない場合がある」として、教育行政が全国一斉学力テストを実施することが「不当な支配」にあたらない理由とした部分を引用し、教育行政が、外部機関による介入を「不当な支配」として判断する裁量を持つとしてしまった。引用されている最高裁判例は、全国一斉学力テストについての大綱的な基準設定や最低限の介入を認めただけであって、「不当な支配」にあたるかどうかを文科大臣が判断して良いなどとは一言も書かれていない。ところが、この部分を歪めて拡大解釈することで、これまた文科大臣への縛りを解いてしまったのである。

そのうえで、大阪高裁判決は「北朝鮮や朝鮮総連による影響力の行使が上記教育目的を達するための必要性、合理性の限度を超えて、朝鮮高級学校での教育の自主性をゆがめるようなものであるときに」「不当な支配」にあたり、この判断に文科大臣の裁量が認められるとした。

つまり、「限度を超えるかどうか」「自主性をゆがめるのかどうか」という事柄全般について、文科大臣が判断できるとしてしまったのであり、このようなことが認められれば、まさに「不当な支配」がないことを申請者側が立証して勝訴することが不可能になってしまう。裁判所が自身の役割を捨て、行き過ぎた行政を正す役割を放棄してしまったのである。

ここまでくれば、文科大臣が何をどのように考慮しても良いことになるが、こうした前提の下で、控訴人国側が疑わしいとして提出した証拠類を、ほぼ全て考慮事情として認めたうえで「不当な支配」を受けている疑いがあると認定したのである。

各朝鮮高級学校を運営する学校法人は、それぞれが個別に文科大臣に指定を申請し、別個に審査がなされてきたにもかかわらず、大阪高裁は、大阪朝鮮高級学校以外の学校についての事情までも、当たり前のように使ってきた。国側が主張する「反社会的組織」という認定はさすがにしなかったが、朝鮮総聯がいかにも「不当」で、朝鮮学校との関係性が「支配」だということについて、ただ抽象的に認定してしまっている点に大きな問題がある。

「不当な支配」については、これまで多くの判例が出ているが、それらのほとんどが、文科大臣や教育委員会という行政権力による学校への介入の問題である。これら本来の場面においても、統一的な基準設定、指導、助言、人事交流、教科書検定・採択、財政援助等は「不当な支配」にあたらないとされている。どうして私立各種学校としてより自由度の高い教育が認められている朝鮮学校において、朝鮮総聯との関係でこれらのことがなされたとして、「不当な支配」を疑うことができるのか、明確な理由は一切記載されていない。偏見やイメージを先行させ、裁判所が行うべき公正な事実認定が放棄された結果であろう。

やはり控訴審が係属した大阪高裁第13民事部の裁判官たちは、最初から国を勝訴させるという結論を決めていて、そのための理屈を導く訴訟指揮を行い、無理にでも筋が通らない理屈を作り上げて判決を書いたとしか思えない。

四　最後の望みを託して――上告・上告受理申立と最高裁の判断

1　上告及び上告受理申立

２０１８年10月10日、大阪朝鮮学園は、高裁判決を不服として上告状及び上告受理申立書を最高裁判所に提出した。続いて同年11月30日には上告理由書と上告受理申立理由書を提出した。

上告理由書は91ページ、上告受理申立理由書は１２７ページとなった。第一審で全面勝訴し、第二審で逆転敗訴となった本件について、これだけ大々的に憲法違反や判例違反を含む合計２１８ページの理由書が提出されたのであるから、最高裁でも口頭弁論が開かれることが期待された。

2　上告棄却、不受理決定

しかし提出から10か月後の2019年8月27日付で丹羽雅雄弁護団長の事務所に、最高裁第3小法廷（山﨑敏充、戸倉三郎、林景一、宮崎裕子、宇賀克也の各裁判官）から上告及び上告受理申立ての棄却決定書が届いた。その理由はあまりにも短いので全文を以下で引用する。

「1　上告について
　民事事件について最高裁判所に上告をすることが許されるのは民訴法312条1項又は2項の場合に限られるところ、本件上告の理由は、違憲及び理由の不備・食違いをいうが、その実質は事実誤認又は単なる法令違反を主張するものであって、明らかに上記各項に規定する事由に該当しない。
2　上告受理申立てについて
　本件申立ての理由によれば、本件は、民訴法318条1項により受理すべきものとは認められない。
よって、裁判官全員一致の意見で、主文のとおり決定する。」

同じ日付で東京の無償化裁判弁護団にも最高裁より棄却決定書が送付されていた。

3　司法の高い壁

最高裁の決定書からは、どうして上告と上告受理申立が棄却されたのか分からない。200ページを超える理由書を、最高裁裁判官が読んでどう理解したのかも分からない。

日本の最高裁は、ほとんどの裁判をこのような形式的な決定で終える。しかし、さすがに今回は取り上げてきちんと文章を書いてくれると思っていた。子どもたちの人権問題、憲法問題についても何ら取り上げない最高裁の消極的姿勢には、怒りを通り越して呆れるばかりである。最高裁で取り消されることがほとんどないから、高裁裁判官が理屈の通らない判決でも平然と書けてしまう。最も大きな問題は、司法界全体の消極主義的姿勢にあるのかも知れない。とはいえ、大阪では当事者、支援者、弁護団の三位一体の闘いで第一審裁判官の心を動かし、勝訴判決という大きな成果を勝ち取ることができた。これを維持できなかったことが本当に悔やまれる。

今回の裁判では、朝鮮高級学校を外すために政治的に動いてきた自民党政権下の強大な行政権力に正面から立ち向かい、必死に闘ったものの、最終的には司法の分厚く高い壁に阻まれた。その壁を越えて権利を実現するという最終目標は達成することができなかった。

しかし、高校無償化裁判を通じて、皆の力を合わせれば、裁判官の心を動かして勝訴判決を獲得することができ、それにより人々に大きな喜びや感動を与えることができるという貴重な経験を積むことができた。この貴重な経験を活かし、子どもたちに当たり前の権利が認められるよう、今後も様々な取り組みを続けていきたい。もちろん弁護士として、裁判に勝つことにより権利を実現するという目標を持ちながら。

弁護団のひとこと（3）

勝訴の旗出しを担当して

任真赫（イム・ジンヒョク）

私は、全国で繰り広げられた高校無償化訴訟のうち、唯一勝訴を得た大阪地裁判決の際に、旗出しを担当した弁護士である。歴史的勝訴判決において旗出しを担当した栄光、また、旗出しをした時の感動は今も忘れることはできない。あの時を振り返ってみたい。

そもそも私は、在日朝鮮人の人権問題に取り組みたいという思いから弁護士を志した。２０１６年12月に弁護士登録をした私は、登録後すぐ、無償化訴訟弁護団として活動したいことを申し出た。弁護団の先生方は、見ず知らずの私を温かく迎え入れてくれた。

そして、当時まだ弁護団に所属していなかった私に、第一審判決の旗出しを任せてくれたのである。

無償化訴訟に関連して、初めての仕事が「旗出し」となった私は、ともかく、学園関係者・朝高生・保護者・支援者・弁護団等（以下「訴訟関係者」という）に迷惑がかからないように、自身の職務を全うすることに意気込んでいた。私の役割は、勝訴であれ敗訴であれ、誰よりも早く、正確に、傍聴できなかった訴訟関係者へ訴訟の結果を伝えることである。それ以外の役割はない。当然ながら、感情は持ってはいけない。それが旗出し弁護士としての役割であると深く心得ていた。

判決当日の様子を振り返りたい。

当日、入廷行動から始まった。新人弁護士にとって、入廷行動は初めての経験である。入廷行動を終えると、数少ない傍聴席を巡って、長蛇の列ができていた。司法修習中にこのような長蛇の列は見たことはない。これもまた初めての経験であった。

私は弁護団に所属していないので、代理人席には座れない。貴重な傍聴席の一席をいただき、傍聴席にて判決を聞くこととなった。

大阪地裁2階大法廷。ここに入るのも初めてである。傍聴席の後ろにはテレビの撮影クルーがいた。時間となり、裁判官3名が入廷する。入廷後、報道のため、2分間沈黙した状況が撮影された。その2分間の沈黙が、永遠にも感じられる程であった。

撮影終了の合図があった。いよいよ判決言い渡しである。これまで、何もしていない私ですら、心臓の鼓動は止まらなかったので、訴訟当初より奮迅された訴訟関係者の胸中はいかなるものであったのだろうか。

裁判長が主文を読み上げた。「主文　文部科学大臣が……」。まがりなりにも弁護士である。「指定をしない旨の処分を取り消す」という言葉を聞いた瞬間、勝訴したと確信した。

弁護団の先生方はそれ以前に、勝訴を確信されていたのであろう。主文途中でガッツポーズをされていた先生もいた。

傍聴席はというと、どのタイミングだろうか。弁護団の先生の様子をみてか、あるいは、主文最後の「訴訟費用は被告の負担とする」という部分を聞いてから、いずれにせよ、勝訴したという情報は法廷内に伝搬し、法廷内は割れんばかりの歓声に包まれた。

さて、私はというと、ともかくこの勝利の一報を、この歓喜を、この感動を、傍聴席にいない訴訟関係者に一刻も早く伝えなければならない。私は傍聴席を出て、弁護団席からでてきた金星姫弁護士とともに、大阪地裁二階大法廷から、階段を下っていった。

階段を下っていくと、そこには、傍聴席に入れなかったので法廷の外で待機していた訴訟関係者の方々がいた。みんな、法廷から鳴り響く歓声で勝訴したことに気付いていたようで、泣きながら抱き合っている方々もいた。

その中を私は走る。裁判所の外へ向けて走る。走っている途中、歓喜する訴訟関係者の姿を見ながら、私には心の底からあふれ出る感情があった。

私自身、小学校から大学まで朝鮮学校に通い、その過程で、差別を受けてきたことは幾度もあった。朝鮮人という理由だけで暴言を吐かれたこともある。何も悪いことをしていないのに、何故朝鮮人というだけで暴言を吐かれるのか。辛く、苦しい経験であった。

この無償化訴訟だってそうだった。何故、朝鮮学校だけが除外されるのか。朝鮮学校で学ぶ生徒たちと、他の学校で学ぶ生徒たちとで何が違うのだろうか。朝鮮人として生きることはこんなにも辛く、苦しいことなのかという思いがあったのである。

このような思いがあった中での勝訴の言い渡し。私からすると、勝訴の言い渡しは、私自身が、「初めて朝鮮人として認められた」瞬間であった。

さて、改めて確認したい。「旗出し」弁護士の役割を。旗出し弁護士としての自分の役割は、誰よりも早く、正確に、訴訟の結果を伝えることだ。感情は出してはいけない。私は事前に心得ていたはずである。

しかしながら、あふれ出る感情は止まらなかった。頭ではわかっていても、涙が止まらなかったのである。私自身が、弁護団員として苦労したわけではない。書面を書くために徹夜で調査したわけでも、訴訟関係者と打ち合わせをしてきたわけでもない。走りながらあふれ出る涙は、一人の在日朝鮮人として、自分自身が救われたことによる涙であった。

裁判所外まで走り、どうにか旗出しをした。裁判所外で待機し、歓喜する訴訟関係者の姿を見ると、より一層涙が止まらなかった。あふれ出る涙をどうにか堪えて、旗出しを続けた。

以上が、「旗出し」の役割を全うできなかった新人弁護士の一日である。

私は今でもあの時のことを鮮明に思い出す。

法廷内に鳴り響いた歓声、抱き合う訴訟関係者。あのような経験は、今後の人生で二度と経験できるものではないだろう。

大阪地裁での勝訴判決は、司法が国による差別行政を糾した歴史的判決である。訴訟関係者にとって決して忘れることのできない、また、これからの社会、全ての人々にとって決して忘れてはいけない、歴史的な判決である。

私は、そのような歴史的判決において、「旗出し」を担当した弁護士の責務として、また、歴史の証人の責務として、これからも朝鮮学校に通う子供たちの未来のために、力を尽くしていきたいと思う。

高校生が背負う奨学金

鄭文哲（チョン・ムンチョル）

無償化裁判の中で、最も印象深かったのは伊地知紀子教授が監修し実施された保護者アンケートである。弁護団会議の中で、アンケートの内容を精査した方がよいという話になり、アンケート原本が保管してあったたんぽぽ総合法律事務所に何日間か通って原本すべてに目を通した。アンケートは、大阪朝鮮学園が運営するすべての小中高学校の保護者を対象として実施されたものである。

アンケートには多様な意見が書かれていた。中には、朝鮮学校の在り方や朝鮮民主主義人民共和国、朝鮮総聯との関係性を批判するものもあり、保護者それぞれが思うがまま、自由に言いたいことを書いていた。国側が、このような保護者の否定的な意見を国に有利な事情として指摘してくるだろうと予測したが、弁護団会議では自由な意見があることこそが、不当な支配を受けていない証であるという結論になった。実際には、国側に有利な事情として主張された。控訴審において、それが敗訴判決への判断にどれほど影響したかはわからない。

アンケートの中で最も印象的だったのは、保護者の悲痛な叫びである。経済的に苦しい家庭が多いことが見て取れた。目を引いたのは、仕事一つでは足りないためダブルワークを始めた、もう心身ともに限界、いつ倒れてもおかしくないという母親の声だった。それが一人や二人ではなく、相当数あった。

奨学金を受給している家庭が多いという事実に衝撃を受けた。大阪府は、府独自の奨学金制度を設けており、経済的に困窮する家庭に奨学金を貸与している。奨学金がなければ朝鮮学校に通うことができない生徒もいるので、無いよりはマシだと思うが、果たして大阪府内に、高校に通うために奨学金を借りている生徒がどれほどいるのだろうか。世間では、日本の大学生が奨学金を借りて返済できないことが問題となり、欧米のように給付型の奨学金制度を導入すべきではないかと議論されている。大阪朝鮮高校の相当数の生徒は、高校生の時に既に奨学金を借りなければならず、高校を卒業する時点で大きな借金を抱えていることになる。金銭的な負担だけでなく、理不尽な社会に対する敗北感、絶望感を伴うから、大学生が背負う負担よりも大きいのではないか。ところが、朝鮮学校を除くほぼすべての高校が無償化の対象となったことで、高校生が奨学金を借りなければならない現実は問題にすらされない。

お金がない家庭が朝鮮学校に通わせるためには、ダブルワークして死ぬほど働くか、諦めるか、子どもに借金を背負わせるかのいずれかしかない。裁判所は、お金がない家庭が朝鮮学校で民族教育を受けることを贅沢と考えたのか、このような現実を肯定してしまった。

生徒や元生徒の卒業生に対しては、応援して一緒に戦ってくれた人が少なくないことを思い出して、社会に対して絶望せず、挫けず頑張って欲しいと思う。弁護団含め、無償化裁判に関わった人は、立法的解決も含め引き続き努力していきましょう。

怒り

李承現（リ・スンヒョン）

1　忘れもしない、確か2012年3月1日だったと思う。弁護団のお披露目が阿倍野区で行われたと記憶する（忘れつつあるが……）。多くの同胞や支援者らの前で無償化裁判及び補助金裁判を戦っていこうと宣言した。同胞社会の一助になるとの思いから弁護士を志したが、その第一歩であると感じた。

2　無償化裁判の一審で勝訴判決。同胞や支援者らが大阪地裁前で泣きながら互いに抱擁していた。感動的な場面。この場面を見たかった。落涙した。「もやは隠す必要はない！　私たちのターゲットは私立高校授業料無償化だ！」と息巻いた。（註：大阪府は、高校無償化法が適用された後の私立学校での不足費用等を補助する独自政策を設けている。その適用を受けるためには高校無償化法適用が前提となっている。）

3　第二審では、国の怒涛の反撃を受けた。狂気だった。朝鮮学校が反社会的な活動を行う組織と密接に関連しているとの主張であった。勝訴判決維持への「逃走」と「追走」劇が展開されたが、最終コーナーで刺されてしまった。日本政府と裁判所の狂気が子どもたちを蹂躙したのだ。今度は自分の不甲斐なさに落涙した。

4　「最高裁判所に学園理事長をお連れする！」と決意し、上告理由書等を最高裁に叩きつけた。それでも、最高裁は何も語ること無く、学園側の上告等を棄却した。

5　最終的に敗訴になってしまったという結果については、怒りしかない。今回の件の首謀者である自民党、「何もしなかった」公明党、正しい行いを行わなかった民主党、不指定処分に関与した文部官僚たち、大阪地方裁判所の合議体を除き今回の件を真正面から審理しなかった裁判官たち。そして、「窓からごみを捨てるかのように」朝鮮学校の生徒らを捨て去った日本社会。最終的な勝訴に導くことができなかった自分を含め、これらの人々に対しては怒りしかない。

千本ノック語る

具良鈺（ク・リャンオク）

「具先生の千本ノック、キツイですわ」。

理事長が発した一言。心を鬼にして挑んだ理事長の証人尋問準備であった。

私は、原告である学校法人大阪朝鮮学園の理事長の証人尋問を担当した。理事長とは、補助金、無償化訴訟の提訴の2年ほど前からはじまった勉強会の頃からご一緒しており、戦友のように思っていた。

補助金カット、無償化からの排除の動きが見え始めた2010年頃から私たちは、裁判ではない他の方法での解決を含めて模索し続けていた。一向に改善の兆しが見えない中、学校関係者と弁護団は協議に協議を重ねた。理事長および学校関係者は、提訴のメリット、デメリットについて悩み抜いた末、子どもを矢面に立たせたくない、まずは大人が立ち上がるべきだという強い決断のもと、提訴の方針が決定した。

私はいまも、あのときの理事長の決意の眼差しを忘れない。私は在日コリアンとして、朝鮮学校卒業生として、また女性として、日本社会の歴史の中で構造的に排除され何世代にわたって差別を受けてきた被害者が、アクションを起こすという「決断をする」こと自体が、いかに大変で苦痛に満ちたものであるかを身に染みて感じてきた。在日コリアンが差別に抗って訴訟をして勝利するというのは茨の道である。どうせまたダメかもしれない、でも、このままではいられない、というジレンマの中で当事者は立ち上がる決意をした。

弁護士として私ができることは、想定される反対尋問等に耐えうるほど、主尋問で中身を詰めることだった。質問、答え、質問、答え、を繰り返すうちに、理事長から「千本ノック」という言葉がでた。私は、きつい千本ノックに耐えなければならない理事長に対して、この上なく申し訳なく感じた。弁護士としての模範解答は、民事訴訟の立証責任だから当然、ということになるのだろう。

　しかし私の根本的な疑問は、なぜ、戦争と植民地支配の被害者たる彼らが、常に日本社会において説明を強いられるのか。本来当然のこと（教育の平等）を認められるためにさえ、千本ノックに耐えて打ち勝つ説明をし続けなければならないのか。

「名前はなんと読むんですか」「どこからきたのですか」「日本語うまいですね」「あなたはこの学校に通いましたか」「なぜですか」「あなたの祖国はどこですか」。

　このような踏み絵のような問いに対する答えを求められ続けて生きる人が、日本社会にいったいどれほどいるだろうか。生きること、存在すること全てについて疑問が投げかけられ、説明し続けなければいけないことは、社会からの疎外感、ひいては自己否定にさえつながりうるほどの苦痛を伴うものである。千本ノックの重圧を一人抱えた理事長が証言台にたった後ろ姿が、私の胸をこの上なく痛くした。

　思い起こせば私も、当時朝鮮学校の制服だったチマチョゴリを着ながら、あたかも朝鮮民族を一人背負っているような気分だった。通学路で、電車の中で向けられる様々な視線、時には嬉しい声がけ、また時にはひどい暴言に、常に自分を正当化できる説明を、いつなんどきでもスラスラできるように備えて生きなければならなかった。弁護士になった私は、今また、当事者に説明を求めている。

「あなたの祖国はどこですか」。

「南北朝鮮です」。

　理事長は、立派に千本ノックを耐え、国からの反対尋問にも堂々と応じ、無事に尋問が終了した。私は、いつか日本社会において、マイノリティが自分の存在を繰り返し説明しなくても平等に扱われる日が来ることを切に願う。

Ⅳ　まとめ――二つの裁判で問われた本質的事項とは何か

一　本質的事項

大阪府・大阪市補助金裁判は、大阪地裁・大阪高裁ともに原告である大阪朝鮮学園の敗訴に終わった。一方、大阪無償化裁判では、大阪地裁第2民事部の判決において、原告大阪朝鮮学園の完全勝訴の判決を得た。しかし、同裁判の大阪高裁では、大阪地裁判決とは正反対の原告敗訴の判決であった。そしていずれの裁判でも最高裁は、何らの具体的判断を行わず、上告棄却と上告不受理決定を行った。

朝鮮学校は、大日本帝国政府による朝鮮半島への植民地支配の結果、在日を余儀なくされた在日朝鮮人や朝鮮半島にルーツを持つ子どもたちのための、母国語による普通教育と民族教育を実施する教育施設である。二つの裁判で問われた本質的事項は、無償化裁判大阪地裁の全面勝利判決を受けた報告集会での大阪朝鮮高級学校に在学する生徒の発言に端的に表現されているが（Ⅲ―二―3「判決報告集会」〔121～122頁〕参照）、最後に改めて、二つの裁判において公正に判断されるべきであった本質的事項と、残された課題について述べる。

1　歴史的経緯

本質的事項の第1は、学校法人大阪朝鮮学園が運営する朝鮮学校とそこで学ぶ子どもたちは、日本国家による朝鮮半島全域への植民地支配という歴史的経緯を有し、朝鮮半島にルーツをもつ歴史的存在であるということである。

日本国家による朝鮮植民地支配は、朝鮮民族に対して、姓、言葉、歴史、文化、生命をも奪うなどの甚大なる被害と犠牲を強いた歴史をもつ。また、朝鮮学校は、日本の敗戦直後から、在日朝鮮人によって自主的に設立されたものである。その後の朝鮮半島の南北分断と固定という冷戦構造の影響下、日本国家と社会による朝鮮学校とそこで学ぶ子どもたちへの同化の強制と差別・排除、治安管理的処遇といういわば戦前と連動する植民地主義とも評しうる歴史的経緯を十分に理解されなければならないことである。

とりわけ、戦後日本国家は、奪われた民族の言葉や文化を回復するために設立された朝鮮学校に対して、以下のような態度をとったという歴史的事実への認識と理解が必要である。①1948年と49年、在日朝鮮人は「日本国民」であり日本の学校に就学する義務があるとして2度に及ぶ朝鮮学校閉鎖令を発動した。その朝鮮学校閉鎖令の実態は、朝鮮半島の南北分断という冷戦構造下での政治的、外交的理由であり、治安、公安的理由であった。②1952年4月28日に発効したサンフランシスコ講和条約による日本国家の主権回復と同時に、法務府民事局長通達（4・19通知）によって、旧植民地出身者の日本国籍を一方的に喪失させ、以後、民族的少数者である在日朝鮮人の子どもたちの教育への権利を喪失させ、義務教育の対象から除外した。③1965年12月、日韓基本条約の締結を機に、文部省は朝鮮学校とそこで学ぶ子どもたちを対象として、「朝鮮人としての民族性または国民性を涵養することを目的とする朝鮮学校は、わが国の社会にとって、各種学校の地位を与える積極的意義は認められないので、これを各種学校として認可すべきでない」との通達を発出し、朝鮮学校の存在自体を否定した。

この日本国家と社会による朝鮮民族に対する植民地支配という歴史的事実への深い洞察と、戦後日本国家・社会による朝鮮学校とそこで学ぶ朝鮮半島にルーツを有する子どもたちへの差別と排除政策そして同化政策、指紋押捺義務や外国人登録証の常時携帯義務を含む出入国管理法制を中軸とする治安管理的処遇という歴史的事実への深い認識と洞察なくして、本件事件の真に判断されるべき本質的事項を見出すことはできない。

2　教育への権利

本質的事項の第2は、本件訴訟は、朝鮮学校で学ぶ子どもたちの教育への権利に関わる裁判であるということである。

(a)　各訴訟で問われている本質的事項は、日本で生まれ育った民族的少数者であり、朝鮮半島にルーツを有する子どもたちの教育への権利を、他の子どもたちと機会均等に、非差別・平等に保障するという「人間存在にとっての本源的な構成要素」である教育と学習への権利に関わる事項であるということである。

１９７９年に日本が批准し、憲法に次ぐ国内法的効力（憲法第98条第2項）を有する「経済的、社会的及び文化的権利に関する国際規約」（以下、「社会権規約」という）は、第13条第1項において「この規約の締約国は、教育についてのすべての者の権利を認める」とし、同第13条第2項は、義務教育として無償のものとする初等教育、「漸進的導入」による中等教育と高等教育について、すべての者に対して機会均等に与えられるものとする、と規定している。

とくに高校無償化裁判との関連において、日本政府は、従来、この社会権規約第13条第2項を留保していたが、２０１０年4月1日、1条校とともに、専修学校及び各種学校のうち「高等学校の課程に類する課程」を有する外国人学校で学ぶ生徒に対して、「高等学校等における教育に係る経済的負担の軽減を図り、もって教育の機会均等に寄与すること」として、就学支援金を支給するという高校無償化法を施行し、２０１２年9月11日、社会権規約第13条第2項の留保を撤回している。

また、同第3項は、父母及び法定保護者が、子どものために、公の機関によって設置される学校以外の学校（私立学校や外国人学校）を選択する自由を認め、同第4項は、「個人及び団体が教育機関を設置し及び管理する自由を妨げるものと解してならない」と規定する。

このように、日本において国内法的効力を有する社会権規約第13条は、すべての者に教育への権利を保障し、初等教育は義務教育であること、中等、高等教育においてもすべての者の教育への権利を非差別・平等、機会均等に保障すること、保護者は、子どものために公立学校、私立学校（外国人学校を含む）を選択する自由があり、いかなる個人及び団体も教育機関を設置し管理する自由があることを保障している。

また、教育への権利は、非差別・平等（差別禁止原則）、機会均等に保障されなければならず（社会権規約第2条第2項、市民的及び政治的権利に関する国際規約〔以下、「自由権規約」という〕第26条、人種差別撤廃条約第5条e(v)、このうちの差別禁止原則は即時実施されるべき裁判規範でもある。

教育と学習は、人間存在にとっての本源的な構成要素であり、教育への権利もまた普遍的な基本的人権として保障されるべきものである。教育への権利の性質が、人間存在にとっての基盤となる本源的な権利であることからすれば、国籍のいかんを問わず、「すべての者」に保障される普遍的権利である。

更に、この教育への権利は、国家、地方公共団体に対して、本件就学支援金や、補助金、助成金などを含む条件整備を行うことを非差別・平等、機会均等に請求する権利（社会権的側面）であるとともに、個人や教育実施施設などの団体の自主的、自律的な教育の営みについて、とりわけ国や地方公共団体の行政権力が不当に介入したり、妨害してはならない（私学の自由）という自由権的側面をも有する複合的権利でもある。

そして、朝鮮学校に学ぶ子どもたちを含む民族的少数者の子どもたちは、国際人権法によって母国語による普通教育と民族的・文化的アイデンティティを育む民族教育への固有の権利が保障されている。本件朝鮮学校を含む外国人学校や民族学校は、これら民族的少数者の子どもたちの教育への権利を充足するために、母国語による普通教育とともに子ども達が有する民族的・文化的アイデンティティを保持・発展させる教育を実施する施設（自由権規約第27条、子どもの権利条約第29条第1項c）であることを十分に理解し、本件高校無償化法と同法の委任を受けた施行規則及び同規則から再委任を受けた規程についてもかかる国際人権条約に適合的に解釈されるべきである。

(b)　民族的少数者の子どもたちにとって、母国語による普通教育とともに民族教育の重要な意義と朝鮮学校における教育実践の現状について、高校無償化裁判の大阪地裁判決は、次の通り、適正かつ公正な判示をしている。

「朝鮮高級学校は、在日朝鮮人子女に対しての民族教育を行うことを目的の1つとする外国人学校であるところ、母国語と、母国の歴史及び文化についての教育は、民族教育にとって重要な意義を有し、民族的自覚及び民族的自尊心を醸成する上で基本的な教育というべきである。

朝鮮高級学校が、朝鮮語による授業を行い、北朝鮮の視座から歴史的、社会的、地理的事象を教えるとともに、北朝鮮を建国し、現在まで統治してきた北朝鮮の指導者や北朝鮮の国家概念を肯定的に評価することも、朝鮮高級学校の上記教育目的それ自体には沿うものということができ、朝鮮高級学校が北朝鮮や朝鮮総聯からの不当な支配により、自主性を失い、上記のような教育を余儀なくされているとは直ちに認め難い。

他方、大阪朝鮮高級学校は、学習指導要領に示されている教科及び特別活動を概ね実施し、使用している教科書に我が国や国際社会における一般的認識及び政府見解とは異なる内容の記述がある場合には、補助教材を使用するなどしてそれらをも併せ教えるようにしており、国公立大学、私立大学、短期大学などにより個別入学資格（学校教育法施行規則第１５０条第7号、第１８３条第3号）を認められた者が、２００９年において合計１０２名（日本の大学42名、朝鮮大学校37名、専門学校23名）いる。また、１００％に近い生徒が部活動に参加しており、ラグビー部が全国選抜大会で準優勝し、吹奏楽部が全国高校野球選手権大会開会式・閉会式で演奏するなど、部活動などを通じて他の学校等との交流も行われている」。

ところが大阪高裁判決は、高校無償化法の最も重要な趣旨・目的が、外国人学校、民族学校で学ぶ子どもたちの教育への権利を他の学校と非差別・平等に保障せんとするものであることを一顧だにしていないばかりか、大阪朝鮮高級学校で学ぶ生徒達の教育と学習の実情やクラブ活動の実情、国公立大学を含む大学への進学の実情、日本社会への多大な貢献度を何ら考慮要素として判断しない判決であった。このような事情は、大阪府・大阪市補助金裁判の各判決も同様であった。

3　大阪府・大阪市補助金の意義

本質的事項の第3は、大阪府・大阪市補助金の意義である。

上記のように、戦後日本政府が植民地支配責任を封印し、冷戦構造をも反映して、戦後一貫して朝鮮学校を敵視し差別して来たにもかかわらず、大阪府及び大阪市は、「国際的な人権尊重の観点や内外に開かれた社会の実現」「地域社会の構成員としての教育の実施」などを理由として、長年にわたり補助金交付を継続してきた。また、朝鮮学校の運営にとっても、大阪府、大阪市による補助金の交付は、いわば学校運営の「血液」の重要な一部であり、敵視と差別政策を曲がりなりにも改善した、未だ不十分とはいえ有益かつ必要不可欠なものであった。

ところが、2010年3月、橋下徹大阪府知事（当時）は、いわゆる1条校のみならず、専修学校、各種学校扱いとされてきた朝鮮学校を含む外国人学校に対して、戦後初めて非差別・平等に高校授業料の無償化を実現するとする高校無償化法の成立過程のなか、無償化法の適用対象から朝鮮学校を除外するような議論を受けて、「北朝鮮という国と暴力団というのは基本的には一緒である」などと発言し、直後、本件補助金の交付要件と称して、新たに「四要件」なるものを提示したのである。

そして、大阪府は、一部特定報道機関による意図的な悪意ある報道に依拠し、「特定の政治団体が主催する行事に、学校の教育活動として参加していないことの確証がえられない」との理由で、補助金の全面不交付を行っているのである。また、大阪市は、補助金不交付直前に要綱まで改定して、「あくまで大阪府教育行政の補助にすぎない」などとして、大阪府による補助金不交付に従属して、自らの補助金をも不交付としたのが本件の実相であり、本質的事項である。

4　高校無償化法の立法趣旨と構造

本質的事項の第4は、高校無償化法の立法趣旨と構造である。

高校無償化法の施行に先立つ2010年1月、鳩山由紀夫首相（当時）は、衆議院本会議における施政方針演説において、「すべての意志ある若者が教育を受けられるよう、高校の実質無償化を開始します。国際人権規約における高等教育の段階的な無償化条項についても、その留保撤回を具体的な目標とし、教育の格差をなくすための検討を進めます」と述べた。

この発言に明らかなように、本件高校無償化法は、日本政府が留保していた社会権規約第13条第2項(b)に関する留保撤回に向けた国内の立法政策を具体化した法律である。そして、高校無償化法は、戦後日本国家が朝鮮学校とそこで学ぶ子どもたちの教育への権利を蹂躙し、差別と排除政策を行って来た歴史的経緯の中で、戦後初めて、1条校、専修学校とともに、各種学校扱いとされて来た外国人学校、民族学校で学ぶ生徒に対して、「教育に係る経済的負担の軽減を図り、もって教育の機会均等に寄与すること」を目的として、非差別・平等に就学支援金を支給するとし、就学支援金の受給権利者を生徒とする法律である。

こうした立法趣旨と目的からすれば、高校無償化法は、正規の学校体系に属する高等学校（1条校）に限定することなく、これらと同様に後期中等教育段階に相当すると認められる「高等学校の課程に類する課程を置く」学校についても法の対象とし、そこに在籍する受給権の主体である「すべての生徒」に就学支援金の受給を保障することによって、非差別・平等に後期中等教育における経済的な機会均等を確保し、もって、すべての生徒に教育への権利を保障することを意図したものである。

以上の高校無償化法の制定に至る背景、立法趣旨と目的を具体化するために、同法第2条第1項第5号によって、専修学校及び各種学校のうち「高等学校の課程に類する課程を置くもの」として文部科学省令（施行規則）で定めるもの」として、具体的な基準等を文科省令に委任している。

すなわち、この高校無償化法による文科省令への委任の範囲が、「高等学校の課程に類する課程を置く」と認められるすべての教育施設で学ぶ生徒を支給対象とすることを基本としたうえで、「高等学校の課程に類する課程を置く」教育施設の指定に関する具体的な基準等も、同令に委ねられたのである。

そして、文科大臣は、２０１０年5月26日、教育専門的・技術的な基準や客観的な評価方法を定めるため、教育専門家による「検討会議」を設置している。この検討会議は、同年8月30日、「高等学校の課程に類する課程を置く外国人学校の指定に関する基準等について」という報告を行い、外国人学校の指定については、外交上の配慮などにより判断すべきものではなく、教育上の観点から客観的に判断すべきという政府の統一的見解に従って指定に関する審査を行い、指定の対象とするかどうかについて意見を取りまとめた上で、文科大臣の権限と責任において、外国人学校の指定を行うとしたのである。また検討会議は、本件規定ハに基づいて申請した教育施設についても、各教材の個々の具体的教育内容については、高等学校の課程に類する課程であるかの判断基準とするものではない、としている。

そして、施行規則の再委任である本件規程は、検討会議の報告を受けて、同年11月5日に定められたものであり、規程第13条の解釈、適用もまた、高校無償化法の立法趣旨・目的と各条項及び同法の委任を受けた施行規則、検討会議の報告を受けた再委任の範囲において厳格に解釈・適用がなされなければならないということである。すなわち、規程第13条の解釈においては、教育上の観点から客観的に「高等学校の課程に類する課程」を置くすべての教育施設を指定し、そこで学ぶすべての生徒に非差別・平等、機会均等に就学支援金を支給するために、個々の具体的な教育内容には立ち入らず、「外交上の配慮などにより判断すべきものではなく、教育上の観点から客観的に判断する」必要があり、政治上、外交上の目的や他事事項による判断は、高校無償化法の委任の範囲を逸脱し違法、無効となるということである。

5　高校無償化不指定の経緯

本質的事項の第5は、第2次安倍政権が成立した前後において、同政権が、朝鮮学校とそこで学ぶ生徒に対して、高校無償化制度から排除する意図をもって不指定処分に至った経緯である。

(a)　本件不指定処分は、不指定処分に至る経緯から判断すれば、明らかに高校無償化法の委任を受けた規定ハ自体の削除を目的としていた。

第2次安倍政権が成立した直後の2012年12月28日に、まず国家機関である菅義偉内閣官房長官によって、「本日の閣僚懇談会で文部科学大臣から「朝鮮学校については、拉致問題の進展がないことや、朝鮮総聯と密接な関係にあることから、現時点での指定には国民の理解を得られず、不指定の方向で手続きを進めたい」旨の提案があり、総理から「その方向でしっかりと進めていただきたい」旨の御指示がありました。これは政府全体としての方針であり、文部科学大臣においては、総理指示を踏まえて対応していただきたいと考えております」との発表があった。

同日、同じく国家機関である下村博文文科大臣によって、「本日の閣僚懇談会で、私から、朝鮮学校については拉致問題の進展がないこと、朝鮮総聯と密接な関係にあり、教育内容、人事、財政にその影響が及んでいること等から、現時点での指定には国民の理解が得られず、不指定の方向で手続きを進めたい旨を提案したところ、総理からもその方向でしっかり進めていただきたい旨の御指示がございました。このため、野党時代に自民党の議員立法として国会に提出した朝鮮学校の指定の根拠を削除する改正法案と同趣旨の改正を、省令改正により行うこととし、本日からパブリック・コメントを実施することにいたします。……この朝鮮学校のまま対象にできるかどうかというのは、やはり今御指摘があった拉致問題、それから国交の回復と、一定の問題がクリアした上での朝鮮高校に対する、対象になるかどうかということになってくるかと思います」「外交上の配慮などにより判断しないと、民主党政権時の政府統一見解として述べていたことについては、当然廃止をいたします」との発言がなされ、直ちに「省令削除」に関するパブリック・コメントを実施している。

そして、２０１３年2月20日、文科省が、本件規定ハ削除に向けたパブコメ結果に関して、前記の下村文科大臣発言と同一の説明を行った事実からも明らかである。

これら国家機関の発言や説明のいずれも政治上、外交上の理由であり、朝鮮学校で学ぶ生徒には就学支援金を支給しないとする「差別と排除」を目的とする政治上、外交上の政治行政意図があったといえる。この事実は、その後申立人に送達された本件不指定処分理由の冒頭に「施行規則ハを削除したこと」を掲げていることからも優に判断できる。

また、「規程13条に適合すると認められるに至らなかったこと」という不指定処分理由は、大阪朝鮮学園が、２０１３年1月24日に、不作為違法確認等の訴訟を提起した後の同年2月15日の段階で、文科大臣による内部決裁がなされたものであり、いわば訴訟対策として「後付け理由」として付加されたと評価する他ない。この国による不指定処分の目的とその理由としての本件規定ハ削除こそが、本件不指定処分の本質的行政行為であったのである。

この国による規定ハ削除の違法性の有無についての大阪地裁の判決は、「下村文科大臣は、朝鮮学校に支給法を適用することは北朝鮮との間の拉致問題の解決の妨げになり、国民の理解が得られないという外交的、政治的意見に基づき、朝鮮学校を支給法の適用対象から除外するため、本省令を制定して本件規定を削除したものであると認められる。そうすると、支給法2条1項5号は、国の財政的負担において教育を実施することが後期中等教育段階における教育の機会均等の確保の見地から妥当と認められる各種学校の範囲の確定を文部科学省令に委任しているにもかかわらず、下村文科大臣は、後期中等教育段階の教育の機会均等の確保とは無関係な外交的、政治的判断に基づいて本件省令を制定して本件規定を削除したものというべきであるから、下村文科大臣が本件省令を制定して本件規定を削除したことは同号による委任の趣旨を逸脱するものとして違法、無効と解すべきである」と適正かつ公正に判示している。

(b)　本件規程における指定基準は、高校無償化法の委任を受けた施行規則第1条第1項第2号規定ハの再委任を受けた規定であり、「高等学校の課程に類する課程を置くもの」に該当するか否かを教育上の観点から客観的に判断するための基準である。

ところが、国は、規程第13条の「法令に基づく学校の運営を適正に行う」の文言を著しく拡大解釈することによって、本件高校無償化法の趣旨と目的や「教育上の観点から客観的に判断する」とする指定基準から著しく逸脱した「不当支配」論を持ち出している。

この国の教育基本法第16条第1項の「不当な支配」論に対する、大阪地裁の判決は、「本条項の不当な支配とは、教育の自主性を侵害するものか否かによって客観的に判断され得るものである」とし、とりわけ「旧教育基本法及び教育基本法は、戦前の我が国の教育が国家による強い支配下で形式的、画一的に流れ、時に軍国主義的又は極端な国家主義的傾向を帯びる面があったことに対する反省により制定されたものであり」「旧10条1項及び16条1項は、教育に対する権力的介入、特に行政権力による介入を警戒し、これに対して抑制的態度を表明したものと解されるところ（最判昭和51年5月21日）、この判断が文科大臣の裁量に委ねられるべきものとすることは、裁量的判断を通じて教育に対する行政権力による過度の介入を容認することになりかねず、同項の趣旨に反することになる」として、同項「不当な支配」の有無についても文科大臣の裁量権が認められるものと解することはできない、と判示している。

また大阪地裁判決は、規程第13条の就学支援金が授業料に係る債権の弁済に充当されるか否かの判断について文科大臣の裁量が認められるかについて、「支給法は、高等学校等における教育に係る経済的負担の軽減を図り教育の機会均等を実現するという観点から、就学支援金の支給を単なる恩恵ではなく、私立高等学校等の生徒等の受給権として規定しており（12条参照）、その司法的救済の要請は高いというべきであることに照らせば」と判示している。そして、戦前の国家と教育に関する歴史への深い洞察を踏まえ、教育基本法

第16条第1項の重要な立法趣旨である「国家、行政権力による裁量的判断を通じた教育への過度の介入への防止」という規範的意義を適正かつ公正に判断している。

(c)　大阪高裁における国の主張は、大阪高裁において唐突にかつ何らの理論的根拠と具体的理由を示すことなく、「高等学校の課程に類する課程」について、当該高等学校の教育内容や運営が教育基本法の理念及び基本原則に沿ったものであることを包含するとして、申請者において、①当該学校における教育内容が教育基本法の理念に沿ったものであること、②支給した就学支援金が授業料以外の用途に流用されるおそれがないこと、③外部団体・機関から不当な人的・物的な支配を受けていないこと、④反社会的な活動を行う組織と密接に関連していないことを主張立証しなければならないという新たな判断枠組を持ち出し、申立人がこの①から④の主張立証責任を果たしていないから、本件不指定処分が適法であると主張するに至っている。

しかし、そもそも規定ハの「高等学校の課程に類する課程」を有するための国の主張する判断枠組なるものは、教育基本法を含む教育関連法の適正かつ公知の解釈からすれば、各種学校としての私立外国人学校には、適用されない条項がほとんどである。そして、大阪地裁判決が適正かつ公正に判示したように、大阪高裁での国の主張は、文科大臣及び同省という国家行政機関が、何らの理論的根拠もなく、恣意的かつ裁量的に教育関連法を解釈することを通して、行政権力による違法不当な教育内容への著しい権力的介入を行っていることを端的に示している。

高校無償化法の立法趣旨と目的から「高等学校の課程に類する課程」をより深く適正に解釈するためには、

同法の上位規範たる憲法第26条、第14条、社会権規約第2条第2項、第13条、とりわけ教育基本法第4条の非差別・平等条項に準拠して、これら条項にこそ適合的に解釈されなければならない。

ところが、大阪高裁の判決は、国の教育行政による教育内容や教育の自由及び教育の自主性への過度の介入に対して、最も抑制的でなければならず、行政に対して司法的統制を厳格にすべきにもかかわらず、文科大臣の違憲・違法な裁量権行使を許容することによって、国家の教育行政機関による教育内容や教育の自由及び教育の自主性への不当な介入、不当支配を容認する著しく誤った判断を行っている。

更に、国の新たな判断枠組の中に、「反社会的な活動を行う組織と密接に関係していない」とする項目を提示するに至っている。著しく不明確な治安・公安的概念である「反社会的な活動」とは何かを一切摘示することなく、「判断枠組」と称する項目に入れること自体が、国及び国家機関たる文科大臣及び同省による教育への不当な介入なのである。

教育と学習は、人間存在にとって本源的な構成要素であり、教育への権利もまた普遍的な基本的人権として非差別・平等に保障すべきものである。生徒を受給権利者とする高校無償化法の立法趣旨と目的を具体化する責務を有する国及び文科大臣、同省が、あたかも治安、公安機関と同様の視座から私学の自由をも侵害して、露骨に、教育への不当な介入を行うことなど断じて許されるものではない。

国が、「反社会的な活動を行う組織」として想定しているであろう朝鮮総聯の性格について、大阪地裁判決は、歴史的事実を踏まえて、「朝鮮総連は、第二次世界大戦後の我が国における在日朝鮮人の自主的民族教育が様々な困難に遭遇する中、在日朝鮮人の民族教育の実施を目的の1つとして結成され、朝鮮学校の建設や学校認可手続などを進めてきたのであり、朝鮮総連の協力の下、自主的民族教育施設として発展してきたということができるのであって、このような歴史的事情に照らせば、朝鮮総連が朝鮮学校の教育活動又は学校運営に何らかの関わりを有するとしても、両者の関連が我が国における在日朝鮮人の民族教育の維持発展を目的とした協力関係である可能性は否定できず、両者の関係が適正を欠くものと直ちに推認することはできない」と適正かつ公正に判決している。

6　国際人権法

本質的事項の第6は、国際人権法である。

政治的意図による大阪府・大阪市の補助金全面不交付及び高校無償化不指定処分によって、朝鮮学校の運営に著しい打撃を与え、朝鮮学校で学ぶ子どもたちのひとしく教育を受ける権利（教育への権利）が侵害され、学校選択の機会さえ奪う非常事態に至っている。その精神的、経済的悪影響は甚大であるばかりか、教育実施施設である朝鮮学校による母国語での普通教育と民族的、文化的アイデンティティを育む教育実践が侵害され、他の外国人学校と朝鮮学校（その子どもたち、保護者などを含む）とその子どもたち、保護者などとの間に、明確な不平等、差別を発生させている。とくに大阪府が、補助金に関する新要綱第2条第6号に「特定の政治団体（公安調査庁の調査等の対象団体）」との記載をあえて明記したことなどは、人種的増悪による差別言動（ヘイト・スピーチ、ヘイト・クライム）への誘引ともなっている。

(a)　日本も加入している人種差別撤廃条約は、国際連合が植民地主義並びにこれに伴う隔離及び差別のあらゆる慣行を非難して来たことを受けて制定された国際条約であり、国と地方の政府に対して、人種差別を生じさせ又は永続化させる効果を有するいかなる法令も改正、廃止し又は無効にするために効果的な措置をとる義務を課している（同条約第2条第1項(c)）。そして、締約国の裁判所に対しても、人権及び基本的自由を侵害するあらゆる人種差別の関与に対する効果的保護及び救済措置を確保することを求めている（同条約第6条）。

大阪地裁判決において、「就学支援金を単なる恩恵ではなく、私立高等学校等の生徒等の受給権として規定しており（第12条参照）、その司法的救済の要請は高いというべきである」と判示した内容は、司法の重要な役割として、「効果的保護及び救済措置を確保する」ことを判決において具体化した適正かつ公正な判決なのである。

(b)　本件に関連して、２０１４年８月29日、国連人種差別撤廃委員会は、日本政府に対して、次の通りの勧告を行っている。

「委員会は、締約国に対し、その立場を修正し、朝鮮学校に対して高等学校等就学支援金制度による利益が適切に享受されることを認め、地方公共団体に対し、その立場を修正し、朝鮮学校に対する補助金の提供の再開あるいは維持を要請することを奨励する。委員会は、締約国が、１９６０年のユネスコの教育における差別待遇の防止に関する条約への加入を検討するよう勧告する」。

また、人種差別撤廃委員会は、２０１８年8月30日に人種差別撤廃条約の実施状況に関する第10回・第11回日本政府報告に対し、「在日コリアンの状況」に関連する懸念事項及び勧告を以下の通り行っている。

21. 委員会は、日本に何世代にも渡って居住する在日コリアンが外国籍者のままであり、地方選挙において選挙権を有していないこと、および、公権力の行使または公の意思形成の参画にたずさわる国家公務員に就任できないことを懸念する。委員会は、特定の「朝鮮学校（Korean schools）」が高校就学支援金制度の支援から除外され続けているという報告をさらに懸念する。委員会はまた、多くのコリアン女性が国籍とジェンダーに基づく複合的および交差的形態の差別に苦しみ、子どもたちに対するヘイトスピーチを理由とする不安に苦しんでいるという報告に懸念する。

22. 市民でない者に対する差別に関する一般的勧告30（２００４年）に留意し、委員会は、締約国に対し、日本に数世代に渡り居住する在日コリアンが地方選挙において選挙権を行使できるよう確保すること、および、公権力の行使または公の意思形成の参画にたずさわる国家公務員に就任できるよう確保することを勧告する。また、委員会は、コリアンの生徒たちが差別なく平等な教育機会を持つことを確保するために、高校就学支援金制度の支援金支給において「朝鮮学校」が差別されないことを締約国が確保するという前回の勧告（CERD/C/JPN/CO/7-9, para. 19）を再度表明する。委員会は、コリアンの女性と子どもたちが複合的形態の差別とヘイトスピーチから保護されることを確保するよう締約国が努めることを勧告する。

二　問われる歴史認識と未来への責任

大阪府・大阪市補助金裁判は、地方公共団体による「内なる国際化と多文化共生」という理念による継続した補助金の交付の経緯を覆し、橋下徹大阪府知事（当時）の発言と指示によって、大阪府及び大阪市が新四要件なるものを創設又は依拠し、これを根拠として補助金の全面不交付を行った教育への露骨な政治介入の事案である。そして、高校無償化からの朝鮮学校の排除と相まって、歴史的存在でもある朝鮮学校の存在自体を危機的状況に陥らせ、第二次「学校閉鎖令」ともいえる事態を生起させている事実が問われている裁判である。

そして同時に、大阪府・大阪市補助金裁判と高校無償化裁判は、継続する植民地主義としての「同化と排除」政策と冷戦構造の歴史的な清算の実現、国境を超えた多民族・多文化の共生社会と東アジアの平和構築を目指す裁判でもあった。

地方公共団体の補助金停止、高校無償化制度・幼保無償化制度からの除外、学生支援緊急給付制度からの朝鮮大学校の除外などの、歴史的・構造的差別政策に抗い、「勝利まで決してあきらめない」とする広範かつ本質的運動を継続する必要がある。また、冷戦構造を利用した植民地主義政策から、人間の尊厳の尊重と本質的平等という普遍的な国際人権・人道法の価値に立脚した人権法制度の確立と人権・反差別、東アジアの平和、国境を超えた市民の自立した連帯運動を進めなければならない。

司法部門の本質的役割は、多数者原理が優先する立法部門や行政部門に対抗することである。民族的少数者である生徒たちは民族教育を含む教育への権利を有している。その権利への行政権力による侵害や差別行政に対して、司法は人権の最後の砦として、その本質的役割を果たし、歴史の法廷にも耐えうる適正かつ公正なる判断をなすべきものである。

しかし、無償化裁判における大阪地裁の原告全面勝訴判決以外の最高裁を含む判決は、植民地支配や戦後の朝鮮半島の南北分断と差別と同化、排除の歴史的経緯を踏まえなかったばかりか、すべての生徒に非差別・平等に教育への権利を保障し、とりわけ民族的マイノリティーの子どもたちに、民族的アイデンティティを育む教育を保障するという普遍的な国際人権保障の視点が欠落した判決であった。

日本国家・社会の多数者にとっては、植民地支配という歴史の清算と民族的少数者の子どもたちの民族的・文化的アイデンティティを育む教育への権利を尊重し確保することは、民族的少数者の子どもたちの民族的自尊心を醸成するとともに、すべての子どもたちに夢と希望を保障し、多民族・多文化の共生社会を実現するための過去・現在、そして未来責任を果たすことでもある。

（執筆：丹羽雅雄、金英哲、李承現、田中俊、大橋さゆり、原啓一郎、中森俊久、普門大輔、木下裕一、金星姫）

【参考】　鑑定意見書の要旨

※大阪府・大阪市補助金裁判、大阪無償化裁判において、とくに大阪朝鮮学園裁判弁護団が独自に専門家へ依頼した鑑定意見書の要旨を紹介します。なお伊地知紀子意見書については、本書所収の同氏論稿をご参照ください。

1　藤永壯鑑定意見書①：日本政府の民族教育政策――戦前から1960年代前半まで

（補助金裁判第一審、無償化裁判第一審）

【作成日】2015年4月13日
【提出日】2015年4月24日（無償化裁判）、2015年5月11日（補助金裁判）

(1)　はじめに

藤永壯大阪産業大学国際学部教授は、戦前戦後を通じ日本政府によって在日朝鮮人の民族教育に対する弾圧及び同化が繰り返されてきたのであり、そのような植民地主義的な同化教育の思想が今日の高校無償化制度からの朝鮮高級学校排除の論理として継承されている旨分析した。

⑵　朝鮮学校の成り立ち

ア　1920年代～1945年8月15日

１９３４年10月30日、「朝鮮人移住対策ノ件」と題する閣議決定がまとめられ、その中の「朝鮮人移住対策要目」では「朝鮮人ヲ指導教化シテ内地ニ同化セシムルコト」という方針が示された。このような日本政府の政策に呼応する形で、大阪府では、在日朝鮮人が設立した教育施設はすべて強制閉鎖され、その子どもたちは「内鮮融和」政策に基づき、日本の小学校や夜間簡易学校に入学させるといった措置が取られた。

イ　1945年8月15日～

１９４５年８月の朝鮮解放後、在日朝鮮人らの手による「国語（朝鮮語）講習所」と称される教育施設が全国各地に設立された。在日朝鮮人が日本各地に自主的に設立したこの施設は、日本の植民地支配のもとで母語を学ぶ機会の無かった子どもたちが、やがて帰国し、解放された祖国の建設に貢献できるよう「国語」（朝鮮語）を教えようとするものであった。

この点、ＧＨＱと日本政府は、当初、在日朝鮮人の民族教育を容認する態度を示していたが、１９４６年に入ったころから、ＧＨＱは、米ソ関係の急速な悪化を背景に、日本政府とともに在日本朝鮮人聯盟（朝聯）系民族学校への弾圧に乗り出していった。そして、１９４８年1月24日、文部省は、「朝鮮人の子弟であっても、学齢に該当する者は、日本人同様、市町村立又は私立の小学校又は中学校に就学させなければならない」という内容が盛り込まれた「朝鮮人設立学校の取扱いについて」との通達を発し、この通達に従わない民族学校は閉鎖するよう各都道府県に命じ、実際に同年3月から4月にかけ、各地の民族学校に閉鎖命令が出されたのである（第一次朝鮮人学校閉鎖）。

この通達に対し、1948年4月24日、民族学校関係者らは兵庫県庁へ押しかけ団体交渉を行い、ついに県知事に学校閉鎖命令の撤回を認める文書へ調印させる成果を勝ち取った。これら一連の闘争がいわゆる「4・24阪神教育闘争」と呼ばれる事件である。

そのような中、1949年9月、GHQと日本政府は、公布施行されたばかりの団体等規正令違反を理由に朝聯の解散を命じた。そして、これを受け、10月12日には「朝鮮人学校の処置方針」が閣議決定され、朝鮮人子弟の義務教育はこれを公立学校で行うことを原則とすることや、義務教育以外の教育を行う朝鮮人学校については、厳重に日本の教育法令その他に従わせ無認可学校はこれを認めないこと等の決定がなされた。

翌13日には「朝鮮人学校に対する措置について」という共同通達が発せられ、その結果、日本全国の朝聯傘下の民族学校350校弱のほとんど全てに閉鎖が命じられ、実際に多くの学校が武装警官などの動員によって強制閉鎖されたのである。

ウ　その後

1952年4月28日、サンフランシスコ講和条約の発効によって日本が主権を回復するとともに、旧植民地出身者（朝鮮人・台湾人）は、法務府民事局長の同年4月19日民事甲438号通達によって「日本国籍」を喪失し「外国人」となった。

これに基づき、日本政府は、これまで在日朝鮮人の子どもたちに日本国籍の保持者として、日本の学校に通うよう強制してきた態度を一変させ、次第に日本の学校への就学を「恩恵」として「許可」する方針へと転換させていった。

1953年2月11日、文部省は「朝鮮人の義務教育学校への就学について」という通達を発したが、この通達により、「外国人」となった在日朝鮮人らには「就学義務」は問題とならなくなり、公立学校として存続していた朝鮮学校も廃校とし、朝鮮学校への予算も不要とされた。

しかしながら、1955年5月に在日本朝鮮人総聯合会が結成されると、朝鮮総聯の下で民族学校の再建が進められ、教育内容においても民族教育の独自性を追求しつつも日本の学校に引けをとらない内実を備えた教育課程が整えられることとなる。

それにもかかわらず、1965年12月、文部省は「朝鮮人のみを収容する教育施設の取扱いについて」という通達を発した。その内容の骨子は、朝鮮人が学ぶ公立小学校分校は認めない、朝鮮人学校を認可すべきでない、今後、外国人を専ら収容する教育施設の取扱いについては、新たな制度を検討し、統一的取扱いを図りたい、というものであった。朝鮮学校を「学校教育法一条の学校として認可すべきでないこと」はもちろん、「朝鮮人としての民族性または国民性を涵養することを目的とする朝鮮学校は、我が国の社会にとって、各種学校の地位を与える積極的意義は認められないので、これを各種学校として認可すべきでない」とし、朝鮮学校の存在自体を否定するものであった。

(3) 分析

そのうえで、藤永壮教授は次のとおり分析する。

法秩序維持を名目に在日朝鮮人の民族教育を危険視し、これを根絶やしにしようとする方針は、明らかに「内鮮融和に及ぼす悪影響」を理由として朝鮮人教育施設を閉鎖した戦前の弾圧政策の思想を継承するものであった。日本政府にとって在日朝鮮人は、戦後になっても社会秩序維持の観点から同化すべき対象にほかならなかったのである。在日朝鮮人の民族教育に対する日本政府の態度を一言で要約するならば、在日朝鮮人に対する偏見や警戒心、差別意識に根ざした民族教育の否定、同化の強要ということになるだろう。このような日本政府の植民地主義的な同化教育の思想が、朝鮮学校に対する高校「無償化」制度不適用、大阪府・市補助金停止を「正当化」する論理として今なお継承されている。

下村博文文部科学大臣は、朝鮮学校が「第1条校化すれば済む話」、すなわち朝鮮学校が学校教育法第1条に定める「高等学校」になれば高校「無償化」制度が適用されるとも述べているが、このような主張は、朝鮮学校の実施する民族教育を骨抜きにし、これを日本の国家権力の管理、統制下に置こうとする、旧態依然とした同化主義的発想にほかならない。

2　田中宏鑑定意見書：日本政府の民族教育政策——1960年代後半以降（補助金裁判第一審、無償化裁判第一審）

【作成日】2015年4月24日
【提出日】2015年4月24日（無償化裁判）、2015年5月11日（補助金裁判）

(1)　はじめに

田中宏一橋大学名誉教授は、次のとおり、朝鮮学校には公立学校等の教育内容と同様の「教育の同等性」、ひいては朝鮮高級学校は高校無償化法上の「高等学校等の課程に類する課程を置く」教育機関ということが認められるにもかかわらず、政治的外交的目的により被告国によって高校無償化法から排除された旨分析した。

(2)　「教育の同等性」

文部省（当時）は、1965年、「朝鮮人のみを収容する教育施設の取り扱いについて」と題する通達を発した。その通達は、「朝鮮人学校は、我が国の社会にとって、各種学校の地位を与える積極的意義を有するものとは認められないので、これを各種学校として認可すべきではない」とした。これについて、田中宏名誉教授は、「……日本政府は、……1948～49年には閉鎖・改組命令を出すなどの（朝鮮学校に対する——引用者）敵視政策をとったが、……この「通達」はその延長線上に位置づけられ」ると分析する。

そのような社会情勢の中、美濃部亮吉東京都知事は、1968年4月、朝鮮大学校を「各種学校」として認可し、その他の朝鮮学校も各種学校として認可されている。また、地方公共団体から朝鮮学校に対する補助金交付もなされるとともに、文科省は、2003年9月、①国際的教育評価機関の認定するインターナショナル・スクールの卒業者、②本国の高校と同等の課程を有すると位置づけられる学校（韓国学校、中華学校、ブラジル学校など）の卒業者、③その他各大学の個別審査により入学資格が認定された者は、いずれも大学入学資格を有するとした。以上の情勢変化を受け、田中宏名誉教授は、「それは、朝鮮学校での教育は、日本学校での教育と同じ「普通教育」であり、「教育の同等性」が承認されたことを意味する」と分析するとともに、「2010年4月に施行された高校無償化法は外国人学校をも対象とし、しかも国庫から支出されることもあって、外国人学校に学ぶ生徒にも「画期的」なことと受け取られたに違いない。〔朝鮮学校を含む外国人学校に対する——引用者〕「同等性の承認」がさらに進み、一つの頂点に達したとも言えよう」と分析するのである。

⑶　朝鮮学校の高校無償化からの排除

朝鮮高級学校に高校無償化法が適用されなかった理由について、田中宏名誉教授は、朝鮮民主主義人民共和国に反対的な団体や自民党の、外交的政治的な思惑が強く働いたからであると指摘する。田中宏名誉教授は、「菅首相の〔朝鮮学校への高校無償化適用の審査——引用者〕「凍結」指示は、こうした経緯を受けた「地点」に位置することになる。朝鮮高校が「高等学校の課程に類する課程」に該当するか否かというそもそもの原点は、すっかり忘れられたかの感はぬぐえない」と分析する。

また、２０１１年8月31日、自民党政務調査会の文部科学部会、外交部会、拉致問題対策特別委員会が３部会合同会議を開き、審査凍結指示の即時撤回を決議し、機関紙『自由民主』上では「金正日体制を支える思想教育を行う朝鮮学校への無償化適用は、国民の理解を得られない」との記事を掲載する。

これらの動きについて、田中宏名誉教授は、「朝鮮高校が、高校無償化法にいう「高等学校の課程に類する課程」に当たるかどうかということは、結局どこかに行ってしまったようだ」と指摘する。

そのような状況の中、２０１２年11月16日、自民党は朝鮮高級学校への無償化適用を阻止することを目的とした「高校無償化法一部改正法案」を参議院に提出したが、それは同法施行規則にある(イ)(ロ)(ハ)を法律レベルに移したうえで、(ハ)を削除する法案である。これに関し、田中宏名誉教授は、「とにかく朝鮮高校は（高校無償化から——引用者）除外するとの「堅い」意思の表れであろう」と指摘する。

そして、同法案は、衆議院解散により廃案となったが、自民党が選挙に勝利し、12月26日、第二次安倍晋三内閣が発足し、２日後の28日、下村博文文部科学大臣は早速定例記者会見で高校無償化からの朝鮮高級学校除外を明言し、「規定ハ」を削除する省令改正がなされた。

以上に関し、田中宏名誉教授は次のとおり指摘する。

「「審査会にどちらかの方向性を示していただくこと」もなく、省令改正と不指定処分が断行されたのである。野党時代のＳＣ文科大臣だった下村氏は、「審査手続きが再開されれば、（朝鮮高校は）事実上無償化の対象になってしまう」（『自由民主』２０１１·９·20）としており、そこから「規定ハ」の削除が生まれたのである。本来は、朝鮮高校が、高校無償化法にいう「高等学校の課程に類する課程」に該当するかどうか、が審査されるべきなのに、いつしかその原点が忘れられてしまい、「拉致問題……」なり「朝鮮総聯との関係……」という政治問題にされてしまったのである。審査会の存在もまったく無視されたことは、先の「議事要旨」を見れば明らかであろう。」

また、田中宏名誉教授は、「大臣会見には『北朝鮮との国交が回復すれば……』とあるが、その場合は、『規定ハ』はすでに削除されているため(イ)によるほかなく、大使館からの『確認文書』により朝鮮高校を指定することになる。もちろん、『朝鮮総聯との関係……』や『不当な支配』を問う余地はないのであり、今回の処分が、それとの整合性をまったく欠くことは明らかである」とも分析する。

そして、最後に田中宏名誉教授は、「日本政府は、国連でも、日本国内と同じように、朝鮮学校除外の理由を事細かに「釈明」したが、結局、受け入れられなかったというほかない。国連は、「教育における差別」なり「差別」という視点から問題をとらえているのである」とし、「高校無償化からの朝鮮高校除外についての日本政府の答弁は、社会権規約の時とほぼ同じであるが、さすがに「拉致問題」という文言は引っ込めたのである。そして、朝鮮学校は朝鮮総聯と密接な関係にあり、朝鮮総聯は北朝鮮と密接な関係にあり、その影響から教育基本法の禁じる「不当な支配」に当たらないか検証できないから……との〝三段論法〟を駆使して懸命に「釈明」に努めたが、国連人権機関では通用しなかったというほかない」として、被告国による朝鮮学校排除のための理屈が、国際的には全く通用しないものであることを鋭く指摘した。

3 藤永壯鑑定意見書②：大阪府補助金制度の創設事情（補助金裁判控訴審）

【作成日】2017年7月8日
【提出日】2017年7月31日

(1) はじめに

藤永壯大阪産業大学国際学部教授は、大阪府による朝鮮学園に対する補助金交付の歴史を丁寧に紐解きながら、「四要件」に連なるような「一条校に準じる」条件が、外国人学校振興補助金制度の創設当初より制度に「内在していた」と言うことはできないとし、このような虚構が大阪地方裁判所による判決で「事実」と「認定」されたことは、朝鮮学校に対する「狙い撃ち」を目的に設定された「四要件」を正当化するためであり、行政と司法の共犯による「歴史の偽造」であると断じている。

(2) 大阪府による経常費助成の検討

1990年代初めより、大阪朝鮮学園は大阪府に対し、一条校である私立高等学校と同様の助成をすべきだと強く要請していた。そこで、大阪府内において、各種学校の中にも「日本の義務教育に見合う学校教育を行っている外国人学校」や「その教育内容が大学入学資格の要件を満たし、かつ現に卒業生に大学の入学資格が認められている実績を有する外国人学校」があることから、各種学校に対する経常費補助の可否について検討を開始した。

しかし、大阪府は朝鮮学校が一条校ではない各種学校として認可されていること、学習指導要領に「違反」する民族教育を実施していることなどを理由として、経常費助成は難しいとの判断を示した。

(3) 方針の転換――教育研究費の助成開始

しかしながら、その後まもなく状況に変化がみられる。すなわち、1991年9月に大阪インターナショナルスクール（現・関西学院大阪インターナショナルスクール）が開校し、大阪の国際化を進めるうえで「国際ビジネスマンが活動される上での条件整備として」教育機関を整備、支援すべきなどの議論が起こった。これを背景として、「修学生徒の年齢」や「大学受験資格が多くの大学で与えられ」「その結果としての4年制大学あるいは短大への進学の実績」等々の事情を踏まえて、大阪朝鮮学園をはじめとする外国人学校への教育研究経費助成が検討された。

このように当時の大阪府私学課は、大阪朝鮮学園に対して「同世代の子どもたちが学んでいる点に注目し助成を行う」という方針を固めていったようである。かくして大阪府は助成体系上、私立高等学校への経常費補助とは区別しつつも、「私立専修学校専門課程振興補助金交付要綱」を改正することで、1991年度より朝鮮学校を含む外国人学校を振興補助金助成の対象に追加したのである。

(4) 外国人学校振興補助金制度の創設

１９９２年夏ごろ、朝鮮学校保護者のオモニ（母親）たちが教育助成金拡充を大阪府に要請した際、対応にあたった当時の谷川秀善副知事は「私は、［朝鮮学校を―引用者］各種学校、それより上と見ております」と発言し、朝鮮学校を各種学校と区別して助成を行う可能性を示唆した。

このような経緯により、１９９３年3月19日には「大阪府私立外国人学校振興補助金交付要綱」が制定され、外国人学校に対して教育研究経費の補助を行う新しい助成制度が１９９２年度から実施されることになった。要綱制定の伺い書では、制度創設の理由として、外国人学校について「その教育活動が我が国社会における社会構成員としての教育をも実施して」いることを挙げている。大阪府が本件訴訟において「一条校に準じた教育」と同義に解した「我が国社会における社会構成員としての教育」という文言がここで初めて登場するのである。さらに伺い書では「大阪府国際化推進基本指針の「内外の人々に対して差別のない開かれた豊かな心の人々に支えられた社会の実現を図る。」という方向性を踏まえ」るとも述べられている。

すでに述べたとおり、朝鮮学校に経常費助成を行わない理由の一つとして、朝鮮学校が一条校ではなく各種学校として認可されているという点があったが、このような政策転換が行われたため、朝鮮学校が一条校でないことはもはや問われなくなった。非一条校にも助成対象を拡げる流れの中で外国人学校に対しても、学校運営に直接関わる経費への助成がはじまったのである。

(5) 制度の拡充

さらにその後大阪府は、1995年度の9月補正予算で外国人学校に対する補助対象経費を「教育研究経費」から「教育に係る経常費的経費」へと拡大変更することを決定した。ところで当時の私学課は、大阪朝鮮学園への助成の実施、増額について、次のような考え方をベースにしていた。

「朝鮮籍で朝鮮学園で学ぶ人たちも基本は、生活のベースは日本にあり、日本で経済活動もし、日本社会の中できっちりと生活の基盤を固めて、生計を立てて、次の世代を育てていくことに頑張っていただくことは、日本人にとっても、日本の行政、日本の国家としても、そのことを応援することはおかしなことではない（元大阪府私学課長T氏）。

朝鮮学園がやっている教育の中で、日本社会で生きていくうえに必要な力を身に付けさせる、そこだけに着目して助成する……（元大阪府私学課長T氏）。

市民教育の部分としては、成人して、仕事に就けば、当然、税金も払っていただける。日本の社会で活躍する市民教育をやっているのだから、何とか今までの教材費的な少額ではなく、もう少し額をアップできないか……。但し、その補助には限界があり一条校と同様にはできない（元大阪府私学課長Y氏）」。

すなわち先述の要綱制定時の伺い書が制度創設の理由として述べていた、朝鮮学校の「教育活動が我が国社会における社会構成員としての教育をも実施して」いるとは、このように「日本社会で生きていくうえに必要な力を身に付けさせる」「日本の社会で活躍する市民教育をやっている」という意味で理解しなければならず、決して大阪府が本件訴訟において主張するような「一条校に準じた教育活動を行っている」という意味ではなかったのである。

このように外国人振興補助金制度の趣旨は「朝鮮学園がやっている教育の活動の一部に着目して助成しよう」ということであった。これは朝鮮高級学校をはじめとする外国人学校で実践されている教育活動の中で、日本の高等学校が実施している部分と重なる部分、すなわち「一条校に類した教育活動」だけに着目して補助金を交付するという発想であり、外国人学校に対して「総体」として「一条校に準じた教育活動」を要求していたわけでなかった。

したがって藤永壯教授は、大阪地裁が「外国人学校においては、一条校に準じた教育活動が行われているから、一条校に準じて助成の措置を行うべき必要があるとの考えから大阪府要綱を定め」たと判断したのは全くの誤謬であると喝破する。私学課にとって「一条校に準じる」とは、児童・生徒一人当たりの補助金単価算定など、補助の水準を正当化する根拠としての意味を超えるものではなかったのだ。

(6) 結 論

以上のように、外国人学校振興補助金制度の創設にあたって、のちに「四要件」として「明確化」できるような「一条校に準じる」要件が、要綱に「内在化していた」事実はない。しかるに本件裁判で大阪府は「四要件は「一条校に準じる」ことを明確化するために設定された」と主張している。「一条校に準じる」という意味が、補助金額を決める際の基準や、修学年齢や進学実績などの外形的な指標から、いつの間にか「四要件」を満たすところにまで拡大されているのである。言い換えれば、大阪府は「一条校に準じる」というレトリックをもって、大阪朝鮮学園に対する補助金交付条件が「四要件」によって根本的に変更されたという問題の本質を糊塗しようとしているのである。

そして、大阪地方裁判所による判決は、この大阪府の主張を事実と認定した。このような行為を、藤永壮教授は冒頭のように「行政と司法の共犯による「歴史の偽造」である」と断じたのであった。

4 丹羽徹鑑定意見書：在日朝鮮人の教育を受ける権利（補助金裁判控訴審）

【作成日】２０１７年７月26日
【提出日】２０１７年７月31日

(1) はじめに

丹羽徹龍谷大学法学部教授は、①「憲法・国際人権条約と教育を受ける権利」、②「外国人の教育を受ける権利と義務教育」、③「在日朝鮮人と民族教育を受ける権利」、④「在日朝鮮人の教育を受ける権利と自治体の責任」および⑤「大阪府・大阪市の補助金打ち切りの違憲性」の各項目をたて論考した。以下では上記③から⑤について紹介する。

(2) 在日朝鮮人と民族教育を受ける権利

丹羽徹教授は、まず外国人学校への補助のあり方について、「この民族教育の権利は、国際人権法で保障されるもの」であるとしたうえで、「……民族教育は、日本の公教育（日本人のための教育）とは異なる側面があり、自由権としての側面がやはり強調されざるを得ない。しかし、社会権的側面は、自由を否定するものではなく、自由を促進するものでなければならず、条件整備に教育行政がとどまるべきことからも導き出される。なお、私立学校制度は教育の多様性の確保という自由権的側面を維持しつつ、国庫助成制度などを通してその自由権的側面を支えるものとして位置付けることができ、外国人学校をそれから除外する理由はない」と分析する。

そのうえで、丹羽徹教授は、「日本政府は、日本に在住する全ての子どもが義務教育を修めるための条件整備を行う責務がある。……特別永住者として日本に在留することを法的に認められているのであるから（あるいは日本国籍を持っているものもいる）、在住する子どもたちの教育を受ける権利を実現する義務は、国〔日本政府――引用者〕に第一義的な責任を負わせている。それが子どもの権利条約で明確に示されたことである」とする。だからこそ丹羽徹教授は、「2010年6月に出された子どもの権利委員会の日本政府に対する第3回総括意見でも、「中華学校、韓国・朝鮮人学校及びその他の出身の児童のための学校が不十分な補助金しか受けていないこと」に懸念を示し（パラグラフ72）、「外国人学校に対する補助金を増額……するよう慫慂」（パラグラフ73）している」と評価するのである。

(3)　在日朝鮮人の教育を受ける権利と自治体の責任

そして、丹羽徹教授は、「在日朝鮮人の教育を受ける権利を実現する施策を講じる義務は第一義的には、義務教育諸学校では国にあり、あわせて地方公共団体にも国と協力してそれを実現することが義務づけられている。国の制度がないことが、自治体が何等の措置を講じないとする理由にはならない」と述べ、地方公共団体も上記義務を負うとする。その理由として、丹羽徹教授は、「在日朝鮮人と日本人とは、ともに当該自治体の住民という共通性がある。……さらに、在日朝鮮人も日本人と同様に、納税の義務を果たしている。これは、具体的な納税額を問題としているのではなく、同じ税法の適用を受け、それに応じた租税負担を行っているという意味である。国税はもちろん、住民税の負担も負っているのであるから、地方公共団体からは平等に公共サービスを受ける権利がある。したがって、共通のサービスについては、日本人への提供と同様のものを外国人住民にも提供しなければならない。在日朝鮮人への提供のみを行わないことは許されない」とするのである。

そして、丹羽徹教授は、自治体等が負うべき上記義務の「範囲」について、「仮に、純粋な民族教育に限られた部分にまで国や自治体の責任が及ばないとしても、普通教育を受ける権利に対応した義務まで回避できるわけではない。朝鮮語での教育であっても、普通教育・職業教育に該当ずる部分は、日本人と同様の普通教育に該当する部分が存在する。したがって、少なくともその部分については、国や自治体が責任を負わなければならないものである」とするのである。

(4) 大阪府・大阪市の補助金打ち切りの違法性

そのうえで、丹羽徹教授は、大阪府及び大阪市が行った本件大阪府及び本件大阪市補助金の不交付について、「朝鮮学校は在日朝鮮人の教育を受ける権利を担う公共性を持った機関であることから正当な補助を受け取る資格を持っているということができる。また、現在の朝鮮学校が置かれている財政状況からみれば、補助金の打ち切りは児童・生徒の教育を受ける権利を侵害するものとなる。義務教育は無償であることが憲法上の原則であるが、国際人権条約のように中等教育も漸進的無償化がすすめられなければならないことからすれば、打ち切りは、これらのいずれの原則にも反するもので許されない」と断じる。

さらに丹羽徹教授は、大阪府の主張に関し、「……今回の打ち切りが朝鮮人学校を狙い撃ちしたものであり、憲法14条にも違反する……朝鮮総連が公安調査庁の調査対象であることを根拠にしている。公安調査庁の調査対象は同庁が一方的に指定しているものであり、その正当性自身に問題すらある。それを根拠にすることは許されない。さらに、朝鮮民主主義人民共和国との関係があるとしても、児童・生徒の民族教育の観点から、本国との関係を断ち切ることは民族教育を否定することにつながる。……教育内容で共通のものが行われているか否かが判断の基準でなければならない」とし、「……さらに、拉致問題などを理由として、住民の理解が得られないとの主張は認められない。けだし、教育を受ける権利（民族教育を含む）が、現在においては人権の一種として保障されていることからみて、多数決でもって否定されることは許されない。住民の意思は民主主義の重要な要素ではあるが、人権との関係ではいわゆる多数決で決すべきものではない。加えて、補助金の打ち切りの時期が、申請後に行われたルールの改定によってなされたものであり、これも許されない。朝鮮学校のみを不交付としたことは、あきらかに差別的扱いをするものであって、結果的に行政によって住民に対する差別助長行為と批判されても仕方のないことである」と評価するのである。

5 駒込武鑑定意見書：教育における「公共性」とは何か

（補助金裁判控訴審）

【作成日】２０１７年９月15日
【提出日】２０１７年10月20日

(1) はじめに

駒込京都大学大学院教育学研究科教授は、①「私立学校としての公共性」とは何か、②「朝鮮学校としての公共性」とは何かの各項目をたて論考した。

(2) 「私立学校としての公共性」とは何か

この項目において、駒込武教授は以下のとおり主張を展開する。すなわち、私立学校法第1条は、「この法律は、私立学校の特性にかんがみ、その自主性を重んじ、公共性を高めることによって、私立学校の健全な発達を図ることを目的とする」と定めているが、ここで私立学校としての「自主性」を重んじるべきという原理がまず示されている点に着目すべきであるとする。そして、私立学校としての「公共性」はこの「自主性」と矛盾するものではなく、むしろ「自主性」を前提とした上で成立するものであり、「私立学校の健全な発達」もこの「自主性」と「公共性」の兼ね合いにおいて理解されるべきものであるとする。

より具体的に、私立学校の「自主性」を尊重するという趣旨は、たとえば「私立学校には、学校教育法十四条の規定は、適用しない」（私立学校法第5条）として具体化されていると駒込教授は指摘する。そのうえで、学校教育法第14条は、「設備、授業」等について法令等の規定に違反の事実がある場合には都道府県知事（または都道府県教育委員会）が変更命令を行うことができると定めた規定であり、私立学校の場合「設備、授業」について変更命令を発することはできず、法令の規定に違反する事実がある場合に行政指導により是正を求めることができるに止まるとも駒込教授は指摘する。

そのうえで駒込武教授は、本件補助金問題について大阪府の提示した四要件の内で「財務情報を一般に公開すること」以外の項目は、いずれも学校の「設備、授業」にかかわるものであるとし、この四要件は変更命令として提示されたものではないので直ちに私立学校法違反であると結論することはできないともする。しかしながら、私立学校法において「自主性」尊重のために「設備、授業」にかかわる行政の権限を明示的に制限しているにもかかわらず、大阪府の定めた四要件はこの「自主性」の領域に立ち入ろうとするものであると指摘する。

それにもかかわらず、原判決では、「私立学校としての公共性」という言葉こそ用いながらも、私立学校法に定める「自主性」尊重原理については一切の顧慮を払っていない。換言するならば、私立学校法で最初に「自主性を重んじ」と規定している文脈を無視して「公共性」「健全な発達」という文言だけを抜き出すことにより、「公共性」「健全な発達」という概念に恣意的な解釈を忍び込ませる余地をつくりだしている。また、私立学校法が学校教育法第14条（「設備、授業」にかかる変更命令）を適用しないという形で「自主性」尊重原理を具体化している点を無視したまま､大阪府の「四要件」の適法性を説いている点で杜撰というほかはないと駒込教授は指摘する。

ところで、原判決は、大阪府が四要件中の「特定の政治団体と一線を画すこと」「特定の政治指導者の肖像画を教室から外すこと」という項目に関して、私立学校として「他の団体等による不当な介入」がないことを明確化する措置は必要であり、教育の一定程度の「政治的中立性」の確保が求められると論じている。

これについて駒込武教授は、教育の「政治的中立性」原則については、教育基本法第14条第2項（旧教育基本法第8条第2項）の定めるように、「法律に定める学校」という適用対象上の限定と、「特定の政党」にかかわるという内容上の限定があるとする。ここで「法律に定める学校」とは「学校教育法第1条に定める学校を指し、専修学校、各種学校等は含まれない」とされており、「政党」については「一定の政治理想の実現のために政治権力への参与を目的とする結社」のことであり、「政治権力への参与を目的としない、単に政治に影響を及ぼすことを目的とする政党以外の政治結社は、政党に含まれない」とされている。

そのため、各種学校である朝鮮学校に対しては、仮に適用があったとしても、教育基本法第14条第2項は一条校に対する場合よりも限定的かつ慎重に解釈されるべきであるとし、また、四要件で「特定の政治団体」として名指されたのが朝鮮総聯であることはこれに先だって橋下徹大阪府知事（当時）が「朝鮮総連と一線を画すこと」を要求したことからも明らかだが、朝鮮総聯は「政党」ではないともする。

そのため、本件補助金問題について、大阪府が「特定の政治団体と一線を画すこと」という要件を設定したことも、これを理由として補助金不交付という判断を下したことも、「行政権力による過度の介入」であり、大阪府知事の裁量権を逸脱した行為となるであろうと指摘する。

大阪府知事による裁量権の逸脱という事情は、大阪維新の会という「政党」の私的利害とも深くかかわってきた。この点に着目するならば、四要件に基づく補助金不交付こそが、行政の「政治的中立性」原則に抵触する側面をはらんでいるともいえると指摘する。

(3)「朝鮮学校としての公共性」とは何か

そして、駒込武教授は朝鮮学校の歴史を詳細にひも解き、そのうえで、植民地支配下において、教育をめぐる朝鮮人としての「自主性」を発揮する機会は徹底的に抑圧されてきたとする。そして、日本の敗戦後の日本各地における朝鮮人学校の創設は、広く深く浸透した「自主性」への願いに基づくのであり、そうした「自主性」に根差した学校こそが「ウリ・ハッキョ（わたしたちの学校）」と呼ばれてきた。1949年、衆議院において朝鮮人学校教育費国庫補助請願が採択されたが、これに協力した日本人の側からするならば、植民地支配をめぐる負の歴史を克服し、植民地支配責任と向き合おうとする意味合いをはらんでいたと考えられる。その後、朝鮮人学校強制閉鎖という政治措置により国庫補助金の投入はペンディングとされたものの、1950年代以降、その代償のように、地方公共団体レベルで「民族特有の教育」に対して公金が投入されてきた。

このような歴史的脈絡もふまえるならば、朝鮮学校は、自主的に「民族特有の教育」を担うことによって公共性を具現してきたのであり、行政の責務はその自主性を最大限に尊重しながら財政的な援助を行うことだという認識が、日本社会にも徐々に定着してきつつあったといえる。大阪府が補助金をとりやめる措置は、この歴史の歯車を70年以上も前に引き戻そうとする暴挙であると指摘するのである。

あらためて、民族教育とは

――オンライン学習会の記録

第 90 回全国高校ラグビー大会準決勝、対桐蔭学園戦後に応援席前で整列する大阪朝高フィフティーン（2011 年 1 月 5 日、近鉄花園ラグビー場）

歴史的観点から見た民族教育の課題

明治学院大学教員
鄭栄桓（チョン・ヨンファン）

私は今、明治学院大学というところで歴史学を教えております。今日は歴史的観点から見た課題ということで、20分ほどお話をさせていただきたいと思います。どうぞよろしくお願い致します。

今回の学習会の趣旨を見ますと、裁判闘争を踏まえて今後の民族教育がどうあるべきなのかを考えることを課題としています。その上で裁判闘争の意味と民族教育の現状と課題について歴史的、法的、また韓国在住者として、という三つの視点から考えるということで、私は歴史的観点を担当していることになろうかと思います。

私は１９８０年に千葉県で生まれました在日朝鮮人の三世です。小、中、高校と朝鮮学校に通いました。千葉の朝鮮学校と東京の朝鮮高校に通って、大学から日本の学校へと進学しました。もちろん、学校に通っていた時期は今から20年以上前です。なので、今の朝鮮学校の教育とはまた違うとは思うんですけれども、民族教育を受けたという経験は私にとっては非常に大きな意味を持っています。それを踏まえて、特に90年代から２０００年代を朝鮮学校で過ごす中で考えたことを今日のお話の中で少し触れていければいいかなと思っています。さて、時間がありませんので本題に入っていきたいと思います。

まず、高校無償化問題の基本的な事実関係を確認しておく必要があります。この問題が提起されてから、つまり朝鮮高校生が無償化制度から除外されて11年が経っている。非常に長い時間ですね。無償化法は大変画期的な法律でした。この法律により高等学校等の生徒に就学支援金を支給することが可能になったわけですけれども、そこには外国人をもっぱら対象とする学校の生徒も含まれていた。つまり、朝鮮高校生が就学支援金を受給することができることが、法に権利として謳われているわけですね。つまり無償化問題というのは、朝鮮高校生が就学支援金から排除されている問題であり、法に定めた朝鮮高校生の権利を、日本政府が否定しているという問題である。権利侵害の問題なのです。

しかし、実際にこの11年の間に声高に叫ばれたのは、「これは朝鮮学校の問題である」という無償化反対の声でした。問題が転倒した構図が作り出されてしまった。ここに一番最初のボタンの掛け違いがあったと考えています。

高校無償化制度が始まった時、『朝日新聞』や『読売新聞』、『毎日新聞』等々、全国紙はいずれも朝鮮高校生を無償化から排除するべきではないと主張しました。その後『読売新聞』は無償化排除賛成に転じていくわけですけれども、基本的には除外は教育の機会を奪うものであるという意見が多数だった。しかし、当時の無償化賛成論の中にも、今言ったような高校無償化問題の転倒した構図が、実は垣間見えた部分があったわけです。

例えば高校無償化制度が検討に入った時期の『朝日新聞』の社説は次のように主張しました（2010年2月24日朝刊）。当時、朝鮮民主主義人民共和国と近い朝鮮学校に、就学支援金を与えるのは北朝鮮を利する行為であるという批判論が民主党政権の中から出てきていました。これに対して、生徒が就学支援金を受給するのは法が定めた権利であることの指摘ではなく、朝鮮学校の教育内容は昔とはずいぶん変化があるし、北朝鮮を支持する人たちだけではないんだとの論陣を張りました。実態を見誤っている、もっと朝鮮学校をみたほうがいい、という趣旨の指摘ですね。私はこの社説をよく覚えていまして、かなり危ういなと思いました。

就学支援金は生徒の権利であるという視点からすれば、本来ジャーナリズムや報道が取材し、質問を投げかけるべきは政府、とりわけ文科省だったはずです。政府は、文科省はなんでこんな権利侵害をするのか、その根拠はなにか、誰が判断したのか。これを取材し調査し検討する段階のはずが、こうした論法では人びとの関心は朝鮮学校に集中します。そうすると無償化反対論者、例えば『産経新聞』なんかは、朝鮮学校の教育は実際には北朝鮮を支持している、肖像画を掲げているんだと、こういう報道を繰り返すようになります。こうして争点が、「朝鮮学校の教育内容」へと収斂していってしまいます。どんどん話が変わっていってしまうわけですね。

こうした問題の転倒は実は前々から存在しました。2008年に「ウリハッキョ」というドキュメンタリー映画のパンフレットに寄せて書いた文章（「ある前提」）のなかでも指摘しましたが、朝鮮学校は公開授業や文化祭を公開して、地域社会に開かれた学校になろうと努力しています。だけどもこれは一方では、地域社会に見張られているという意識のあらわれでもあります。切迫した状況に置かれているのです。そういう中で日本の市民たちが、朝鮮学校を見て、子どもたちが可愛いとか、立派であるという形で評価したりするわけです。

ただ朝鮮学校の処遇や民族教育の権利の問題は、究極的には学校の教育内容やスポーツの実績への「ごほうび」ではないわけです。素行の問題とか、スポーツが上手いか上手くないかとか、そういう問題ではないわけです。だけどその点が、どんどん見えなくなってしまっている。無償化問題をめぐる転倒した構図も、こうした流れの延長線上に出てきてしまったんじゃないかと考えています。皆さんに事前にお配りした2008年の文章（前掲「ある前提」）は、そういうつもりで書きました。問題意識としては今も変わっていないので、ぜひご覧になって頂ければと思います。

同じく皆さんにお配りした映画「60万回のトライ」の上映に際して寄稿した「3月12日のこと」（2014年）という文章も、基本的には同じ問題意識です。繰り返しになりますが、私が大変問題だと思うのは次のような見方なのです。朝鮮学校が、無償化の対象になれば、あるいは地域社会に開かれていけば、その教育内容も変わっていくだろう、という反対派への「説得」の仕方です。「皆さんのあんまりお好きじゃない朝鮮学校も皆さんのお好きなように変わっていくかもしれないでしょう。開かれていくかもしれないでしょう」、と。こういう論法が繰り返し登場することなのです。私は「60万回のトライ」は素晴らしい映画だと思っていますし、この間の大阪のラグビーの試合も大変感動的だったんですけれど、同時に権利の問題とは分けて考えるべきだと思っています。当時の橋下大阪府知事などは、ラグビー部を褒めつつ、平然と補助金をカットしました。こうした破廉恥なふるまいにどういう風に対抗できるんだろうか。研究者としてというより一当事者として、そのための言葉を探さなきゃいけないなと考えてきました。もちろん私だけじゃなくて、多くの方がそういう気持ちを持っていたんじゃないか。特に大阪の同胞たちは、忸怩たる思いでこの状況を見守っていたんじゃないかなと思っています。

そういう中でやはり歴史研究者として、繰り返し見直さなければいけないと考えているのは、問題が朝鮮人へ転嫁される歴史です。朝鮮学校を問題とみなしてきた歴史というものを、批判的に振り返っていく必要があります。だから、無償化問題が提起された後、いくつかの場所で私もお話をさせて頂く機会をいただきましたが、そういう時には必ずいまのようなお話を冒頭でしました。『朝日新聞』の社説のような、昔はバリバリ共和国支持だったけれども、最近いろんな人がいるよ、という無償化賛成論への疑問を示してきました。じゃあそのバリバリ共和国支持だった時ならば、何したっていいんですか、と問題提起してきました。むしろ重要なことは、歴史的に戦後日本が朝鮮学校にやってきたことを批判的に振り返ることです。順を追ってみていきましょう。

在日朝鮮人の民族教育は１９２０年代から始まります。民族教育には１００年の歴史があるわけですね。しかし１００年の歴史は順調に進んできたわけではなく、例えば植民地時代の１９３０年代に朝鮮人設立学校が閉鎖されてしまいます。また、解放直後に朝鮮学校が全国に５００校以上できるわけですが、その朝鮮学校が１９４８年に学校閉鎖命令を受ける。これに対して在日朝鮮人の猛烈な抗議運動が起きる。４・24教育闘争ですね。しかし翌年の49年には運営母体の在日本朝鮮人聯盟が解散させられ結局学校閉鎖になる。教育の自主性、つまり自分たちの言語で、教科書で、民族教育をしたいという朝鮮人学校の願いが、アメリカ軍の支援を受けた日本の同化主義によって打ち砕かれてしまいます。こういう時代だったわけです。

１９５０年代に入ると朝鮮戦争が始まり、日本は米軍に様々な形で協力をし、朝鮮民主主義人民共和国を支持した朝鮮人団体は取締の対象となる。さらに１９５２年には朝鮮人の日本国籍喪失措置がとられることで、教育弾圧の論理にも変化があらわれる。それ以前は、朝鮮人の児童は「日本人」だから、その子どもたちに対して日本の義務教育を受けさせるべきだ、朝鮮学校で勝手に教育をさせるんじゃない、こういう弾圧の論理でした。しかし１９５２年以降は、朝鮮人はもう日本国民じゃないから教育を受ける権利はない、都立の朝鮮人学校は廃校とすべきだという、こういう新しい排除の論理へと変わっていくことになったわけです。

こうしたなかで、１９５５年には朝鮮総聯ができて、朝鮮学校は自主学校として再出発していくことになります。ただ日本政府からみると、自主学校としての朝鮮学校を規制する法律的な枠組みがない。このため、それを作ろうとして60年代に外国人学校法案が登場します。ここで重要なのは、これを推進したのは日本政府だけではなくて、非常に積極的に韓国政府がこれを求めたということです。南北の分断が、在日朝鮮人に重くのしかかってくることになった。たかだか60万人程度しかいなかった在日朝鮮人に、このように二重三重の抑圧がかかってきた。こういう歴史があり、この抑圧の中でいつも、朝鮮人たちは問題であるという認識が作られていったわけですね。これが70年代までの出来事だったわけです。

しかし、無償化問題を考える上では、１９４０年代から70年代にかけての歴史を知るだけでは不十分です。

１９９０年代以降の展開が重要です。１９９０年代以降には、在日外国人の国籍別構成が大きく変化します。かつては朝鮮・韓国籍が80％以上を占めたのに、90年代以降はどんどんその比率が下がり、むしろ中国国籍の人々や、あるいはペルーとか、ブラジル出身の人々が増えます。最近ではベトナム国籍の人が非常に多い。外国人政策が朝鮮人政策だった時代が変わっていったわけです。こういう事態が進んでいく中で、１９９０年代には解放直後から冷戦時代に作られた枠組みが、いくつか変化していく。

第一は日朝・南北関係の緊張緩和と日本社会の「門戸開放」の動きです。南北基本合意書の署名や南北朝鮮の国連同時加盟があり、それまでの南北関係とは違って、お互いがお互いを認め合うという、そういった動きが少しずつ生まれてきた。また、日本と韓国との間でも、日韓覚書の署名、入管特例法の施行、外国人登録法の改定と指紋押捺の廃止など、日本が戦後作り上げてきた外国人に対する治安管理が一部緩和された。そして朝鮮学校に対しても、たとえば中体連、高体連が外国人学校の大会参加を認めるようになった。日本の学校中心だったスポーツ大会に門戸が開放されていくことになるわけです。この「門戸開放」というのが90年代の一つのキーワードであったと考えます。大阪はその中心でしたね。

第二は、この「門戸開放」とは異なる動き、つまり朝鮮への経済制裁の動きがあらわれる。90年代の末から２０００年代というのは、このような門戸開放の流れと並行するような形で、日本独自の朝鮮民主主義人民共和国への経済制裁が進んできた時代でもありました。ちょうどこの頃、私は中学生、高校生ぐらいだったので、体感としては非常に怖かったという、緊張した経験というのがよく記憶に残っています。外を歩くときには、朝鮮学校の生徒として気をつけないといけないという、そういう緊張感があった時代でした。そして2002年の9月の日朝首脳会談による日本人拉致事件の認定によって日本の対朝鮮世論というのは一気に悪化していくことになる。さらにミサイル発射実験、核実験と続き、日本政府はついに単独での独自制裁を発動することになるわけです。

2000年代の独自制裁の特徴は、朝鮮への経済制裁と在日朝鮮人の権利問題をリンクさせたことです。実は80年代にも日本は朝鮮に経済制裁してるんですけど、主に朝鮮と日本、つまり朝鮮民主主義人民共和国との接触の禁止とか、チャーター便を止めるとか、米の支援をやめるとか、共和国に対してのものだったんですね。だけどもこの2000年代というのは、日本にいる朝鮮人のうち、共和国系と彼らがみなしている朝鮮人の権利を制限することによって、これを制裁として使っていくと、こういう動きが本格化していくことになります。

90年代初頭からの門戸開放と制裁の流れがクロスするところに、2000年代初頭の朝鮮学校をめぐる問題が登場します。その一例が2003年の大学受験資格問題です。それまで朝鮮高校を含む外国人学校の卒業生には、国公立大学の受験資格が一切ありませんでした。しかし文科省周辺から、これを弾力化するべきであるという声が起こってくる。背景には90年代の外国人の国籍別構成の変化があります。朝鮮人・中国人向けの排除一辺倒の法制度では、インターナショナルスクールなどを包摂できない。もろとも排除しちゃうことになる。このためはじめはインター系だけ認める、というとんでもない案が出てくる。これにアジア系の外国人学校が強い抗議運動を起こします。その結果、朝鮮高校生のみ受験資格をただちには認めず、個別審査をするという方針に落ち着きます。朝鮮学校だけは駄目だ、という声が非常に強かったのです。拉致問題の影響が大きかったのですね。

こうして以前のように「外国人」（ほとんどが朝鮮人）を排除するやり方から、外国人の中で、朝鮮人とその他の外国人を分ける動きが、２００３年に制度的に登場してくることになったわけです。そしてこれに対する対抗の論理としても、例えば再三名前を出して恐縮ですけども、『朝日新聞』の当時の社説（２００３年2月22日朝刊）なんかを見ると、朝鮮学校の卒業生はほとんど社会の一員として普通に暮らしていて、大学受験へのハードルを高めて疎外感を煽るよりは、積極的に門戸を開いて教育の機会を与える方が良い。それは朝鮮学校の教育内容を変えていくことにもつながるだろう、という論法がもう登場してきている。２０１０年というのはつまり、これがもう一回行われているわけなんですね。

90年代の「門戸開放」というのは、単一民族神話に閉じていた日本の門戸を開放すべきだというところからスタートしていったんですが、それが２０００年代に入ると、朝鮮学校も門戸を開放すべきだ、朝鮮学校の教育内容も変わっていかなきゃいけないんだという声へと変わっていく。これが２０００年代の初頭の動きだったわけです。

まとめに入りましょう。現代の民族教育侵害というのは、ある意味では40、50年代以来の古い歴史的文脈と同時に、90年代以降の北朝鮮バッシング、そして２０００年代の制裁という新しい文脈が結合して生じている。例えば１９６６年の自民党の内部文書を見ると、「彼らは反日教育、革命教育をやって、我が国の重大な脅威になるだろう」（自民党安保調査会「わが国の安全保障に関する中間報告」）と言っているわけですが、２０１０年にも自民党は「彼らは労働党の工作機関の教科書を使っているイデオロギー学校、対日工作機関である」（自由民主党政務調査会文部科学部会・拉致問題対策特別委員会「朝鮮学校は無償化の対象とすべきでない事を強く表明する決議」２０１０年3月11日）と言っています。冷戦時代の思考が制裁の時代にもそのまま残っている。一方でこのような「門戸開放」の論理に基づき、無償化賛成論もまた、朝鮮学校の「変わる」こと、「門戸開放」を求めていく。これは新しい側面です。２００３年ははっきりとこの二つが結合した転換点であった。「門戸開放」すべきが日本社会ではなく、朝鮮学校である、とされた転換点でもあった。このように、朝鮮学校からすると、自分達の主張に反対する側も、賛成する側も、いずれも、「あなたたちちょっと変わりなさいよ」と、こういう風に言ってくる構図が生まれてしまったわけです。これを私は、日本型多文化主義の極めて抑圧的な側面と考えています。

今回の無償化裁判には、こうしてみると、裁判というのは非常に負担の大きい作業を伴うものではあったものの、このような転倒した構図を受け容れることなく、正面から権利の回復を訴えた画期的な意義があったと思います。この閉じられた議論の構造を壊す。「私たちは皆さんに認めてもらえるような存在であって、もう日本社会にとって害じゃないんですよ」という訴えではなく、権利を明確に訴える。２０００年代に作られてしまった転倒した構図を、もう一回正常なかたちに戻そうとする。そういった点で私は非常に重要な意義を持った裁判だったと考えています。そして大阪の場合は、この裁判闘争のなかで一審で勝訴を勝ちとった。日本型多文化主義の議論を超えていく主張を司法に認めさせた。以上のような意味で、私は裁判闘争には非常に大きな歴史的意義があった、そして、ここからさらに未来への展望を開いていく足場となったと考えております。

他にもいくつか皆さんと共有したい資料等あったんですが、時間が来てしまいましたので、ひとまずここまでとさせていただきます。ご静聴ありがとうございました。

（２０２１年１月28日、第４回オンライン学習会）

京都と大阪の裁判から見えてくるもの

同志社大学教員
板垣竜太（いたがき・りゅうた）

よろしくお願いします。まず自己紹介からします。「朝鮮学校との関わり」を中心に簡単に話します。先ほど紹介していただいたとおり、私自身の専門は「近現代朝鮮社会史」と言っています。朝鮮学校との関わりという点でいえば、まだ京都に来る前になりますが、２００３年に国立大の受験資格問題がありました。その頃ちょうど国立大の助手をやっていたこともあり、多少関わったことがありました。

より具体的に朝鮮学校と関わることになったのは京都に来てからです。２００４年の秋から京都に来ましたので、もう同志社大学に来て16年ということになりますね。当時、同志社大学から一番近い朝鮮学校が、京都朝鮮第三初級学校でした。その後、第一と統合して、いまは京都朝鮮初級学校となっています。大学から一番近いのに加えて、財政的にも非常に厳しかったということもあって、同志社大でチャリティーコンサートなんかを一緒に開いたりしました。コンサートをやるだけじゃなくて、ゼミで学生と一緒に調査をして、報告書などを学生と作ったりしながら関わってきました。

そのころ「朝鮮学校を支える会・京滋」という集まりがありまして、私はそこに参加することになりました。ところが２００９年12月、忘れられない京都朝鮮第一初級学校の襲撃事件が起きてしまいます。そしてその翌２０１０年には、この裁判の主題でもある「高校無償化」制度がはじまるとともに朝鮮学校が排除される。そして地方補助金のカットという流れが進むことになります。京都はいまのところ補助金が出ていますけれども、各地で削減が進んでいくという流れがありました。

そしてこの襲撃事件をうけて、民事裁判がはじまります。これに関わって、この裁判の支援グループとして「在特会らによる朝鮮学校に対する襲撃事件裁判を支援する会」、略称「こるむ」（２０１０～15年）が立ち上がりますが、これの代表世話人になったりもしました。

これとまた並行する形で、「支える会」に代わり、「朝鮮学校と民族教育の発展をめざす会」（愛称「こっぽんおり」）が２０１１年にできて、私はこの共同代表になりました。この辺、自己紹介でもあるのですが、京都でどういう運動の枠組みがあるかということも紹介するという趣旨でお話しています。

この裁判が２０１４年末の最高裁判決で、朝鮮学校側の勝訴が全て確定しました。それで「こるむ」も「こっぽんおり」に合流をしていくことになり、京都・滋賀の朝鮮学校に関わる運動が「こっぽんおり」に発展解消されました。

ただ、ヘイトスピーチというものは言うまでもなく朝鮮学校だけが対象ではなかったので、これはこれで何とかしなきゃいけないということで、「京都府・京都市に有効なヘイトスピーチ対策の推進を求める会」

というのが2015年にできました。これも一応、共同代表という形になっています。

それから、これはどれくらい大阪で知られているかわかりませんけど、銀閣寺のすぐ横に京都朝鮮中高級学校があります。その環境改善プロジェクトとして「坂道ぷろじぇくと」が2017年から動いています。正確に言えば、動いては、止まり、また動きつつ、また……、という形で少しずつ進んでいます。この共同代表もやっています。そういうかたちで朝鮮学校には関わってきました。

さて、今日の話の構成ですけれども、京都の裁判と、大阪の裁判を並べて読んでみて、そのうえで考えるべきことを話していこうと思います。

話の流れとしては、京都の裁判、大阪の裁判、いろいろありますが、まず、ネガティブな側面というかですね、問題だなとおもう側面について先に申しあげます。そのうえで可能性がある、というか今後につながるだろうという部分を次に述べるという流れでお話しします。

1　京都・大阪の裁判から

京都朝鮮学園名誉毀損事件、刑事判決の問題点

まず最近大阪高裁で判決があった、京都朝鮮学園名誉棄損事件です。これは刑事裁判になります。

これ、被告Nとしておきますが、この被告自身は2009年に京都の朝鮮学校への襲撃事件に関わった人物でもあります。この人物は2017年に第一初級が移転したあとの跡地でひどい演説をします。みなさん

ご存知の部分だと思います。「ちょっと前までね、ここ、空き地になってるでしょ。ここにね、日本人を拉致した朝鮮学校があったんですね。」といった内容です。これを撮影して、インターネット公開をしたわけです。その刑事訴訟がおきて、地裁判決が去年（２０１９年）、高裁判決が今年（２０２０年）あって、名誉棄損罪でいずれも有罪ということになりました。

この判決の意義に関して、私なりに考えているところをいいますと、まず11年前の襲撃事件については、民事裁判、刑事裁判の両方がありました。刑事裁判に関連しては、授業中にやっていますので威力業務妨害罪、物を壊してますので器物損壊罪と、非常にハッキリした罪があって、それに加えて発言に関しては侮辱罪が適用されました。具体的な事実摘示に関しては判断しない形で有罪になっていたんですね。つまり、もうちょっと言えば、名誉棄損罪はこの裁判の際には適用されなかったという、そういう問題ないし限界があったんですね。

それに対して、今回は威力業務妨害とか器物損壊とかは一切ないなかで、発言と発言をめぐる状況だけで名誉棄損罪が適用されました。その意味では、画期的な判決と言える部分があります。今後のヘイトスピーチ規制としてはかなり大事な判例だろうとは思っています。とくに名誉毀損の不処罰要件として「真実性の証明」っていうものがあります。被告側がいろいろ主張しましたけど、それは認められないということで処罰の対象にしたわけです。このようなことをやったり言ったりしたら、この被告じゃなくても、そして前科のあるなしにかかわらず、有罪になりうるという判例を作ったということになります。ここは意義のある部分だと思います。

ただし、これには大きな禍根を残す部分がありました。名誉棄損罪が成立していても処罰しない要件として、「真実性の証明」に加え、「事実の公共性」と「目的の公共性」があります。この三つの要件が満たされれば、名誉棄損でも処罰されないわけですね。しかし今回の判決では、この「事実の公共性」と「目的の公共性」が認められるって言ってしまったのです。

つまり、この裁判官は、朝鮮学校を攻撃するためのネタ（手段）に過ぎない「拉致事件」について、目的と手段を逆に認定してしまって、「日本人拉致事件に関する事実関係を一般に明らかにするという目的」で行為に及んだと、そういうふうに認定してしまったわけです。ここは非常に大きい問題です。

特に、言いがかりに過ぎない朝鮮学校と拉致事件との関係、これ何も確証がないわけですけども、これに関連して大阪が登場します。「大阪朝鮮学校の元校長が日本人拉致によって国際手配されたことや、朝鮮総聯が朝鮮学校全般に一定の影響力を及ぼしていたことについては、そのように考える相当の理由があったといえる」と言っちゃった、ということなんですね。これ、判決文の表現です。一部の報道でそのようなことが語られたことがあるだけのデマ、朝鮮学校に関する流言蜚語の類のものを、信じる「相当の理由」があると言ってしまったわけです。

これを「問題の構造」ということで図式化してみます。被告は裁判の中で「一括り」「一括り」ということを何度も何度も言っていました。何が「一括り」かというと、いわゆる「北朝鮮―朝鮮総聯―朝鮮学校」というのは「一括り」なんであって、「京都」と言おうが、「大阪」と言おうが、「朝鮮学校」全般と言おうが、「朝鮮総聯」と言おうが、「北朝鮮」と言おうが、全部同じことだ、ということなんですね。要するに被告は、それらが一体のものだと考えているから、どの部分を批判しても同じことだ、という論理です。

そして裁判官側、つまり判決を書く側も、証拠として採用しなくてもいいようないろんな新聞記事やら公安調査庁の刊行物やらを証拠採用してしまって、被告はそういうふうに考える「相当な理由」はある、と認定してしまったわけです。

だけど、京都の朝鮮学校の校長が拉致事件に関わったということは、どう頑張っても真実性を証明できないので、それで「真実性の証明」の根拠が崩れて有罪になったわけですね。でも逆に言うと、これは大阪にきて「大阪」と言っていたら名誉棄損が成立したんだろうかと考えてしまいます。その意味で、大きな禍根の残る判決になってしまったわけです。

大阪無償化裁判、確定判決の問題点

ここまで言ったところで、大阪の「高校無償化」裁判をフォローしてこられた方は、「あれ？」というふうに、似たものを感ずるのではないかと思います。大阪の無償化裁判の地裁判決は、これまで各地で出た10ほどの判決のうち、唯一まともな判決だったわけですが、高裁判決はそれを一転して、国側の主張を支持する形になってしまいました。その高裁判決で言われていることと、いま言った京都の刑事事件判決に関連して、私が「問題だ」と言っていたところに、奇妙な共通性があるわけですね。

先ほど司会者がおっしゃったとおり、朝鮮総聯による朝鮮学校への「不当な支配」があると国が主張して、それに対して判決では、「北朝鮮や朝鮮総聯による影響力の行使が〔中略〕朝鮮高級学校での教育の自主性をゆがめる」という主張について、新聞記事や公安調査庁の資料とかを使って、「これを疑わせるような相当な証拠」があったと認定してしまったわけですね。この点で非常に似たものを持っている。

つまりこの二つの判決を並べて読んでみると、次のようなことが言えます。過激なことを言ったりやったりする民間人は処罰したり、損害賠償させたりする。その一方で、穏健で中立的な体をとってる行政に対しては、「行政処分はしかたないですね、裁量権がありますからね」となる。そうした司法の結論部分での厳しさという点では異なる部分があります。ところがその過程の立論部分では、マスコミとか公安調査庁資料などを根拠に、先ほどの司会者の言い方を借りれば「治安的な論理」が蔓延しているわけです。そういう資料にもとづいて、「北朝鮮―朝鮮総聯―朝鮮学校」一体論というのを信じ、その認識に基づいて朝鮮学校に疑いをかけたり、場合によっては攻撃をかけたりしてきたわけですが、そうした疑いをかけること自体は司法が正当性を認定してしまっているわけです。そうしたことをみると、根拠を提供したマスメディアもそうですし、行政や司法、そして政治もそうですが、そうした公的な領域で、一言でいえば「北朝鮮フォビア」――これは「イスラモフォビア」という概念の応用編ですけど――「北朝鮮」といえば何を言っても何をやってもいいみたいな、ある種の感覚というのが広がってしまっている、と思わざるを得ません。

京都朝鮮学校襲撃事件、民事判決の重要ポイント

これで話が終わってしまうと、司法には希望も何もないという話になってしまうんですが、司法は希望も同時に提示しています。こちらの話の方は、今日しっかり論じたいと思っています。

もう一回話を京都に戻しまして、先ほどの襲撃事件のほうの民事裁判の方を振り返ってみたいと思います。このとき京都では合計三回の示威活動がありました。学校襲撃の後にも二回あったのですね。これが民事裁判の対象になったわけですが、京都地裁、大阪高裁、最高裁で確定しました。

この裁判闘争のなかで重視した二つの論点がありました。この事件は、学校の業務を妨害したとか、そうした点においては非常にハッキリしていたわけで、損害賠償などを勝ち取ることはある程度確実視されていました。しかし、その意味づけの部分で、まず判決の中にちゃんと人種差別事件ということで書き込んでもらわなきゃ困ると、人種差別事件としてしっかり確定するという目的がありました。もう一つは民族教育権です。ただ「業務」が妨害されただけではなく、そのことによって民族教育権が侵害されたんだという、そういう論理をしっかり判決に書きこませるということが、大きな目標になっていました。

この裁判では、結論的に言えば、両方ともある程度達成されました。

まず、この人種差別撤廃条約上の「人種差別」にこの事件が該当すると事実上判断されたというのがこの裁判のポイント①となります。業務妨害とか名誉棄損というような、日本の民法でも定義されている具体的な損害があるわけですが、まずそこを認定した上で、ではその賠償額をどうするのかと、その金額を判断する段階で、人種差別撤廃条約を考慮に入れるというやり方をしたんですね。条約そのものは民事裁判の直接の法的根拠にはなかなかなりえないということを前提としながらも、しかし具体的な損害を意味づける際に条約の精神が加味されたのですね。地裁判決では、加害側の制裁と抑止を中核に据えて、高裁判決の方では「無形損害」の大きさが中核に据えられたという点で、論理の構成は少し異なります。今日は細かい話はおいておきますが、いずれにしても人種差別撤廃条約を考慮に入れつつ、賠償額を上乗せするという形をとった、これは非常に大きなことでした。人種差別撤廃に向けての一歩は刻んでいると言えるわけです。これがまず一つめのポイントですね。

それからポイント②は、次の議論につながっていくんですけど、民族教育権の萌芽ともいえるものが認定されています。

この確定した高裁判決には「民族教育権」という表現自体はなかったんですけれども、襲撃によって被った「無形損害」を評価する際に、その萌芽がみられます。

京都朝鮮学園は１９５３年に法人認可されています。日本で最初の朝鮮学園としての法人認可となります。高裁判決では、その創立以来の事業に触れながら、「民族教育を軸に据えた学校教育を実施する場として社会的評価が形成されている」とまず言ったうえで、にもかかわらず今回の事件で「学校法人としての存在意義、適格性の人格的利益について社会から受ける客観的評価を低下させられた」、これが重大な損害だというふうに認定しているわけです。

さらに、「本件学校における教育業務を妨害され、本件学校の教育環境が損なわれただけでなく、我が国で在日朝鮮人が民族教育を行う社会環境も損なわれた」と、つまり単に一般の教育環境が損なわれただけじゃなくて、在日朝鮮人の民族教育が行われる社会環境がこの襲撃によって損なわれた、これはやはり重大なものと見なければいけないというような判決なんです。

つまり、この判決の意味あいを私なりに解釈すると、日々の民族教育の実践を通じて、歴史的に形成された社会性——判決では社会的評価や社会環境といった言い方をしていますが、まとめれば「社会性」となるでしょう——そうした朝鮮学校の社会性が法的に保護されるべきものだと、そのように認定した判決であると私は理解しています。

大阪無償化裁判、地裁判決の意義

この観点から無償化裁判の大阪地裁の判決を見ます。これは非常にまっとうなことをストレートに言っていると思うんですけど、朝鮮学校が「自主的な民族教育施設」であるという観点から「不当な支配」論を否定しているわけですね。

その文言そのまま引用します。「朝鮮総聯は、第二次世界大戦後の我が国における在日朝鮮人の自主的民族教育が様々な困難に遭遇する中、在日朝鮮人の民族教育の実施を目的の一つとして結成され、朝鮮学校の建設や学校認可手続などを進めてきたのであり、朝鮮学校は、朝鮮総聯の協力の下、自主的民族教育施設として発展してきた」。

要するに、京都の判決にしても、大阪の判決にしても、よい判決というのは、こうやって歴史をちゃんと踏まえているところがあります。歴史性を汲み取るか、どこかで切り捨てるかが分かれ目といっても過言ではないと思います。

判決の続きを読みます。「朝鮮高級学校は，在日朝鮮人子女に対し朝鮮人としての民族教育を行うことを目的の一つとする外国人学校であるところ、母国語と、母国の歴史及び文化についての教育は、民族教育にとって重要な意義を有し、民族的自覚及び民族的自尊心を醸成する上で基本的な教育というべきである」というものです。

この観点から、大阪地裁判決は、何か朝鮮総聯のせいで朝鮮学校の教育が歪められているといった話ではなくて、逆に自主的な民族教育という観点から総聯と朝鮮学校の関係を論じていて、決して教育の自主性が損なわれるようなものにはなっていないという点を、歴史的に評価しているわけです。

そうやって考えると、この民族教育権というものは、外部から観念的に導入されるようなものじゃなくて、こうした民族教育を実施してきた歴史の中で、蓄積され醸成されてきたものだと、そのようにこの二つの判決を見ながら思うわけです。

2　民族教育権をつくりあげる

これが後半の話に直結します。以上の点からしても、やはりこうやって民族教育権というものを叩き上げていく、つくりあげていくということが必要になるわけです。

民族教育権の歴史性

この京都朝鮮学校襲撃事件の裁判で、私も意見書を出して、その中でもこのことについて、次のように書いていました。「民族教育権というものが何か抽象的・普遍的な用語として日本社会に導入されたのではなく、このような民族教育の弾圧と抵抗の歴史過程において編み出された概念であったことは今日あらためて銘記される必要がある。このような歴史に鑑みれば、民族教育権とは、民族教育に対する否定や不当な干渉がこれ以上起きないようにしてほしいとの強い願いが込められた概念だということができる」ということですね。

そして、民族教育権の歴史性という点でいえば、「それが日本の朝鮮植民地支配以来の歴史に位置づけられるということ」があって、「だからこそ、日本政府・日本社会による民族教育の否定や干渉は、公式の植民地支配が終わっても植民地主義が継続していることを示すものと理解されてきた。この脈絡からいえば、民族教育権という概念には脱植民地化という歴史的意義も込められている」と、そのように私の意見書では書いていました。

例えば、この「民族教育権」ということばで言うと、明確に追跡しきれてはいないんですけれど、日本社会の中で「民族教育の権利」とか「民族教育権」ということばが広まったのは、私の見たかぎり１９６０年代後半のことでした。このとき何が起きたかというと、一連の日本政府の弾圧策があったわけですね。まず、①文部次官通達がありました。朝鮮学校を、各種学校としても学校法人としても認可するなと知事に要請しました。

同時に、②外国人学校法案というものを推進しようとしました。文部大臣が設置や廃止の認可権とか是正命令権、さらには閉鎖命令権まで持っていて、「わが国の利益を害すると認められる教育」を禁止できるという形になるようなものを作ろうとしていました。

そして③朝鮮大学校の不認可方針です。当時の美濃部亮吉都知事が朝鮮大学校を認可しようとしたわけですけれども、それに対して日本政府は認可するなと言いました。

しかしですね、このとき大事なことは、この3点とも日本政府が失敗したということなんです。日本政府側からすれば、これは頓挫した歴史なんですね。この過程では、日本社会でさまざまな団体や個人が声を上げました。いろんな政党、市民団体、学者・学長、日教組、法律家、地方議会、労組などなどから、次々に声明、抗議、要請があがりました。今日はそれをいちいちフォローする時間がないのですが、そうして上げられた数々の声のなかに、「民族教育権」「民族教育の権利」「在日朝鮮人の自主的教育という民族権利」といった概念が書き込まれています。

そして大事なことに、そういう声明は、必ず歴史のことを言及していました。植民地支配とその抵抗の歴史にも言及しながら、民族の自決とか独立の闘いから出てきた抵抗権、という意味での民族教育権という議論も、当時の法律家たちが議論しています。

このように、１９６０年代の状況は、民族教育権ということばが日本社会の中で議論されるようになった一つの契機となったと思います。

民族教育権に関わる二つの潮流

その一方で、これは外部から挿入する概念ではないと言いながらも、やはり国際条約との関係といいますか、国際条約と摺り合わせるといったことも大事なものでもあります。国際条約で「民族教育権」を見ようとすると、二つのモデルというか二つの潮流があると、私は思います。

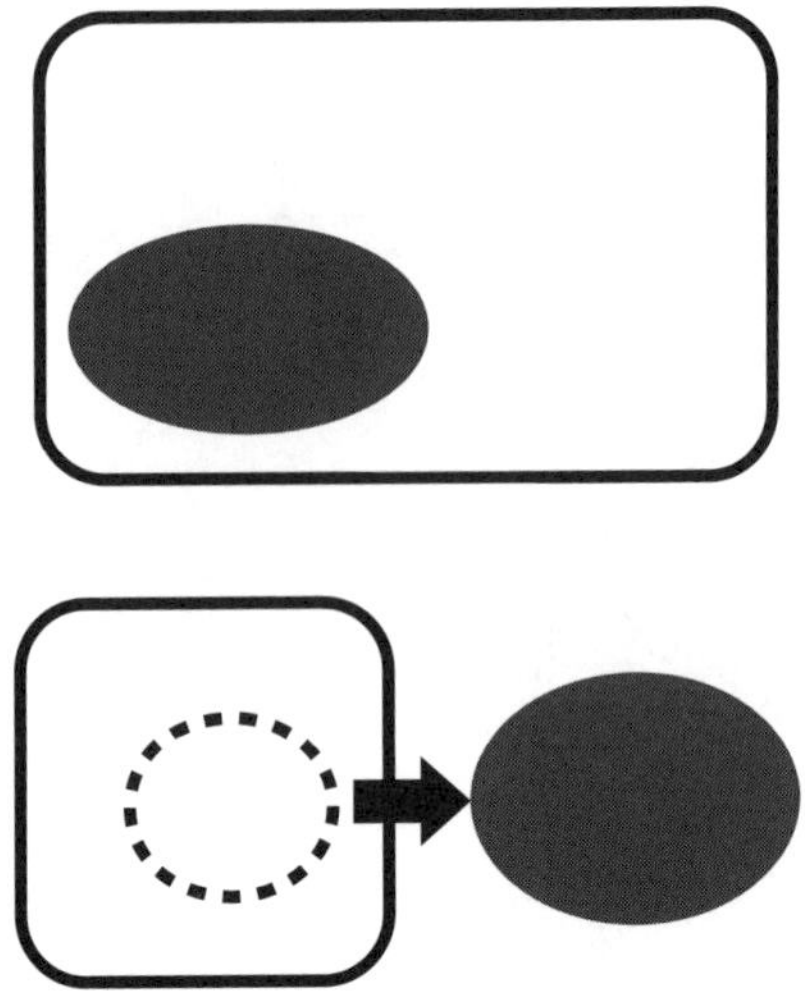

図１　民族教育権の二つのモデル

一つは、国内の少数民族の固有の文化とか宗教とか言語を保護しようというモデルです。図にすると、外枠として一つの国があって、その国の枠のなかに少数民族がある、というものです（図１の上）。この枠のなかで、少数民族の文化、宗教、言語を保護しようというものですね。これは１９６６年の国際人権規約（自由権）、自由権規約ですね、これに書かれたものです。これは一般に「民族教育」とか「エスニシティ」とか言われるような概念に対応しています。

それから、それと同時代的に進行していたものとして、植民地解放運動あるいは民族自決権の流れがありました。図のように、一つの国の枠から脱して、別の独立した国を作っていくというものです（図１の下）。これは、一つの国の中での少数民族の権利擁護と並行はしながらも、また違った流れです。これが植民地独立付与宣言（１９６０年）などに書き込まれています。こちらは「外国人教育」だったり「ナショナリティ」というような概念で一般に捉えられるようなものになります。この二つの潮流の両方が流れているのが「民族教育権」だと思うんですね。

朝鮮学校の歴史的性格と民族教育権

条約上のこうした二つの観点も踏まえながら、朝鮮学校の位置づけ、特に日本社会のなかでの朝鮮学校の位置づけを歴史的にとらえてみようと思います。この辺は、やろうとしたらいくらでも時間のかかる話をすごく圧縮してしゃべっています。まず教育のナショナルないしエスニックな枠組としては、①公教育、②外国人教育、③民族教育と、この三つの概念があります（図2）。

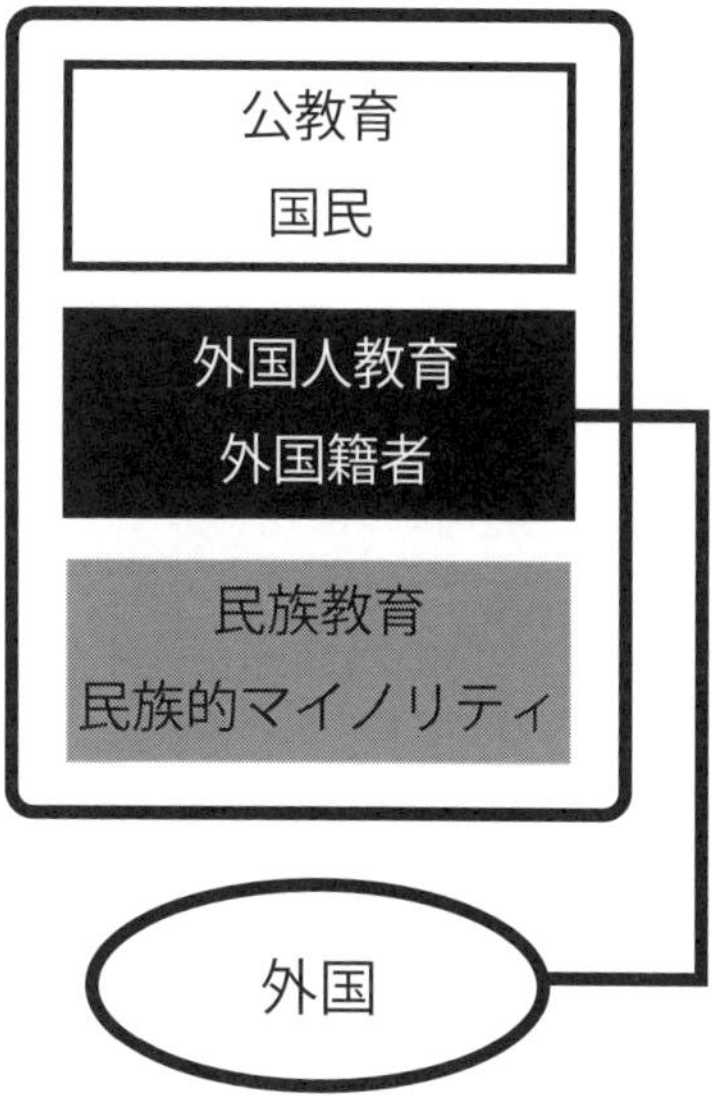

図2　教育のナショナル／エスニックな枠組

まず、日本では①公教育は、事実上の国民教育になってしまっています。教育基本法の第1条では、新・旧ともに、「国民の育成」を目的に掲げています。そういう意味でも、私立学校を含めて公教育には事実上「国民教育」という枠組みがかなり強くビルドインされています。

その一方、②外国人教育は、この公教育の制度外に置かれています。日本では、各種学校または無認可校としてのみ存続しているわけですね。図2にあるように、外国人教育は、文字どおり外国との関係ということが想定されています。そういう点において、外交関係に左右されてしまう側面が生じてしまいがちな部分でもあります。

一方、③民族教育について言うと、外国人教育（外国人学校）はそれでもかろうじて文科省の文書の中でそうした表現が出てくるのに対して、民族教育となるとまず出てきません。例えばアイヌ民族の民族教育という場合には、「外国人教育」という枠には入らないわけですから、仮にそうした教育が成立しえたとすると、民族教育という枠が最もよくおさまるものになります。

エスニックな国内少数民族という点でいえば、中国の少数民族教育はまさにそうしたものですね。中国の朝鮮族学校の場合、朝鮮族は中華人民共和国の公民ですが、その公民のなかの少数民族の一つとして朝鮮族があり、その少数民族教育の一環の中に朝鮮族の民族教育があるという形をとっています。しかし、日本ではこうした民族教育というものは制度的に全く概念化されていません。

こういう観点から朝鮮学校の存在を考えてみますと、まずこの朝鮮学校の歴史性からしても実態からしても、これはもちろん②外国人学校としての性格を持っています。歴史的にみれば、朝鮮民主主義人民共和国の在外公民と位置づけられた在日朝鮮人の教育機関という、そういう歴史があったわけです。

ただし朝鮮民主主義人民共和国を含めて、国外に朝鮮学校と同じカリキュラムの学校が存在するわけではありません。そういう意味では外国の教育課程を日本国内に持ち込んで行うタイプの外国人学校とは、やっぱり根本的に異なるものがあります。

「無償化」制度適用対象となる外国人学校の区分は、イ・ロ・ハに分けられていました。その「イ」は、外国の学校教育制度のなかで高等学校に対応する課程をもっていると位置づけられているもの、となっています。「ロ」はいわゆるインターナショナルスクールです。このイ・ロが日本の制度で典型的に想定された外国人学校です。「ハ」はその他ですね。朝鮮学校の場合、「ロ」はありえないし、「イ」は大使館等がないといった口実で排除され、「ハ」で審査されたうえに除外された、という経緯がありました。しかし、仮に日朝の外交関係が正常化して、「イ」の枠組で審査されたとして、朝鮮民主主義人民共和国に朝鮮高級学校のカリキュラムはあなたの国で高校段階に相当しますかと確認しても、少なくともカリキュラムは全然違うわけですから、さてどんな答えになるのだろうかと思います。

その意味で、朝鮮学校は民族学校としての性格も当然あります。日本人つまりエスニック・ジャパニーズになるための教育ではありませんし、国外に対応するカリキュラムもないという意味では、民族学校・民族教育としての性格は間違いなくあります。しかし朝鮮学校は「祖国」という存在と切り離しえないので、先ほど申し上げたような中国の朝鮮族学校のような少数民族向けの公民教育ともやっぱり異なります。

それから朝鮮学校には公教育としての性格もあります。日本の法令のなかで、社会関係のなかで教育を実施してきたし、日本のカリキュラムともかなりの互換性を持っています。それから、これは権利獲得運動の産物ですが、公教育の枠組のなかに一部入っているところがあります。

つまりこの三つの領域にそれぞれ独特のかたちで関わっていて、なおかつどれか一つに全て包摂されることがないというのが朝鮮学校だということです。それはやはり在日朝鮮人の歴史性が朝鮮学校の性格に表れているということでもあります。要するに、朝鮮学校は在日朝鮮人の学校というしかない、そういう歴史性を持っているわけです。こうした歴史性に立脚した民族教育権の構築が必要だということが、これまでの裁判で勝ち取ったものから見えてくる課題だと、私は思います。

朝鮮学校をこのうちどれか一つの性格、さきほど言った三つの性格（外国人教育、民族教育、公教育）のどれかに完全に寄せてしまえというような議論は、歴史的に培われてきた性格を捨象してしまうことになります。「祖国」の存在と朝鮮学校は完全に切り離してしまえ、全く別物にしてしまえといった主張など、どれか一つの性格に寄せてしまうことによっては、朝鮮学校の歴史性に立脚した民族教育権にはならないと思うわけです。そういうところが、この裁判闘争から見えた今後の課題だというのが、今日の結論となります。

はい、これで私の話を終えたいと思います。ありがとうございました。

（2020年11月29日、第3回オンライン学習会）

朝鮮学校の存在意義――朝鮮学校保護者へのアンケート結果から

大阪公立大学教員
伊地知紀子（いぢち・のりこ）

はじめに

本稿は、大阪府下にある朝鮮学校（幼稚班、初級部、中級部、高級部）に、２０１４年現在子どもを就学させている保護者を対象に実施した、アンケート調査結果から作成した意見書の概要である。世帯、教育、仕事に関して質問をした。

本アンケート調査を実施した目的は、朝鮮学校が戦後から継続して日本政府によって抑圧され、さらに現在係争中である高校「無償化」制度の不適用、および大阪市・大阪府による補助金停止という事態に置かれるなか、被害者である子どもの保護者の現状と意識を把握することが必要であると考えたからである。適用が予定されていた制度が不適用とされ、歴史的経緯により交付されてきた補助が停止されることによって被った被害の状況について、当事者の声を聞くことは、多様な人びとが共に暮らしやすい社会をつくっていくために、民主主義を原則とする市民社会において欠くことのできないプロセスである。本アンケート調査においては、保護者の声をできるだけ具体的に聞くために自由記述欄を多く設けた。

以下で、アンケート調査の結果を部分的に抜粋し紹介する。

1　調査概要

本アンケート調査は、大阪府下にある朝鮮学校（幼稚班、初級部、中級部、高級部）に、２０１４年現在子どもを就学させている保護者の世帯、仕事、朝鮮学校への就学に関する意識、経験を把握することを目的としている。アンケート項目の設計については量的調査が専門である大阪市立大学（現・大阪公立大学）大学院文学研究科教員の川野英二と質的調査が専門である私、伊地知紀子が共同で検討したうえで確定し、学校法人大阪朝鮮学園が実施した。

調査対象は、２０１４年４月１日現在、大阪府下の朝鮮学校に子どもを就学させている保護者とした。調査期間は、２０１４年６月16日～７月12日とし、当該校ごとに担任教員から子どもに調査票の入った封筒を渡し、各家庭へ配布した。対象世帯７７６世帯中６９６世帯から回収。回収率89・７％である。

2　大阪府下の朝鮮学校

調査当時、大阪府下に所在する朝鮮学校は以下である。大阪朝鮮高級学校（347名）、東大阪朝鮮中級学校（340名）、北大阪朝鮮初中級学校（57名）、生野朝鮮初級学校（233名）、大阪朝鮮第四初級学校（119名）、東大阪朝鮮初級学校（147名）、中大阪朝鮮初級学校（44名）、城北朝鮮初級学校（80名）、大阪福島朝鮮初級学校（34名）、南大阪朝鮮初級学校（30名）。

3　朝鮮学校保護者とは誰か

大阪府下の朝鮮学校へ子どもを就学させている保護者に、居住地域、居住市、働き方、世帯収入および家計に対する意識について質問した。保護者の居住地域は、96・1%が大阪府内であり、居住市は69・7%が大阪市である。

3—1　保護者の働き方、世帯収入についてのゆとり

父親の96・5%、母親の92・3%がいずれかの形で就労しており、これによって課される所得税を納めている。ここでは、当然のことであるが朝鮮学校の保護者はいずれも納税者であり、納められた税金は高校「無償化」制度および大阪府・大阪市の補助金の財源となることを確認しておきたい。

次に、過去1年間の世帯収入については、300万以上500万円未満の世帯が44・4%、100万以上300万円未満の世帯が23・0%、100万円未満の世帯が2・8%であり、合計すると71・2%である。世帯収入のゆとり（家計に対する意識）については、51・7%が「苦しい」、35・6%が「少し苦しい」とこたえており、合わせて87・3%の世帯において経済的に苦しいなかで、子どもを朝鮮学校へ就学させているのである。

「子を持つ親として、子どもが学校に通い、学ぶ上で日本人や朝鮮人と言う違いだけで、人を区別、差別して子どもたちに不便な思いにさせるようなことはしないで欲しい。日本の方が日本の言葉や歴史を学ぶ様に私たちの国は朝鮮で、自分達の国の言葉や歴史、民族の心を持つ事は当たり前の事であって教育上で言葉が違っても教育の原点では一緒だと思う。朝鮮学校に通う親だけに多大な負担をさせるのはやめて欲しい。それに高校無償化が実施される事により、税金の控除の一つの特定扶養が一般扶養になって、なお負担も増えている。日本人と同じ様に税金も払っているのに教育の場で差別するのはおかしな事であり、あってはならないと思う」。

上記の自由記述で述べられているのは、経済的負担がかかっても自らのルーツを大切にし、これにかかる歴史や文化を学ぶ場に子どもを通わせたい保護者の思い、日本社会の住民としての義務を果たしているにもかかわらず、高校「無償化」制度からの排除と扶養控除改正による負担増の二重の差別、卒業生が日本社会で活躍し日本と朝鮮半島をまたぐ貴重な人材として育っているにもかかわらず朝鮮学校を政治問題化し排除することへの怒りである。

3—2　保護者の所属団体および国籍

保護者の所属団体については、複数回答を可としているので、最も所属率の高い団体から見ていくと、「在日本朝鮮人総連合会（朝鮮総連）」が78・5％、「在日本朝鮮商工連合会（朝鮮商工会）」が17・8％、「在日本大韓民国民団（民団）」が3・1％、「在日本韓国商工会議所（韓国商工会）」が1・0％、「日本の団体（JCなど）」が1・0％、「在日韓国民主統一連合（韓統連）」が0・6％、「所属なし」が14・7％、「その他」1・2％である。ここで注目すべき点は、朝鮮学校の保護者のなかに、朝鮮総連ではなく民団に所属している人びと、さらに朝鮮総連とも民団とも距離を置いた韓統連に所属している人びとが存在していることだ。

こうした保護者たちの外国人に関する登録上の国がどのように構成されているのかを見てみよう。まず、父親の国籍は、「韓国」が67・8％、「朝鮮」が30・4％、「日本」が1・7％、「その他」が0・2％である。母親の国籍は、「韓国」が72・8％、「朝鮮」が23・1％、「日本」が4・0％、「その他」が0・2％である。この結果から着目すべきは、朝鮮学校の保護者の国籍が多様であることだ。

＊本調査では「国籍」として「朝鮮」という選択肢を示しているが、実際のところ、ここで言う「朝鮮」とは「国籍」（朝鮮民主主義人民共和国籍）の意味ではない。「朝鮮」籍とは、日本国家が外国人登録にあたって、植民地時代以来の在住者など、朝鮮半島にルーツをもつ人々に付した一種の「符号」である。これらの人々は「韓国」国籍に切り替えなければ、依然「朝鮮」籍に分類されているのだが、ここでは調査の便宜上「朝鮮」籍も含めて「国籍」としている。

また、「韓国」籍の保護者のなかには、大韓民国成立後に初めて日本へ入国した人もいる。こうした韓国人保護者が朝鮮学校を選択しているのである。さらに、日本人保護者もおり、近年、保護者の国籍は多様化している。ゆえに、朝鮮学校の保護者を「国籍」をもって論じることはできない。言い換えると、保護者は「国籍」ではなく、存在のルーツを重んじて朝鮮学校を選択しているといえるのである。

4　民族教育の重要性――朝鮮学校を選択するということ

朝鮮学校の保護者は、朝鮮半島から日本へ渡航してきた一世の孫世代である三世が主流を占めている。保護者たちの所属する民族団体も、国籍も、学歴も多様である。こうした人びとが、なぜ子どもの就学先として朝鮮学校を選ぶのだろうか。アンケートの結果から、保護者が、朝鮮学校以外の学校について検討をしたうえで、決定しているということがわかった。これは、自身の子どもの教育を考えるにあたって、時代や社会の変化を考えるとともに、また教育内容や教育環境を検討するという当たり前の行為を示している。朝鮮学校の卒業生が、無条件に朝鮮学校を子どもの就学先に選択するのではないのである。次に取り上げるのは、多様な保護者が朝鮮学校を選択した理由についての自由記述である。

①　韓国で生まれ育った父親と朝鮮学校に就学した経験を持つ母親

「主人が韓国人1世なので韓国・朝鮮語の習得が一番の理由です。韓国に住むハルモニ（祖母）、親戚たちと母国語で話しをさせたいと思いました。それと自分自身が朝鮮学校時代の先輩、後輩たちと今もママさんバスケチームで頑張っていますし、それを通じて日本のチームの方たちとも仲良くさせてもらい、良い関係を築けています。そういうことが日朝友好にもつながるのではないかと思います」。

② 日本人保護者

「日本人の私には全く分からない世界でした。でも、子どもを入学させる前に何度か学校を訪れる度に子どもたちの生き生きした姿、あいさつのきちんと出来る子どもたち。何よりもまっすぐな感じがして好感が持てた所」。

「主人は日本人でウリマルも分からない。私が朝鮮学校卒業生でせめて幼稚園だけでも入れてもらったが、幼稚園の3年間、学校を見て（先生たちを見て）これ程子どもに力を入れてくれる学校はないと言うことで小学校も入学させるようになった」。

③ 日本学校就学経験のある保護者

「私は小学5年まで日本学校に通っていた。その頃、歴史（4年生位）の授業で朝鮮合併を習うが、その教育は民族差別につながり、『朝鮮人出て行け』などの暴言を受けた。そのトラウマもあり、我が子には同じ思いをさせたくないと思った。差別やいじめを怖がり朝鮮人である事を隠す友だちを見て、我が子には堂々と学校に通わせたいと思った」。

「父母ともに日本学校出身で、朝鮮人学生の心情を理解し、フォローする体制が全くと言っていいほどなく、アイデンティティを確立するのに否定的な要素が多々あった。自分が何者かという、ある意味人間の本質的な部分で苦悩する事無く、子どもたちには自分らしく＝朝鮮人らしくノビノビと育って欲しいと思い、選択した」。

④　朝鮮学校卒業生の保護者

ここでは朝鮮学校に子どもを通わせていることと、「北朝鮮の政治」とは別個に捉えていること、また朝鮮学校をあくまでも選択肢の一つとして見ていたことが述べられている。こうした声を発することも自由な場が、朝鮮学校であるということを示しているのである。

「修学旅行に北朝鮮へ行く事、大きな行事で金日成などの写真を掲げる事により、その思想を支持すると思われ、不当な扱いを受けているのか？　私自身、北朝鮮の政治には賛同出来ないのでそこが気になる。子どもたちを朝鮮学校へ入れたのは自分自身を否定しない人間になってほしい、自分の国籍を恥ずかしいと思って欲しくない、そして、言葉や文化を知って欲しいとの希望で、北朝鮮の政治のあり方、人間の考え方は参考にして欲しくないです」。

5　子どもの変化

朝鮮学校に入学したことにより、現れた子どもの変化についての質問をした結果、「学力や個性、自主性の面」については、「たいへん満足」が23・9％、「満足」が46・8％、合計で70・7％。「社会性、交友関係の面」については、「たいへん満足」が24・1％、「満足」が46・1％、合計で70・2％。「民族意識の面」については、「たいへん満足」が34・4％、「満足」が45・3％、合計で79・7％。いずれも高い満足度を示しており、なかでも「民族意識」について際立っている。

朝鮮学校に子どもが通うようになって現れた変化について、自由記述のなかでは朝鮮学校での教員の対応、生徒同士の関係の良さ、子ども自身の自立性の高さ、年長者への敬意を怠らないことへの言及が多くみられる。そのなかでも、特筆すべきは、民族意識（朝鮮人アイデンティティ）の形成、国際感覚の滋養および本名使用についてである。

① 民族意識（朝鮮人アイデンティティ）の形成

日本学校では多文化のルーツを持つ子どもへの教育的配慮が不十分である。日本社会では、朝鮮学校に通うことによってルーツにかかる言語、歴史、文化を身につけ、朝鮮人としての自覚と自信を形成することができる。

「自分が在日韓国・朝鮮人であり、なぜ日本にいるのか理解していて、住んでいる大阪も好きだし、祖国も愛している。韓国・朝鮮人として、在日として、大阪府民としてそれぞれの視線で考える事出来ていると思います。民族意識の基本があるからだと思います」。

「『自分は何人か』という悩みが全くなく普通に朝鮮人であることを自然に受け入れている。朝鮮人である自分を尊ぶ気持ちが自然と育っている」。

②　国際感覚の涵養

朝鮮学校では、一般にイメージされたり報道されるような、朝鮮民主主義人民共和国のことだけを学ぶ場ではない。前述したように保護者の国籍は多様であり、その子どもたちの国籍も当然多様である。歪みのない自己認識を育み、周囲との信頼関係を築くなかで、世界、朝鮮半島全体、大韓民国、そして日本について学ぶことによって、バランス感覚のある国際性を身につけるのである。

「日本の情勢等も教えてくれるので、日本や朝鮮の事を客観的に見る力が付いていると思う。交友関係については、小さい頃から人を思いやる気持ちを学校生活の中で普通に自然に教えているので、知らないうちに人との交友関係を築けていると思います」。

「民族的なことへの親しみが身に付いている。本国コンプレックスのようなものはなく、自身のルーツとして民族を考えつつ南北の両方に親近感を持っているように見える」。

③　本名使用

朝鮮学校に通う子どもが朝鮮人アイデンティティを形成するにあたって、名前をどう名乗るかは大きな課題となる。なぜなら、日本社会において在日朝鮮人の多くは、通称名（通名あるいは日本名）を名乗っているからである。朝鮮学校では、生徒たちは本名（民族名）を名乗る。本名は、子どもたちが自尊心を確立する要となるのである。

「私の経験ですが、親戚が日本学校に通っていて、自分が朝鮮人と言う事にすごく抵抗を感じていました。なぜ日本にいて朝鮮人なのか名前が二つ存在するのかすごく嫌がっていた記憶があります。しかし、私も私の友達も朝鮮人であると言う抵抗はなく、小、中、高で学んだ事でそれが当たり前であり、堂々と生活出来ているので、子どもたちにもそう意識を持って欲しいと思います」。

6　地域コミュニティの結節点

「教育にかかる費用」（月額）については、「クラブ活動費」への支出以外に、「学校へのカンパ」35・1％、「学校行事費」46・8％、「保護者交際費」31・9％が、2001円～1万円の枠のなかで高い数値を示していることに着目したい。

朝鮮学校は、常に限られた財源のなかで、教員、児童、保護者、卒業生たちが、ともに守り維持してきた学校である。それゆえ、在日朝鮮人の共同性を担保する重要な場となっている。「みんなが参加する場」としての朝鮮学校の姿は、納涼大会、運動会、秋祭りなどを通してもみてとれる。こうした行事を維持するための費用が、「学校行事費」である。

朝鮮学校で開催される行事は、在日朝鮮人のためだけに存在しているのではなく、朝鮮学校の存在を地域に知ってもらい、朝鮮学校と地域住民との交流の場として発信するための機会となっており、大阪府下の朝鮮学校各校で取り組まれている。

各朝鮮学校には、学校運営や行事実施を支援する日本人による団体がある。現在、大阪府内の朝鮮学校を支える会は7団体ある。①チョソンハッキョを楽しく支える生野の会（2002年結成）、②「南大阪朝鮮初級学校アプロハムケ」（2005年結成）、③「1％の底力で朝鮮学校の民族教育を支える会」（2005年結成）、④「北大阪朝鮮初中級学校を支える会（アプロハムケ北大阪）」（2007年結成）、⑤「中大阪朝鮮初級学校とともに歩む会」（2007年結成）、⑥「東大阪の朝鮮学校を支援する市民の会」（2007年結成）、⑦「城北ハッキョを支える会（アプロハムケ城北）」（2009年結成）。

また、2008年3月に、「アプロハムケネットワーク（朝鮮学校友の会）」が結成され、各団体を結ぶネットワーク活動が始まった。「アプロ」とは朝鮮語で「前へ」、「ハムケ」とは「共に」を意味する。在日朝鮮人と日本人が友好関係を構築し、民族教育の重要性を学び、日本人の責任について認識し友好親善の輪を広げるべく、一般公開授業や地域交流、学校行事などへ積極的に参加している。

朝鮮学校の存在は、近隣の日本学校にとっても学びの場となっている。ただ異文化を学ぶだけではなく、朝鮮学校の歴史を学ぶことで日本の近現代史を学ぶことにもつながる。

7　民族教育への差別

7―1　「北朝鮮」、「朝鮮総連」とのつながり

朝鮮学校に対する高校「無償化」制度からの除外や補助金不支給の理由として、「北朝鮮」、「朝鮮総連」とのつながりが取りざたされた。これについての保護者の声を、以下に自由記述から抜粋する。ここで述べられているのは、まず、解放後の日本における朝鮮人による民族教育が受けてきた差別の歴史への無知に対する憤りである。

「共和国や朝鮮総連、在日の歴史について本当に知ってる人がどれほど存在するのだろう？　テレビや新聞の偏った報道しか知らない人達はなんて無責任な発言をするのだろうか？　と常々思っています。どこの国の人間であろうと平等に学べる様行政は努力すべきと思うし、まして植民地支配の結果日本に住んでいる在日韓国・朝鮮人の子どもたちにより一層の保護が必要だと思います」。

「つながってなければＯＫなのか？　つながっていれば違法なのか？　違法なら何が違法なのか聞きたい。国や団体と個人とのつながりは親や祖父母らの継続的な部分もあり、国と団体のそれぞれ支持する部分、支持しない部分があり、これが正解だと言わんばかりに考えを押し付ける事は非常に乱暴な考えだ」。

7―2　高校「無償化」制度からの除外

①　差別

ここでは、高校「無償化」制度からの除外についての保護者の声を自由記述から抜粋する。「差別だ」という記述が圧倒的多数を占める。この除外は、「日本社会が公的に〝在日朝鮮人、朝鮮学校は差別してもいいのだ〟と一般市民に植え付けている」ものだ。このように国家が率先する「上からのレイシズム」は、暴力なのである。このことを、保護者は、「自分自身や属するものへの否定は生きて行く上で辛い」と厳しく指摘している。

「家庭の状況に関わらず全ての高校生が安心して勉強に打ち込める社会を築くこと、そのために家庭の教育費を軽減することを目的として設けられた制度である。制度の趣旨に照らせばことさら朝鮮学校だけを日本の私立学校あるいは他の外国人学校と比べて差別的な取り扱いをするのは憲法の「法の下の平等」に反する」。

「対北朝鮮政策の矛先に学校や教育を選ぶのに憤りを感じます。恐れているのは生徒や保護者が「差別されるような学校なんだ」と卑下したり間違った認識を持つ事です。自分自身や属するものへの否定は生きて行く上で辛いと思います」。

②　生活への影響

高校「無償化」制度からの除外による生活への影響について、朝鮮高級学校の保護者が自由記述によって回答した内容から抜粋したものが以下である。多くの怒りが述べられているが、なかでもここで提示しているように、保護者の人生設計に影響が出たというものがある。

また、大阪府教育委員会を始めとする各自治体などの奨学金等制度を利用せざるをえない家庭が回答363件中14件ある。子どもに借金を負わせることへの保護者の苦悩が述べられている。

「とても苦しい。私の主人は朝鮮学校の教師です。この除外のせいで給料も滞り、私は教師という道を断念せざるを得なくなりました。学費を払う事も難しくなり、育英会に頼るしかありませんでした。育ち盛りの子にクラブの練習着、靴なども買ってやれず色んな面で我慢させてる現状です」。

「パートの仕事量を増やした。子どもたちに我慢は出来るだけさせずにいたいので、何を削るかとなれば、母親の身の回りのものを減らさざるを得ない。また、蓄えていた預金を崩している」。

7―3　大阪府・大阪市の補助金不支給

歴史的に支給されてきた補助金を、大阪府および大阪市が不支給にしたことに対する自由記述による回答では、「差別だ」と述べるものが圧倒的多数を占めている。共通して述べられる点として、他の外国人学校のなかで、「なぜ朝鮮学校だけが差別されるのか」ということについて、納得のいく説明がないということが指摘されている。なぜなら、過去に知事や市長は交代してきたにもかかわらず、補助金は支給されてきたからである。このような歴史性を否定できるほどの根拠は、未だ説得的に示されていない。朝鮮学校の卒業生たちは日本社会の各界で活躍しており、大阪朝鮮高級学校のラグビー部は、大阪代表として全国にその名を馳せている。これらの事実を無視した補助金不支給は「いじめ」でしかなく、場当たり的な判断でしかない。この場当たり的判断は単に経済的問題にとどまらず、朝鮮学校に通う子どもたちへの存在を踏みにじることにつながる。

「朝鮮学校に通う子どもも将来日本の社会で活躍していく力を持つ一人である。何らかの理由をつけて不支給にしているのが許せない。同じ時間を過ごし、笑顔で学ぶ子どもたち、親達を苦しめるひとつのいじめだと思う」。

おわりに――民族教育の意義と未来

この社会を築いてきたのは、日本人だけではない。在日朝鮮人もまた日本社会の住民であり、朝鮮学校で学んだ子どもたちは現在、各界で活躍している。最後に、「自由感想」として記述された回答のなかから、日本政府そして大阪府・大阪市による不当な対応をされてもなお、日本社会に生きる人びとと共に闘う意志を示している、保護者の声を抜粋しておきたい。

「日本で生まれ育った在日コリアンで朝鮮学校卒業生の私ですが、この国で子どもを生み育て、生涯日本で生きて行く人間として日本の平和と発展を日本国民と同様に願っています。現在朝鮮学校に通う子どもたちも同じです。将来のある子どもたちの心を傷つけ成長に影を落とす様な事を国が実施する事は止めて頂きたいです。朝鮮学校に通う子どもも将来の日本社会を担う一員として受け止め善処する事が日本にとっても利益を生むと考えます」。

「国連人種差別廃止委員会は朝鮮学校を高校無償化の対象から除外する動きについて懸念を表明したうえで、日本国籍を持たない子どもたちの教育の機会に関する法規定に差別がないようにすること等を勧告しており、日本政府はすぐにでも朝鮮学校の無償化を履行すべきである」。

「『自分に誇りを持って、他者を尊重する』。世界平和の為に大事な事です。私達の祖先は国の無い時代も自分達の言葉と文化を異国の地で守り、長い間日本の政府の支援が無くとも民族教育を発展させて来ました。これからも守って行かなければならない事に変わりはありません。ただ、公然と民族差別をする事、政治とからめて子どもたちの学ぶ権利を奪う事、そのような社会で日本の子どもたちはまともに育つのでしょうか？　この裁判は私達にとってだけでなく、日本の社会にとって重大な裁判と思います。存在自体が朝鮮学校は日本社会の財産です！」

以上、このアンケートの背後には、日本各地にある朝鮮学校の保護者や卒業生の声、そして朝鮮学校を維持するために労を惜しまず自らの生活を顧みず支援をしてきた人びとの声があることを記しておきたい。大阪・無償化裁判の一審判決での全面勝訴は、これらの人びとの声に真摯に耳を傾けることによって、日本の司法が民族教育の歴史を公正に評価できることを証明したのだといえる。

（2021年9月30日、第5回オンライン学習会で要旨を発表）

裁判闘争を振り返る

——当事者・関係者の手記

大阪「無償化」裁判地裁勝訴で歓喜するオモニたち（2017年7月28日、大阪地方裁判所前）

Ⅰ　大阪地裁勝訴！　その日の記憶

始まりに過ぎない

韓国芸術総合学校在学中（大阪朝鮮高級学校第65期卒業生）
姜河那（カン・ハナ）

ゴキブリ朝鮮人は国に帰れ！　いい韓国人も悪い韓国人も皆殺してしまえ！

大阪の街が、こんなにも憎悪に満ちた言葉たちで溢れかえっている。刃物のようなヘイトスピーチ、私たちに向けられた軽蔑の眼差し、まるで私たちが見えないかの様に過ぎ去る人々。この街に蔓延るたくさんの差別、無関心。私が生まれ育ってきた大好きなこの地には、私の居場所などないのだろうか。これからも私たちは、何かに怯えながら生きていかなければならないのだろうか……。

２０１７年７月28日。歴史的な日である。朝鮮学校の高校無償化裁判大阪地方裁判所での勝利。あの日の感動は、５年が経った今も忘れられない。私が中学生の頃からずっと、この闘争は続いている。日本各地で何年にも渡り裁判は行われたが、私たちが勝利したのはたったの一度。当たり前の権利を勝ち取る事がこんなにも難しいとは思っていなかった。

大阪で勝利を勝ち取った高２の夏。裁判所の中で判決文を聞いたときは、何が起こったのか一瞬わからなかった。誰かの歓声と泣き声が聞こえた時、私たちが勝利したことに気が付いた。ただただ信じられなかった。嬉しさよりも驚きが大きくて呆然としていた。段々と状況を把握し、嬉しさが込み上げてくる。知らず知らずのうちに涙が溢れていた。そして私たちは手を取り合い、共に抱き合って言葉にできない嬉しさを分かち合った。外にでると、私たちを応援してくださる沢山の人たち。泣いて喜ぶオモニたちの姿を見て私は、長い長い戦いの終わりが見えたと思った。終わりがないように見えた闘争に、一筋の希望の光がはっきりと差し込んだ日だった。私たち在日朝鮮人の存在が、やっと認められた気がした。遂に私たちにも、当たり前の権利が与えられたんだ、これからは何の心配もなく学校に通える日々がやってくるんだと、そう信じていた。

しかし、朝鮮学校は未だに高校無償化の適用外だ。今では幼保無償化からも除外され、幼稚園児までもが差別の対象になっている。幼稚園児が一体なにをしたんだと言うのか。本当に信じられない。教育は、この世に暮らす全ての人々に与えられる当たり前の権利ではないのだろうか。10年後20年後、私たちの子どもた

大阪「無償化」裁判地裁勝訴報告集会でアピールする筆者（当時、大阪朝鮮高級学校２年。2017 年 7 月 28 日、東成区民センター）

ちは、当たり前の権利を与えられているのだろうか。日本という異国の地で、私たちのルーツについてしっかりと学べる場所が、朝鮮学校があるのだろうか。在日朝鮮人としてのアイデンティティを育んでいける場があるのだろうか……。長い間、こんなにも沢山の人が声を上げ続けているのにもかかわらず、朝鮮学校に対する日本政府の方針は何も変わっていない。憤りを通り越して、情けなさを感じる。朝鮮学校、在日朝鮮人に対しての風当たりがだんだんと強くなる中、自分のアイデンティティを失い日本人として生きていく選択をする人たちも多い。自分が生まれ育った地で、何故こんなにも肩身が狭い思いをしなければならないのだろうか。

私は朝鮮学校に通いながら、私たちのルーツや言葉、文化を学び、在日朝鮮人として生まれたことを心の底から誇りに思うことができた。そして、尊敬するソンセンニム（先生）たち、志を共にする同志たちに出会うことができた。

火曜日行動でアピールをする大阪朝鮮高級学校の生徒たち（大阪府庁前）

幼稚園の頃から高校に至るまで朝鮮学校で学べた事に、本当に感謝している。朝鮮学校で得た知識、考え方、そして出会った人たちは、私にとってかけがえのない宝物である。もし朝鮮学校に通っていなかったら、今の私は存在していない。朝鮮学校は私を育ててくれた、第二の親だ。

高校卒業後は韓国に渡り、韓国芸術総合学校で演技を専攻している。韓国では、「モンダンヨンピル」や、「朝鮮学校と共にする市民団体『春』」などの団体と関わる機会が多くなった。在日朝鮮人や朝鮮学校に関する様々な学習を行い、朝鮮学校を応援、支援すると共に、韓国社会へ朝鮮学校の存在を知らせる活動を行っている団体だ。私たち在日朝鮮人について深く理解し、応援してくださる方々が日本にも韓国にも沢山居るのは本当に心強い。私たちを応援してくださる人に出会う度、私は嬉しさと感謝の気持ちで胸がいっぱいになる。その方々のお陰で、厳しい状況の中でも楽しく学校に通うことができたし、在日朝鮮人として生まれてきた事を誇りに思えた。沢山のリスクを背負いながらも、子どもたちのためにと、長い長い戦いを共にし、声を上げ続けてくださっている方々に本当に感謝している。そんな方々の熱い想いと期待に、私は必ず応えたい。そして私はこの世界のどこで暮らそうが、在日朝鮮人としての誇りを胸に、堂々と生きていきたい。私にしかできないこと、在日として私が成し遂げなければならないことを限りなく模索し続けたい。私は芸術という手段を通して、差別で溢れかえっている世の中へ、そして自分自身にも、差別問題について絶えず訴えかけていきたい。

私たちの未来、子どもたちの未来は、私たちが必ず責任をもって守っていく。いつの日か、この世に暮らす全ての人々に、当たり前の人権が与えられますように。そして私たちの次の世代、そのまた次の世代の子どもたちも、在日朝鮮人としての誇りをもって、笑顔で堂々と生きていける世の中になりますように。私は朝鮮学校で出会った同志たちと共に、私たちが勝利するその日まで、諦めずに声を上げ続けていく。この戦いは、始まりに過ぎない。

繋がり

朝鮮大学校体育学部教授
李昌受（リ・チャンス）

「ウォー！」

私の左耳をつんざく雄叫びを今でも鮮明に覚えています。勝訴の旗出しの瞬間にこだましたこの雄叫びは、いつも冷静沈着な藤永壮先生のものでした。勝利を確信し、その勝利を笑顔で迎えようとしていた私の思惑は「藤永先生のせい」で一瞬にして崩れ去りました。

２０１７年7月28日、高校無償化裁判大阪地裁判決日のことです。

この日に限って抽選にはずれ、裁判所の外で待つことになった私は、同じく中に入れなかった藤永先生と勝利の喜びを一番初めに分かち合おうと考えていたのです。二人して号泣し、固く抱き合いました（その瞬間を写真に撮られていました）。

その後、裁判所から出てきた長崎由美子さん、大村和子さんとも固く抱き合い喜びを分かち合いました。

大阪「無償化」裁判地裁勝訴（2017 年 7 月 28 日）を喜ぶ筆者（背中）

大阪地裁勝訴で長崎由美子無償化連絡会・大阪事務局長と抱き合って喜ぶ筆者

その時のみなさんの涙と笑顔は忘れられません。

この勝利から5年、「無償化連絡会・大阪」結成から10年。この勝利は何だったのか、この闘いは我々に何をもたらしたのか。

旗にあるように、「行政の差別を司法が糺す」裁判でした。行政の朝鮮学校への露骨かつ悪質な差別政策は、国連機関などからの勧告も無視し、むしろ政府が旗振り役となって自治体を煽り続けている。「あたりまえ」が通らない中、「あたりまえ」の勝訴判決が出たのです。「あたりまえ」なのになぜこんなに嬉しいのだろうか。当事者・弁護団・支援者が三位一体となりつかみ取った勝利が嬉しさを何倍にもさせたのだと思います。「支え合うという事と分かち合うという事がいかに重要なのか。分かち合いと繋がり合いによって突破し変えてしまう。その第一歩だ」。

その日の夜の食事会での丹羽雅雄弁護団長の言葉です。

無償化連絡会・大阪の事務局メンバーだった私は、この10年で沢山の人に出会い支えられてきました。多くの日本の方はもちろん、韓国の支援者など日を追うごとにその繋がりの輪は広がっていきました。特に事務局メンバーとは毎日のように会って協議し、食事し、お酒を酌み交わし、怒り、笑い、泣いた日々を通して、私たちの繋がりは形式的なものから家族のようなものになっていきました。

一つ、私が長年たずさわってきたサッカーでのエピソードを紹介します。

大阪朝鮮学園が日頃の感謝の気持ちを込めて日本のチームを招待し行う、サッカー・バレーボール大会「千里馬カップ」があります。大会期間中に指導者懇親会も催し、毎年大盛りあがりです。大会責任者として参加していた私は裁判が始まった翌年の懇親会の場で、朝鮮学校が置かれている現状、政府・自治体の差別政策などについて、場違いと思いながらも説明することにしました。大いに盛り上がった懇親会の締めでの私の発言でその場の空気は一変し静まりかえりました。内心「やってしまった」と思った瞬間、日本のチーム監督から、「そんな状況とは知らなかった。私たちに出来ることはありませんか。私たちは仲間じゃないですか」と言ってくれたのです。涙が出るほど嬉しかったです。

それからは毎年その懇親会の場で、裁判の状況を説明し、署名のお願いもしました。みんな快く引き受けてくれて、サッカー関係者・保護者の方々の署名を百名以上も集めてくれました。ある年、もう裁判の話をやめようと思って、サッカーの話で会を締めようとしたら、ある監督が「今日は朝鮮学校の現状についての話はしてくれないんですか？　是非聞かせてください」と申し出たのです。私はこの時も涙が出そうになり、言葉が詰まってしまいました。同じサッカーをする仲間として関心を持ってくれていた事、年に一回は朝鮮学校について知る日と考えてくれていた事に感動しました。バレーボールの指導者懇親会でも同じでした。

10年に及ぶ長い闘いの中で確信したことが一つあります。

それは、私たちは孤独じゃないんだという事です。私たちを理解し、支援してくださる日本の方がこんなにも沢山いるのだという事を実感できた日々でした。

多くの方々と手を取り合い、仲間たちとスクラムを組んで一歩一歩歩んできたかけがえのない大切な日々でした。

それは民族教育の正当性を再確認し、誇りを胸に刻み、困難に立ち向かう希望と勇気を得た期間でもありました。

つないだ手を決して離さない。組んだスクラムを決してほどかない。そうすれば決して負けない。これは私たちの信念です。

私たちの闘いはまさにこれからなのです。

私たちの繋がりは10年前よりも太く、より強固なものになっています。

朝鮮学校の未来のため、日本社会の未来のため、アプロハムケ！

大阪地裁判決「勝訴」に寄せて

学校法人大阪朝鮮学園運営部長
尹美生（ユン・ミセン）

裁判闘争を振り返るにあたり、今、目の前に山のような資料がある。文科省や大阪府・大阪市への提出書類、新聞記事、裁判資料、集会のチラシ……。朝高運動場裁判から始まり、大阪府・大阪市補助金裁判、高校無償化裁判、中大阪土地裁判と、裁判がこのように長年続くとは予想だにしなかった。

この間、日本社会は益々右傾化し、民族教育への差別も露骨化した。しかし、その長い闘争の中で得る物も多かった。丹羽先生を始め尊敬すべき沢山の弁護士先生たち、私たちの運動を自分たちの問題として一緒に闘ってくれた日本の友人たち、そして連日の裁判や集会、火曜行動を共にし、国連にまでも出向いた仲間たち、その出会いが大きな宝物となり、前に進む原動力ともなった。

目の前の資料を見て思い起こす事は膨大過ぎて、とても書ききれないので以前、私が朝鮮新報に投稿した文を、ここに紹介しようと思う。

「画期的だが、当然で当たり前のこと　日本政府は判決受け入れよ」（2017年8月『朝鮮新報』掲載）

高校無償化裁判の判決が言い渡された瞬間、傍聴席と外で待機していた関係者たちは、拍手と歓声と涙で包まれた。私たちが主張してきた内容が、ほとんどすべて認められた画期的な判決だった。当然で当たり前の事を「画期的」と言わねばならない現状の理不尽さと、当時の文科省への提出書類に追われた日々の事が思い出され、涙が止まらなかった。

第1回目の資料提出は2010年11月27日だった。文科省の要請通り学校の概要、学則、カリキュラム、施設の状況、収支、指導計画等、書類は約150ページにも及んだ。

申請内容は高校無償化の条件を満たしており、それ以前の7月には文部科学省視察団も大阪朝鮮高級学校を訪れた。その後2011年第2回、2012年第3回と文科省の要請通りの書類を提出し、私たちは当然他の外国人学校同様「無償化」は、適用されるものと信じていた。しかし決定を引き伸ばされた挙句、審査対象とする条項自体を削除し朝鮮学校だけを排除するという信じがたい事が行われた。元々高校無償化の対象は学校ではなく生徒個人であり、政府自らが「政治的判断や外交上の問題ではなく、教育上の観点から客観的に判断する」としていたのに、ことごとく裏切られた。それからの判決に至る4年6か月の間、高校生たちは街頭に立ちビラを配り、オモニ達は文科省や国連にまで出向き訴えた。日本の友人たちも署名を集め文科省に持って行った。同胞たちは皆集会やデモに参加し、適用を訴え続けた。

国連社会権規約委員会への朝鮮学校オモニ代表団要請活動（2013 年 4 月 30 日、ジュネーブ・国連人権高等弁務官事務所前）

日本で生まれ育ち、朝鮮人としての民族教育を受ける当然の事が何故否定されなければならないのか。今回の判決は民族教育の正当性を司法が判断した。ぜひ日本政府はこの判決を受け止め、朝鮮の子どもたちの教育の権利を奪わないで欲しい。私が高校無償化が始まった２０１０年に日本の某新聞の「声」欄に投稿した内容を再度読んで頂きたい。

「在日朝鮮人２世の私は、４人の子を幼稚園から大学まで朝鮮学校に通わせた。それは私が高校まで日本学校に通った経験からだ。日本の先生方は優しく、今も恩師である。しかし、なぜ私は日本で生まれたのに朝鮮人であるのか。この異国で朝鮮人としてどう生きるべきなのか。その悩みには答えてもらえなかった。教科書には日本の朝鮮侵略、統治の記述はほとんどなかった。卒業直前まで私は通名で過ごし、日本人のようにふるまった。

ある日、友人と学校近くの食堂に入った時、店のおばさんが雑談で「朝鮮人は腐ったリンゴを食べる」と言った。

私を朝鮮人だとは知らない。うつむいたままの私は卑屈な自分を恥じた。だから私は子どもが堂々と朝鮮人として生きてほしいと願い、民族学校に送った。至極当然な事だった。今、高校無償化で朝鮮学校を除外すべきだとする声が政治家から出ている。何故教育の場に政治を持ち込み、日本と朝鮮の高校生を区別し、差別するのか。冷静な対処をお願いしたい。日本の未来のためにも」。

生きた証

2019〜20年度大阪朝鮮高級学校オモニ会会長
高己蓮（コ・ギリョン）

待ちに待ったフォトジャーナリスト安田菜津紀さんの写真展が奈良で開催されると知り、長女を連れて大和郡山市に一目散に行ってまいりました。

写真展では、菜津紀さんの写真から、その時、その場所でその人々は命いっぱい生きていたんだ、そして生きているんだと、写真越しからその人たちの生の痕跡が伝わってきました。

帰りの電車の中、久しぶりに自分と向き合う時間、自分自身の「生きた証」を写真1枚に残すなら、たくさんある写真の中で自分はどの写真を選ぶんだろう？　と、考えた時、迷わず選んだのがこの1枚でした（中扉19頁の写真参照）。

朝鮮高校を就学支援金の支給対象に指定するよう命じた大阪地裁判決（2017年7月28日言い渡し）。

一連の高校無償化裁判の中で唯一の原告勝訴判決。

この時私は、傍聴席での地鳴りのような歓声の中、外で待機していたオモニたちに早く知らせてあげたいと傍聴席から外に走り出し、一人のオモニの懐に飛び込み、「勝った！　勝ったー！」と狂喜したことが今でも脳裏に焼きついています。

大阪無償化裁判が始まった２０１３年、私は東大阪朝鮮初級学校オモニ会の副会長でした。下の子がまだ低学年だったこともあり、民族教育権擁護運動よりも、目の前にいる子どもたちのために、楽しいイベントを考えたり、美味しい給食を作ってあげること、ハッキョの財政確保のために納涼祭りやバザーをどう成功させるかで頭がいっぱいでした。

そんな時に大阪朝鮮学園が国を相手に裁判を起こしたと知りました。２０１２年の大阪府・大阪市補助金裁判に続いての提訴でした。ウリハッキョを取り巻く状況が急に慌ただしく動き出していることを実感させられた出来事でした。

裁判闘争が始まったと同時に、毎週火曜日、大阪府庁前で日本人支援者の呼びかけから始まった火曜日行動。オモニ会活動の中に新しく加わった火曜日行動から、私は多くの出会いや気づき、学びがありました。この活動の持つ意義は計り知れなかったと思います。慣れないマイクアピールに戸惑い、道行く人たちにビラを配り、声をあげることや連帯することの大切さを教えてくれたのが火曜日行動でした。

そして迎えた２０１７年1月26日、補助金裁判地裁判決の当日。

歴史的な1日になるであろうと、誰もが疑わなかったあの日、私は傍聴席で不当判決が下されたことを受け入れるまで数分間かかりました。

大阪府・市補助金裁判地裁判決日を迎えて（2017年1月26日、大阪地方裁判所前）

不思議なことに怒りや悲しみがこみ上げてくることはなく、「あー、国を上げて民族教育を潰しにかかっているんだ、簡単には勝たせてくれないんだ」と、私たちの置かれている現実を突きつけられた判決でした。

その後の判決言い渡し報告集会で、私はアピールをすることになっていました。

当然勝つだろうと思っていた裁判で、すすり泣く声や、うつむいたまま怒りや悲しさをこらえる同胞や日本人支援者の方々の前で、私はどうアピールすればいいんだろうか、この集会を次に繋げるためにはどうアピールすればいいんだろう……。

アピールしている間、自分では頑張っているつもりでいましたが、「まだまだ頑張れ！　もっと歯を食いしばって立ち向かえ！」と、1世のハラボジ、ハルモニの声が聞こえてくるようでした。

泣いている場合じゃない、うつむいてる場合じゃない、前を向こう！　子どもたちにかっこいい背中を見せよう！

朝鮮戦争休戦 65 周年集会でアピールする筆者（2018 年 7 月 27 日、大阪・靫公園）

そして、私たちの代で民族教育はつぶさせないと決意を新たにしました。

その半年後の7月28日、屈せざる者たちの闘いが結実した歴史的勝利を迎えました。

日本全国5か所で起こした裁判の結果は1勝14敗で幕を閉じましたが、この1勝は奪われ続けた民族の尊厳を取り戻し、共に歩み生きていく共生社会の在り方を示す金字塔を打ち立てた勝利であったことはいうまでもありません。

この文の冒頭にあげた1枚の写真には私の「生きた証」だけではなく民族教育を守り続け発展させてきた在日朝鮮人の「生きた証」、在日朝鮮人の問題を日本社会の問題と捉え声をあげ続けた日本人支援者の「生きた証」、行政の差別を糾した弁護団先生方の「生きた証」が刻まれています。

最後に今回このような機会を与えてくださった無償化連絡会の先生方に心より感謝申しあげます。

「高校無償化」裁判勝訴の歴史的瞬間

学校法人大阪朝鮮学園前理事長
玄英昭（ヒョン・ヨンソ）

２０１７年7月28日。

30度を超す蒸し暑さにもかかわらず、３００名をはるかに超える同胞、学父母（保護者）、朝高生たち、そして我々の正当な闘争と民族教育を支持してくださる日本の有志たちが、全国から大阪地方裁判所に集まり黒山の人だかりとなった。

この日は、まさに高校無償化の適用を求めて「日本国」を相手取り、大阪朝鮮学園が、２０１３年1月24日に提訴し4年6か月、16回に及ぶ口頭弁論を経て闘い続けてきた無償化裁判の「判決」が言い渡される日であった。

午前11時、裁判がはじまった。原告席にいた私と弁護士の先生方、傍聴席を埋めた朝高生や同胞たちは、かつて経験のしたことのない緊張感をもって裁判官を迎えた。やがて裁判長が入廷し『判決文』を読み始めた。

「主文……文部科学大臣が……」。

この言葉を聴いた私の隣にいた弁護士が両手を強くぐっと握り始めた。（もしや？）判決文の朗読が終わると、法廷内は歓喜と興奮の坩堝と化した。大きな拍手と「万歳！」の歓声、喜びと感激の涙。学園側の「全面勝訴」であった。原告席にいた弁護士たちも、みんなが抱き合い、固い握手を交わした。「日本政府」を負かした満足感、達成感で、我知らず叫んだ「やったー」の喚声。

法廷を出たあとも興奮が鎮まることはなかった。同胞たちが、日本の人士たちが、互いに涙を流しながら、抱き合い歓喜の握手を交わしていた。

その後、記者会見に臨んだ。

かつて、提訴した時、府・市補助金裁判の不当判決が下された時に開かれた記者会見では、怒りを抑えながら大阪朝鮮学園の声明文を読み質疑応答に応じた私だった。

今回の歴史的な「全面勝訴」後の記者会見は、前回とは全然違っていた。いつもは憤慨心に満ちた記者会見が、この時だけは、我々の裁判闘争の勝利を声高に、世界に知らせる会見となったからだ。

東成区民センターで行われた報告集会には、６００人が集まった。集会にて先陣を切って発言した金英哲弁護士は、「国に勝ったぞ！」「みなさんの力で国に勝ちました」と拳を突き上げ高々と勝利宣言をした。続いて、オモニ会代表、朝高生の発言、日本各地から駆けつけた友人たちの激励、祝賀メッセージ等は、名実ともに民族教育は正当であり、ウリハッキョの存在意義を付与する貴重な言葉であった。

日本政府が、日本にいるすべての高校生を対象としておきながら、拉致問題や「延坪島事件」を口実に朝鮮高級学校10校だけを除外したことは、決して許されることのできない行為だ。現在、朝鮮半島をめぐる情

大阪「無償化」裁判控訴審結審後の集会で発言する筆者（2018年4月27日、大阪弁護士会館）

勢は極度に緊張し、在日朝鮮人運動と民族教育も大きな壁に直面している。日本政府と結託したマスコミの一辺倒な報道は、日本の右傾化と軍国主義化の傾向を如実に顕していて、その被害をウリハッキョの生徒たちだけが被っている。

司法までもが政府に忖度し、政府の意図どおりに動く今日だ。国連の人種差別撤廃委員会の勧告も無視し、自分たちがつくった法までも簡単にないものとする日本政府の「悪行」を見事に打ち破った、今回の大阪地方裁判所の「判決」は、真に歴史的で画期的な事件であろう。

私は約40年間、民族教育事業に従事してきたが、今回ほどの「喜び」「やりがい」を感じたことがない。

しかし、多くの人が大阪に続き、良い結果が出るであろうと期待していた9月13日の東京地方裁判所の判決は、我々の想像を覆す正反対のものとなった。これは国や行政を相手にした裁判で勝訴することは、並大抵のことではないことを示している。

阪神教育闘争 70 周年記念第 291 回火曜日行動（2018 年 4 月 24 日、大阪府庁前）

在日の民族教育の歴史は、70年を超えた。その行路は、平坦な道のりではなかった。4・24教育闘争、「外国人学校法案」阻止など、歴史の節目には難関が数多くあったが、その都度、同胞の団結の力で打ち勝ってきた。

今、我々を取り巻く環境、情勢は、4・24阪神教育闘争当時を彷彿させるという人が少なくない。たとえ日本の反動分子たちが、総聯と朝鮮学校を潰そうとあらゆる策動を企てても、私たちは、闘争の武器であり座右の銘である「団結」の力で、ウリハッキョを最後まで守るであろう。

我々の民族教育は正当であり、全世界に類を見ない歴史を誇っている。民族教育の権利は、法的保護に値する当然の権利である。生徒たちの輝かしい未来を侵す権利は、何人にもない。

私は、高校無償化の適用と行政当局からの補助金給付が再開される日まで闘い続け、民族教育の発展のため一生を捧げるであろう。

２０１７年11月

【追記】

8年間に亘る三つの裁判闘争。
口頭弁論、弁論準備（81回）
弁護団会議（182回）
無償化連絡会・大阪学習会（53回）
全国弁護団会議（23回）
合宿（2回：芦屋、河内長野）
その他（模擬裁判、記者会見等）
＊私の記録帳（メモ）による。（おおよその数字）

2011年5月25日、初めてたんぽぽ総合法律事務所を訪ね、丹羽先生にお会いし、大阪府・市補助金裁判の相談、依頼をしたことを鮮明に記憶している。

それから約10年間に出会った20数名の弁護士の先生方、また、2012年3月1日の結成以降、出会った「無償化連絡会・大阪」のメンバー。学習、会議、集会、交流等数々の出来事が思い出される。

民族教育の正当性、ウリハッキョの存在意義を認めて下さり、日本人の、日本社会の問題として捉えて、物心両面の支援、協力をしていただいた数多くの日本の有志たち。

学園、弁護団、支援者による三位一体の連帯感と絆。

この10年は、私にとって、とても意義深い、充実した日々となった。私は、この10年を一生忘れないであろう。

最後に、大阪朝鮮学園の裁判闘争にご尽力、ご協力をくださった丹羽雅雄弁護士をはじめとする弁護団の先生方、無償化連絡会のメンバーに心からの謝意を表したい。

7月28日勝訴！　あの歓喜の日を胸に刻みましょう!!

ウリハッキョと子どもたちを守る市民の会共同代表
孫美姫（ソン・ミフィ）
翻訳：李明玉

２０１７年７月28日！

「日本政府による朝鮮学校差別は違法」という、初の歴史的判決が下されました。大阪地方裁判所は、大阪朝鮮学園が日本政府を相手に提起した「高校無償化除外取消し及び指定の義務付け」訴訟に対して、大阪朝鮮学園の全面勝訴判決を下しました。

この日、裁判所は「拉致問題の障害になっているという外交的・政治的意見に基づいて、国家が朝鮮学校を無償化の対象から排除した」と指摘しました。また、この様な措置は「教育の機会均等の主旨に反し、違法であるため無効」であると明言しました。

東京・文部科学省前でアピールする筆者（2015 年 2 月 20 日）

そして、朝鮮学校にも高校無償化の適用を命令しました。これに先立つ7月19日、広島の裁判所が、朝鮮学校を高校無償化の対象から排除することは妥当であるという判決を出したのとは、正反対の結果でした。

残念ながら私は、勝利の感激が沸騰し溢れていたその場に、一緒にいることができませんでした。

報道等を通して知らせを聞き、喜びのあまり飛び跳ねながら、共に涙を流しました。

植民の地、分断の地においても民族の自尊心を守り、必ず勝って、夢に見た統一祖国を作り上げてゆこうとする同胞たちの信念が、勝利を収めたのです。これは裁判の勝訴に留まらぬ、民族の勝利、正義の勝利、歴史の勝利です。

しかし、日本政府は植民地支配に対して謝罪するどころか、在日同胞と朝鮮学校を、今も露骨に弾圧し続けています。

日本の地で、民族性と自尊心を守ることのできる唯一の場所であり、60万在日同胞の中心を担う場所！

誇らしい朝鮮学校。

世界中にたった一つの民族の誇り、朝鮮学校。

この朝鮮学校が成し遂げた歴史的快挙は、私たちの民族ひとりひとりと、世界の誇りです。

皆さんが始められた大阪の「火曜日行動」と東京の「金曜行動」に連なって、ここソウルの日本大使館前で始めた「金曜行動」も、２０２１年11月26日で３４５回目となりました。

はやくも7年目です。

私たちは、勝利のその日まで、皆さんと行動を共にします。

民族教育を守るために日本社会の良心に訴え、東アジアの平和のために共に闘います。

もう二度と子どもたちを、寒風吹きすさぶ街に立たせることが無いように、私たちが盾となり、丘となりましょう。

諦めずに最後まで戦い、必ず勝利しましょう！

勝訴の7月28日の、あの勝利の感涙を胸に刻み付けましょう。

再び！　子どもたちと共に明るく笑うその日のために!!

忘れられない7月28日の記憶

朝鮮学校と共にする人々「モンダンヨンピル」事務総長
金明俊（キム・ミョンジュン）
翻訳：李明玉

あの日の記憶をそっと取り出してみます。空は曇っていたのか、晴れていたのか。夏の真ん中、あの日の裁判所の外の気温は何度だったのだろうか。そこに集まった人々の服装はどんなだったのか。どんなに思い出そうとしても、そういうことは記憶にありません。

判決の直前まで裁判所前に流れていた静寂と緊張感、そして朝鮮高校生たちのかすかな歓声に続き、裁判所の正門に、興奮した表情を隠すことができぬまま駆けてきた二人の若い弁護士の歓喜に満ちた顔、二人がひろげた「勝訴」の二文字が見えると吹き出した歓声、涙、抱擁、感激と喜び。その数秒、数分の記憶だけが、くっきりと脳裏に刻まれています。

2017年7月28日、普通ならなんとなく過ぎたであろうその日を、私たちは決して忘れることができき

九州「無償化」裁判地裁判決報告集会でアピールする筆者（2019年3月14日、北九州市立商工貿易会館）

ないでしょう。同胞たちの手を握り、裁判所の向かいの歩道で受け取った知らせに、「夢か幻か」を判別できぬまま、隣に立つ人の涙を見て、私の緊張も解け、涙で前が見えなくなりました。

「高校無償化裁判の勝利」の日。歴史はこの日を、このような名前で記憶するでしょう。

そして5年が過ぎた今日に至り、すべての地域の「無償化」裁判が、正義の敗訴に帰着した今となって、あの日の勝利にいったいどのような意味があるのでしょうか？　変わらぬ差別と排除、蔑視と憎悪は、最も弱い者の背後を虎視眈々と狙っており、私たちの必死の抗いを、世間はその時も今も見て見ぬふりをしているのに。世界は、本当に変化しているのでしょうか。私の石のつぶてが、本当にあの強固な壁を砕くことができるのでしょうか？　絶望に疲れ、諦めてしまいたいことは一度や二度ではありませんでした。

そんな時にふと、天真爛漫に遊びはしゃぐ子どもたちを見て悟りました。「ああ！　これが彼らのたくらみだったのだ」。石を投げ続けることに疲弊し、諦めたくなる気持ちを持たせるること。必死の抗いが無駄であると認めさせること。お互いに憎み、お互いのせいにし合うよう仕向けること。分裂させ、ついには孤立させること。これが、彼らの真に望むところだったのだ。

　それで2017年7月28日、その日の記憶は、私たちがこれから歩み続ける険しい10年、20年のための「約束」なのです。あの日、はっきりと見たからです。固く握った手と手の間に、汗ではなく確信を見たのです。私たちは、正しいのだという確信でした。初めて見る、同志の目から流れる涙を、私もまた涙にぬれた目で見つめながら、確信しました。いつの日か、あの壁はうがたれるに違いない。喜びに満ちた抱擁の時、同志の胸と腕から伝わった力強い約束を、全身で受け止めました。

「あなたが力尽きることがあれば、私が受け継ごう」。

　誰がみだりに「敗北」を語れるのですか？　人間が作った、一介の不完全な「司法」のシステムにおいて、負けたり勝ったりすることで道が途絶えたと言えるでしょうか？　その道にある石ころ一つに、ちょっとつまずいただけなのです。行く道は遠く、私たちの隣には共に歩む頼もしい同志が、たくさん、たくさんいるのです。

　遠くに暮らしていますが、もっともっと多くの同志を見つけ出すことを約束します。

II　知恵のある者は知恵を、力のある者は力を

「高校無償化」裁判を振り返って

大阪朝鮮高級学校元教員
李明淑（リ・ミョンスク）

私が大阪朝鮮高級学校に勤務した2007年から2015年の8年間、常に権利問題と向き合い、闘いのない穏やかな日々はただの1日もなかったけれど、その中でも高校無償化裁判は、子どもたちにとっても、大人達にとっても、在日朝鮮人社会にとっても、特別だったと思います。

2010年度の卒業式の後に、私は下記のような文章を書きました、この場にふさわしいかは分かりませ

んが、引用させてください。

＊＊＊

約140人あまりの卒業生が今日学校から旅立った。

わんわん泣いて、最高の笑顔を残して、心の底からのありがとうと、心の底からの「ウリハッキョが一番、最高！」という言葉を何度も叫びながら、校門を後にした。本当にこの学校が最高だと思う、世界一だと思う。どこにもないと思う。きっと今年卒業を迎えた学生たちが皆そう言うだろう。「自分の学校が一番だ」と。それが一番いい。それに対して「いや、うちの学校には勝てない」と言いたいんじゃない。想像してほしいだけだ。「あなたにとってあなたの学校が一番のように、この子たちにとっては、この学校が一番」であること。

今年卒業する高3の中で、どれだけの子どもたちが自分の権利のために街頭に立ち、声を枯らし、署名を集めただろう。今年に限れば、朝鮮高校の高3の署名活動の参加率はおそらく100％近いと思う。

今年の卒業生は、1年前に某知事が我が校を訪問した時に、笑顔で歓迎し、一緒にスクラムを組み、記念撮影をし、その知事が笑顔で話す「君たちのためにがんばるよ、君たちの学校も、君たちも本当に素晴らしい」という言葉を無邪気に信じた。

その期待はあっけなく崩れた。そこから彼らの1年が始まったのだ。忘れてはいけない。彼らは高3になっ

署名を集める大阪朝鮮高級学校の生徒たち（2012 年 9 月 26 日、JR 天王寺駅前）

たと同時に、自分たちの学校は国から除外される唯一の学校であることをこれでもかというぐらいに見せつけられ、最後の1年を過ごすことになったのだ。

何度も何度も署名に出かけた、街頭に立つ子どもたちに、暖かい声をかけてくれる人もいた。しかし、心ない人たちは犯罪者を見るように冷たい目で「北朝鮮、犯罪国家」そんな言葉を投げつけ、ビラを目の前で捨てた。たった17歳の子どもが、子どもを守るはずの大人から、刃よりひどい言葉で傷つけられた。

何が悲しいか？　子どもたちはそのような視線にも言葉にも「慣れて」しまっている。今日はこんなことを言われたと、笑い話のように報告する学生たち。

教えてほしい。彼らと他の子どもたちの違いはどこにあるのか。はっきりしたことは、国籍が問題ではないということ、自分たちの学校のためだということ。

今年、大阪朝高では8年ぶり史上二人目となる「ラグビー高校日本代表」に、我校副主将が選ばれ、来週からスコットランドで合宿に入る。本当に素晴らしい事だ。彼はその期間「日本代表」として「日本」のために試合をする。国が学校として認めない学校の学生が、日本代表。

日本を代表して世界の舞台に参加するその子どもを育てたのは、間違いなくウリハッキョだ。ウリハッキョは素晴らしい子どもがたくさん通う「学校」でありたいだけなのに、大きな力が学校を学校と認めない。学生個人を認めても、彼らが愛してやまない母校を「スパイ養成組織」と簡単に言い放ち、数百万に大々的に嘘をつく。大きな嘘であるほど人はだまされると言ったのはヒトラーだったか。まさにその通りだ。大きな嘘は大衆にとっては真実だ。

高校無償化が適用されないまま、子どもたちは学校を去った。悔しい。何が悔しいか、お金が問題じゃない、元からもらっていないお金、それに執着してはいない。悔しいのは、たった18歳にしかならない子どもたちが、「一生懸命戦ってもどうにもならないことがある」ということを、こんなにも早く知った。

彼らより人生を先に生きた「先生」として、彼らを少しでも教えた「教師」として、私が教えた古典文法や、夏目漱石の作品なんて、1ミリも残ってなくていい。ただ教えたかったのは、「一生懸命やれば絶対に道は拓ける」というそれだけだった。

この子たちは、これから日本社会で暮らす。日本の大学、それも名前を聞けば誰もが知っているような名門大学にたくさんの子どもたちが進学する。彼らはそこで日本人の友だちを得て、日本の会社に就職し、日本社会を担う存在となる。かつてこの子たちが「除外」された学校の出身であることなんて、問題じゃない。

では何が問題なのか。彼らにとって、ウリハッキョは一生変わることのない「母校」であるということ。

そしてそこは「母校」以上の意味を持つということ。今日の卒業公演、最初に歌われた歌の歌詞に、涙が止まらなかった。こんな歌だった。

「ハラボジ（祖父）が聞かせてくれた故郷には、僕らは行けないけれど、僕らにも故郷があるんだよ。民族の心を教えてくれて、言葉を教えてくれて、祖国の大切さを教えてくれた。ウリハッキョ、ウリハッキョは僕らの故郷なんだ。
ハルモニ（祖母）が恋しく思った故郷の風景を見た事はないけれど、僕らにも心の故郷があるんだよ。民族の情緒溢れた歌声が聞こえてくる、祖国にいるような気になる、ウリハッキョは僕らの故郷なんだよ。
生まれ育った所は自分の国ではないけれど、僕らには僕らだけの誇らしい故郷があるんだ。民族の願いをかなえる大きな夢を抱き、愛しい祖国の明日を描く、ウリハッキョが僕らの故郷なんだ。ウリハッキョは僕らの故郷なんだ」。

自分の国で生まれなかったことが、本当はそれほど大変なことであってはならないと思う。自分の国の言葉を習い、歴史を知り、頭で知識として学ぶ以前に、感情でその国の事を理解する、日常の中で当たり前のように習得できるはずのことが、できない、だから学校が必要なんだ。

子どもたちに、自分の国や学校は、差別され、軽蔑され、除外されても当然な場所では、けっしてないということ、それだけを伝えたい、そしてきっと子どもたちはそれを知っていると思う。だってウリハッキョ

火曜日行動で歌のアピールをする大阪朝鮮高級学校の生徒たち（大阪府庁前）

が育てた子どもたちだから。

＊　＊　＊

高校無償化という制度は「全ての子どもたちが、よりよい環境で学ぶため」に始まった制度だと思っています。

あの日、裁判所の証言台で私が訴えたかったことは、お金の話ではなく、その「全ての子どもたち」から除外されたことが、朝鮮学校に通う子どもたち、在日朝鮮人社会に与えた、けっして消えることのない傷の深さでした。

その痛みを知るからこそ、他の誰かが同じような境遇で苦悩するときに、共に悩み、怒り、闘うことを知る、朝鮮学校が育てた子どもたちの素晴らしさでした。

そして何よりも、在日朝鮮人にとって朝鮮学校という場所が、自分を朝鮮人として育ててくれる唯一の場所であり、自分に国や、民族や、同じ言葉を話す友人を与えてくれる、心のよりどころであること、朝鮮学校が、ただの学校以上の意味をもつ場所だということでした。

あれから12年という時が経ち、裁判からも6年が経ちました。

闘いはいまだ終わらず、にもかかわらず、あの証言台に立った日のことさえも日々記憶からこぼれ落ちていくようで、時々ハッとすることがあります。

背筋を伸ばして、この問題に向き合おうとする時、変わらないどころかさらに強くなる向かい風に背を向けたくもなるけれど、あの日々に出会った教え子たちと、これから出会うだろうウリハッキョ卒業生たちと共に歩んでいく道が、少しでも明るく楽しいものとなるように、学びを止めず、前に進んでいきたいです。

その道の中で、ウリハッキョだけではなく、「全ての子どもたち」の明日を照らす灯のひとつとなれるよう、ウリハッキョに育てられた子どもの一人として、今日より明るい明日を信じることのできる強さを持ち続けていこうと思います。

「大義」そして「使命」

東芝ブレイブルーパス東京（大阪朝鮮高級学校第57期卒業生）
金寛泰（キム・グァンテ）

今でも鮮明に記憶している。

2010年3月12日。

当時大阪府知事であった、橋下徹氏が朝鮮学校への視察を名目に大阪朝鮮高級学校を訪れた。朝鮮学校への高校無償化の除外、自治体からの補助金の停止が議論されていた最中の視察だった。

一通り授業や学校施設の視察を終え、グラウンドに訪れた橋下氏に私はラグビー部主将として記念のラグビーボールを手渡し、満面の笑みで激励を受けた。私たちのありのままの、日本学校に通う学生と何ら変わらない日常を見てもらうことで、理解を得られるはずだ。当時の私たちはそう信じて疑わなかった。

しかし、その夜ニュース番組で放送されたのは朝鮮学校への高校無償化の除外と自治体からの補助金も停止するといった内容だった。放送を見た瞬間は怒りや憤り、行き場のない悲しい気持ちが溢れたことを覚え

第 90 回全国高校ラグビー大会 3 回戦、対尾道戦（2011 年 1 月 1 日、近鉄花園ラグビー場）

ている。

　翌日、呉英吉《オヨンギル》監督がラグビー部員に向けた言葉を私は鮮明に記憶している。

「来年の花園で優勝して橋下知事のもとへ優勝を報告しに行こう。大阪代表として堂々と戦う姿を見てもらおう。スポーツには社会を変える力がある。ピンチはチャンスだ」。

　スポーツには社会を変える力がある。その言葉は弱冠18歳の私たちの心に真っすぐに突き刺さった。

　前年度の全国大会にてベスト4の成績を残したことから、1月の新チーム始動当初より目標は全国制覇であった。しかし、この日を境に単なる全国制覇ではなく、在日同胞、さらには未来の子どもたちのためにも成し遂げなくてはならないものとなった。果たさなければならない「大義」ができた瞬間であった。

　それからというもの、毎日の練習は今まで以上に激しく濃密で充実したものとなった。それと同時に練習後には在校生、先生たちがいくつかのグループに分かれ、方々の駅へ向かい朝鮮学校への高校無償化の適用を求める署名活動を週に1、2度行った。

在校生は部活後ということで身体は疲れ切っており、お腹も空腹状態。そんな状態でも署名活動に参加するにあたって、不平不満を漏らす在校生は一人もいなかった。当事者としてこの難題と向き合う覚悟が全員にあったのだと思う。

部活動に署名活動、もちろん学業にも精を出す毎日は目まぐるしく過ぎていった。

そして大阪朝高ラグビー部は激戦区である大阪予選を勝ち抜き、全国大会（通称花園）へと駒を進め2回戦、3回戦を勝ち進んだ（1回戦はシード）。そんな全国大会期間中、鮮明に記憶している横断幕がある。それは準々決勝で対戦した流通経済大学付属柏高校戦の直後に目に飛び込んできた。

そこには「叶えよう。60万同胞の願い（当時日本には約60万人の在日コリアンが居住しているとされていたことから60万同胞と記されていた）」と記してあった。その横断幕を目にした瞬間に胸が熱くなり、同時に目頭が熱くなった。

60万在日同胞のため、未来の子どもたちのため。改めて自分たちの「大義」が何であるかを再確認し、とても力が沸いた。

あと2勝すれば全国制覇だった。しかし大阪朝高は次戦の準決勝で桐蔭学園に敗れ、全国制覇による「大義」を果たせなかった。高校を卒業し10年が経った今も、もし全国制覇を達成していたのであれば朝鮮学校へ対する無償化と補助金の問題に少しは良い影響を与えられたのではないか、と、ふと考える日がある。

第 90 回全国高校ラグビー大会で掲げられた「叶えよう！60 万同胞の願い 」の横断幕（2011 年 1 月 3 日、近鉄花園ラグビー場）

そんな中、第１００回全国高校ラグビーフットボール大会にて、大阪朝高ラグビー部がベスト４の好成績を残した。私たちの代以来10年ぶりのベスト４。成績はもちろんだが、私はそんな彼らのスローガンに感銘を受けた。

そのスローガンは「使命」。

高校生にはあまりにも重く責任の伴う言葉である。彼らは自分たちのラグビーを、花園で活躍する姿を見てもらうことで、朝高でラグビーをしたいと思う子を増やさないといけない、全国制覇をすることが自分たちの使命だと。学生たちが考え議論しスローガンに掲げたのだ。

ここまで覚悟をもって「使命」を掲げた後輩たちに対して心から敬意を表したいし、誇らしく思う。しかしそれと同時に、今の学生たちにも当時の私たちと同じ思いをさせてしまっている事を本当に申し訳なく思う。

大阪朝高は生徒数も減り続け、私たちの代には１学年１５０人いた同級生は現在70人に満たない。そして朝鮮学校への高校無償化の除外と補助金の停止は今も続いている。少子化だけでなく、高校無償化の除外と補助金の停止が生徒の減少に大きく影響している厳しい現実がある。

朝鮮学校に通う子どもたちは決して反日などではないし、反日教育など一切していない。ただ純粋に自分たちの持つルーツを知り、母国語を、歴史を学び、自分たちのアイデンティティーとは何かについて自ら考え主体的に行動をしている。

10年前私たちが「大義」を持ち、昨年の高校3年生が「使命」を胸に戦った。学生自らが考え、その時々の状況を見極め、最適解を見出し主体的に行動した証だ。

子どもたちの学びの場所を奪うようなことはいかなる理由があっても許されることではない。だからこの不条理と10年間戦い、今もなお戦い続けている。

だから皆ハングリー精神は人一倍強い。

現在私は、ジャパンラグビーリーグワン所属（日本ラグビー最高峰リーグ）の東芝ブレイブルーパス東京にてプレーを続けている。私以外に同じリーグでプレーする同級生は4人もいる。医師や公認会計士、経営者となった同級生もいる。その他にもサッカー選手、看護師や一流企業に勤めている同級生、朝鮮学校の先生として堂々と教壇に立っている同級生がいる。

１５０人程度しかいない同級生だが皆立派に社会で活躍している。そんな同級生と会うたびに皆口々にする言葉がある。朝鮮学校での学びがあったから、互いに刺激しあえる最高の友と出会えたから今の自分がある。自分たちが活躍することによって朝鮮学校、在日社会に少しでもいい影響を与えることがモチベーショ

第 90 回全国高校ラグビー大会準々決勝、対流経大柏戦（2011 年 1 月 3 日、近鉄花園ラグビー場）

ンのひとつになっている、と。

私自身、切に思っていることがある。

それはスポーツを通じて社会を変えるだけでなく、スポーツを通じて社会を繋げたい。スポーツをきっかけにしがらみや固定概念を打破し、互いに繋がる社会を創造できたのならどれだけ素晴らしいことか。

スポーツが社会を繋げた一つの例として、2019年に日本で開催されたラグビーW杯にて優勝を果たした南アフリカ代表について少し書き記したい。1948年から1994年までの間、南アフリカではアパルトヘイトと言われる人種隔離政策が取られていた。許しがたい黒人差別だ。アパルトヘイトが廃止された以降も差別や対立は続いた。その最中、初の黒人大統領であるネルソン・マンデラ政権時代にラグビー南アフリカ代表は自国開催の95年W杯で優勝を果たす。当時、英国から輸入されたラグビーは同国にとって白人のスポーツの象徴であったが、優勝を転機に「アパルトヘイトの象徴」から「人種融和の象徴」となった。そして２０１９年Ｗ杯。同国ラグビー代表１３０年の歴史の中で初の黒人主将が率いたチームは見事に優勝を果たす。異なるバックグラウンド、異なる人種が集まったチームが一つの共通目標を持ち精いっぱい戦い、協力し合い、目標を達成した。そして虹の国の国民を一つにした（南アフリカは多人種社会で、多様な文化が共生しているため虹の国と呼ばれている）。

これは一つの例に過ぎないが、私はスポーツには社会を繋げる力があると信じている。そのためにも、朝鮮学校出身者として堂々と、現役選手として最前線で活躍することにより、朝鮮学校や在日コリアンに対する印象や厳しい現状を少しでも変え、社会と共生できる道を切り拓くことが自身の「大義」であり「使命」だと考えている。

これからの未来の子どもたちのためにも。

権利闘争オモニ会の活動――2019国連活動報告

2018年度大阪朝鮮高級学校オモニ会会長
洪貞淑（ホン・ジョンスク）

私は2019年、朝鮮学校学生・オモニ代表団の一員してスイス・ジュネーブで行われた「子どもの権利条約」対日本審査に参加しました。

なぜ、今回代表団を国連へ送ったのか？

日本では2010年から高校無償化制度が開始されましたが、拉致問題や朝鮮総聯との関係性を理由に除外。そのため、この9年間は戦いの毎日でした。国連に当事者の声でこの「不当な差別」を訴え、高校無償化実現への突破口をひらくため、無償化裁判をしている東京、愛知、大阪、広島、九州の代表が国連へと向かいました。

2004年、2010年、2013年に続き4度目の代表団派遣でした。代表団を送るにあたり、全国の同胞そして朝鮮学校を支援してくださる日本の方々の募金が458万円集まりました。

国連子どもの権利委員会への朝鮮学校学生・オモニ代表団要請活動（2019年1月16～17日、ジュネーブ・国連人権高等弁務官事務所）

【今回の子ども権利条約対日本審査】
・スイス・ジュネーブの国連高等弁務官事務所にて開催
・委員は18名
・締約国は5年に一度条約遵守状況の報告義務
・日本は２０１０年以降９年ぶりの審査

私たちはロビー活動を通して日本での朝鮮学校の現状を訴えるべく国連に行きましたが、ロビー活動がままならない状況の中、南アフリカのスケルトン委員とお話する事ができました。

「私たちは日本からきました。私たちは在日朝鮮人です。私たちの子どもは高校無償化制度から政治的な理由により除外され8年が過ぎました。そのため、子どもたちは傷つき勉学とともに権利獲得のために戦っています。どうか私たちに協力して下さい」。この言葉をスケルトン委員は私の目をじっと見ながら、一言一句頷きながら聞いてくださいました。そして、持参した資料、資料映像も見ていただ

スケルトン委員（南アフリカ）に朝鮮学校の現状を訴える筆者

く事ができました。

資料映像を見た後「そうね……差別ね……」「あなたたちの事はよく知っています。過去に何度も勧告が出ています。今回も審議される事でしょう」とおっしゃいました。

その後、議長にもロビー活動を試みましたが、公正な立場から資料は受け取れないと断られました。しかし、チマチョゴリで活動する姿に心を動かされたのか、「高校無償化の事はすでに知っています。資料等があれば各委員に渡します」と資料を受け取ってくださいました。

審査は16日午後1時からの3時間、17日午前10時からの3時間の計6時間。

18人の委員と日本政府側の質疑応答形式。NGOは傍聴のみ、発言権はなし。

開始前に審査委員会会場入り口のテーブルにも資料を設置。

そしていよいよ審査開始時間。ひとがとても多く席が足りない中、日本政府代表団の隣の席へ。

審査は福島原発事故後の子どもたちの状況、いじめ対策、体罰、児童虐待、婚外子差別、児童に対する性的搾取問題など様々な問題が取り上げられる中、教育に関する内容に入りラスト10分のところでロビーで話したスケルトン委員からの質問がありました。

「2013年に社会権規約委員会が、高校無償化制度を朝鮮学校に通う子どもたちにも拡大する事によって教育に関する差別に対処するよう求めているが、他の人権条約委員会からの勧告に対処するため、どのような策が施されたのか」。この質問を最後に1日目は終了となり日本政府代表団の答弁は次の日にくりこされました。

2日目は日本政府代表団の回答から始まりました。

日本政府はまず「昨日のスケルトン委員からの朝鮮学校、北朝鮮学校の無償化除外についての質問に対する答え」と、なぜか朝鮮学校、北朝鮮学校と言い直した事に私たちは怒りでいっぱいになりました。

文部科学省の回答は「無償化制度は対象となる生徒を日本国籍に限定していない。日本国内に在住している朝鮮籍を含めた外国籍の生徒も含まれている。支援の内容も日本国籍の生徒と全く同じ内容である。外国人学校に生徒が通う場合であっても、法令を定める要件を満たしていれば支給対象となる。朝鮮学校については当時の法令によって定められた審査基準に適合すると認めるに至らなかったため、無償化支給対象の指定にならなかった。あくまで法令に沿って判断したものであって、朝鮮学校に通う生徒達の国籍によって差別したものではない。今後、朝鮮学校が法令で定める要件を満たせば支給対象となる」。

この筋違いの抗弁に終始した日本政府の回答に憤りを感じながら、最後まで情報提供を尽くしました。休憩中にスケルトン委員を訪ね、法令の基準に満たないのではなく、審理中に法令を変えたんだと訴えました。

残念ながらその後朝鮮学校について質問はなく、審査は終了となりましたが、議長とノルウェーのサンドバーグ委員が私たちと話す時間を作ってくださいました。

また、日本のNGOへのアプローチ、私たちを応援するためジュネーブまで来てくださった海外同胞らとの連帯で、無償化実現への力をいただきました。

9年ぶりの子どもの権利条約日本審査であったにもかかわらず、日本では開催そのものがほとんど報じられない中、NHKウィーン支局の取材を受け、「NHK　NEWS　WEB」では報じられました。

子どもの権利委員会では2月1日まで対象国への厳正な審査が行われ、2月7日に「勧告」を含む「総括所見」が発表され、活動の結果新たな勧告が日本政府に突きつけられました。


子どもの権利委員会による日本政府への総括所見（抜粋）パラグラフ39

（C）「[高校]授業料無償化制度」の朝鮮学校への適用を促進するために基準を見直すとともに、大学・短期大学入試へのアクセスに関して差別が行われないことを確保すること。

2010、2013、2014、2018年に続き今回5回目の勧告となりました。この勧告を武器に文科省や自治体、議員への要請、日本社会、同胞社会へ積極的に世論を喚起し必ずや朝鮮学校に通う子どもたちにも高校無償化制度が適用されるよう戦い続けましょう。

世界から見れば明らかな差別です。母国の言葉、文化、歴史は朝鮮学校でしか学べません。日本で生まれ育ち義務は果たしているが権利がないこの状況を一刻も早く打開しましょう。

승리의 그날까지 포기하지 말고 단념하지 말고 끝까지 싸워 이기자!!
（勝利のその日まで、放棄せず、断念せず、最後まで闘い、勝とう!!）

10年間の権利闘争を通じて学び感じた事

２０１６年度大阪朝鮮高級学校オモニ会会長
沈美福（シム・ミボク）

２０１０年、長男が大阪朝鮮高級学校入学時に「無償化」から除外されました。

当時、大阪府の橋下知事が大阪朝鮮高級学校を訪問し生徒たちの姿をみながら、子どもたちが民族の言葉や文化を学ぶ事は素晴らしい、スポーツでも日本社会で活躍していると朝鮮学校を高く評価しました。

それなのに手を翻したように、記者会見で朝鮮学校がいわゆる北朝鮮の影響下にある、そんな学校へ補助金を支給出来ないと言い、大阪府と市の補助金を完全に打ち切ってしまいました。

朝鮮学校の運営はその後非常に厳しい状況に置かれ、朝鮮学校を攻撃するようなマスコミの一方的な悪宣伝の中、私たち保護者と子どもたちは大きな打撃と不安を抱きました。

朝鮮学校はマスコミで騒がれているような学校ではありません！

子どもたちは本当に毎日いきいき学校生活を送っています。朝鮮学校の教育が、保護者として何ら差別を

文部科学省への要請行動でアピールする筆者（2015 年 2 月 20 日）

受けるところはないと胸を張って言えます。

厳しい情勢の中でも子どもたちは卑屈になることなく、コリアンである自分を誇りに思い、仲間との絆を深め、いつも自分たちの為に闘ってくれている大人達の背中を見ながら人を思いやり、人のために行動できる人間に育っています。

私たちは違いを受け入れることで、より豊かな社会を作れると信じています。そんな社会づくりにおいて朝鮮学校の日本での役割はとても大きいと思います。

異国日本の地で私たちがなぜ朝鮮学校に我が子を送るのか、それは子どもたちが母国語と民族文化を学び日本でも立派な朝鮮人として誇りを持って堂々と歩んでほしいと願っているからです。「無償化」、補助金支給はもちろん、民族的アイデンティティを育てる教育が当たり前に保障されるような施策を、外国人が多く住む大阪が先頭に立っておし進めるべきだと私は思います！

私はこの10年、民族教育の権利闘争で学んだ事が沢山あります。

街宣行動でアピールする筆者（右、2016年11月10日、大阪・ヨドバシカメラ梅田前）

自分の問題なのに無関心で無知であった。この状況を打開するにはまずは、自分が知り、自分が行動に移さないとダメなんだと思い実行していきました。

私は火曜日行動に参加、「無償化」、補助金裁判に参加、あらゆる集会や勉強会に参加、ある時は無償化連絡会の藤永先生たちと文科省要請に行って金曜行動に参加したり、大阪府オモニ連絡会の代表でオモニたちと国会議員に対する要請にいかせていただいたりすることにより、その時の現状を知ることができました。

そして次はオモニ会などで共に活動している仲間たちへの呼びかけ、動員などに力を注ぎました。いろんな事がありましたが、そういう活動の中で大勢の仲間に出会い、多くの日本の方達と繋がったことが今となっては私の大きな財産になっています。

大阪は人情の街です。それに外国人が多く住む都市です。差別はいけない、すべての子どもたちに平等に学ぶ権利があるのだと、最後の最後まで諦めずに訴え続けます！

つないだ手を離さなければ勝利する

朝鮮高級学校無償化を求める連絡会・大阪事務局長
長崎由美子（ながさき・ゆみこ）

朝鮮学校が無償化から排除され、大阪では府市の補助金を打ち切られもう10年の歳月が過ぎようとしている。残念ながら高校無償化裁判は全国5か所で訴訟をしたが、大阪地裁の勝訴を除きすべて不当敗訴が下され、最高裁で棄却されてしまった。

しかしこの司法が憲法の番人の役割を捨て去り、行政の差別に加担する判決を出した事は、我々に大きな怒りと悔しさを生んだが、朝鮮学校を守り抜く闘いはより一層強くなった。

この10年にわたる大阪における朝鮮学校無償化をめぐる闘いと、今後の展望を述べたいと思う。

朝鮮学校高校無償化を求める連絡会・大阪は、弁護団、朝鮮学園、日本人支援者の3者で構成され、2012年3月1日に結成された。弁護団には丹羽雅雄弁護団長を筆頭に朝鮮学校出身である若手弁護士らが参加した。朝鮮学園からは理事長、教育部、そして保護者であるオモニ、アボジが、そして日本人支援者

生野オモニ連絡会の集会でアピールする筆者（2017年3月2日、大阪第四朝鮮初級学校）

として大阪の朝鮮学校支援団体と、大学教員が参加をした。この三者で50回を越える学習会を開催し協力したことが大きな力となった。

大阪の朝鮮学校を支える会は、大阪市内では、私が代表を務めるチョソンハッキョを楽しく支える生野の会が２００２年に始まり、南大阪、北大阪、中大阪、城北の各ハッキョで支える会が作られ、互いに交流し連携するネットワークが出来ていた。それまでも大阪府への補助金交渉などに共同で参加し、各学校の公開授業や、秋祭り、納涼会などを互いに訪問し、交流をしてきた。支える会のメンバーが日頃から、教育問題や、平和の問題などでも活動しており、日常的に信頼関係を作っていたことが、この自治体の補助金停止と国からの高校無償化排除という大きな危機に、すぐに一丸となって立ち向かう力となった。

弁護団の団長丹羽雅雄弁護士は、大阪で様々な戦後補償裁判を担い闘ってきた筋金入りの人権派弁護士である。朝鮮学校裁判の皮切りであった大阪朝鮮高級学校運動場立ち退き裁判では丹羽弁護士が団長となり、今は中堅となった金英哲弁護士が朝鮮学校出身の若手弁護士としてデビューした。運動場裁判は裁判官より民族教育が今後も続くようにとの良心的和解がされた。そしてこの大阪での弁護団には、多くの朝鮮学校出身の弁護士が参加し当事者としてこの差別の不当性と、民族教育の正当性を訴えた事は大きな力であり、全国の弁護団の中でも突出している。日本人の弁護士と互いに切磋琢磨しながら裁判書面を作り上げてきた。

支援者の中でも共同代表である大学教員のメンバーは、得意分野である歴史教育から裁判を支える書面やアンケートに取り組み、大学教育ネットワークを呼びかけた。

当事者である朝鮮学園では、教員、オモニ会、女性同盟、保護者が、毎回の裁判の傍聴をよびかけ、大法廷をいつも埋め尽くし、裁判を支えるカンパの物品販売などに取り組んだ。

この3者がバラバラではなく、お互いに顔が見え、どんな課題を抱えながら互いに頑張っているかを知り尊重しあう事ができたのが大阪の強さだと思う。

また大阪の闘いの強さを支えたのが、毎週火曜日に大阪府庁前で正午に行う火曜日行動である。２０１２年4月17日から始まり２０２１年12月末で４５３回を迎える。当初日本人として目に見える継続的な行動が必要だと始めた。会を追うごとに参加者が増え、出会いと交流の場となってきた。毎回40名近く、多い時は学校の生徒などで１００人を越える。マイクを色々な人に渡して一言ずつ話してもらう。沖縄の基地問題に取り組んできた人、ヘイトスピーチのカウンターをしていた人、そして当事者としてわが子を差別されている保護者など、本当に様々な人たちが参加をする。

火曜日行動の一コマ（2018 年 5 月 22 日、大阪府庁前）

在日の保護者から、よくなぜ日本人なのに朝鮮学校支援をするのか尋ねられた。私の朝鮮学校支援の原点は生野区での保育園時代の民族保育にさかのぼる。在園児童の7割が在日の保育園で初めて民族保育に取り組んだ時に、本名を名乗る在日の保育士に「先生も朝鮮人なん？　私も朝鮮人やで」と嬉しそうに話す子がいた。自分のルーツをありのままに認められることは、豊かな人間性を持つためにかけがえのないものだと実感した。民族保育ではクラス名を朝鮮名と日本名にし（サラン、愛など）、挨拶にアンニョンハセヨ、モッケスムニダ、給食にビビンバやトック、保育士たちで、サムルノリをし、プチェチュムを踊った。目を輝かせて観る子どもたちと保護者に励まされた。

　私の息子は在日の友人が差別から日本名の通名と本名の二つを持つことを、二つも名前がありカッコイイと言い、自分の朝鮮名を「リヨンホ」と名乗っていた。違いを差別ではなく豊かさとしてとらえていたのだ。日本に朝鮮学校があり在日朝鮮人として誇りを持ち生きる人間を育てていることは、日本社会にとり大きな宝なのだ。

最後に大阪での勝訴と今後の展望について述べたい。大阪での勝訴は今も胸の高鳴りとともに思い出される。法廷での勝訴判決が出た瞬間、法廷全体がどよめくような歓喜の声で溢れた。勝訴の旗に号泣しながら抱き合う仲間同士と晴れやかな笑顔のチマチョゴリの学生たち、民族教育の正当性と、文科大臣の不当な教育介入を断罪した歴史的判決だった。5年間の火曜日行動、つねに大法廷をいっぱいにした裁判傍聴、朝鮮学校イメージアップ作戦として工夫を凝らした裁判闘争、これらが一体となった勝利であった。最高裁で棄却されてもこの勝訴の価値は不変である。朝鮮学校をめぐる今後の闘いは、朝鮮学校差別廃止と、ネットワーク作りにある。裁判は終結したが、国や地方自治体からの補助金復活や幼児教育無償化適用を求める闘いと、大きな課題である財政支援をネットワークで作る事である。各地の朝鮮学校がクラウドファンディングに取り組み成果をあげている。オンライン学習会などで各地の取り組みに学び、全国と力を合わせ、韓国からの支援も力に頑張って行きたい。

日本人の責任として

城北ハッキョを支える会代表
大村和子（おおむら・かずこ）

提訴から4年6か月、大阪地裁に350人もの傍聴希望者が駆けつけた2017年7月28日、高校無償化裁判の全面勝訴の判決に、傍聴席に喜びの声が上がり、最前列で息を詰めるようにして判決を待っていたチマチョゴリ姿の朝高生たちの、肩を震わせ、涙で手を握り合い、抱き合う様子が今もありありと目に浮かぶ。法廷から駆け出てきた若い弁護士の掲げる「勝訴」「行政の差別を司法が糾す」の旗に、待ち受けていた多くの人々は涙と笑顔と抱擁で喜び合った。当夜の「報告集会」での朝高生の「『朝鮮人として生きてゆくとはこんなにも難しいものなのか』と思うこの社会で『私たちの存在が認められた』『差別のない平等な世の中を求めてゆく』」の言葉を、これからより確かなものにするよう努力しなければと痛感するとともに、それまでの闘いの日々が思い起こされた。

45年前、枚方で同和教育研究会の中に「在日朝鮮人教育」部会を設け、取り組みを始めた。朝鮮人の集住地域はなく、在日の児童生徒の在籍数は少なく、枚方の小中学校では当時民族名を名乗って通学している子どもは皆無であった。教員の学習会、保護者の集い、サマースクール等の催しに取り組む中で、城北朝鮮初級学校を訪問する機会が増えた。本名を名乗り、朝鮮の言葉、歴史、文化を学び、朝鮮人としてのアイデンティティを確かなものにしていく子どもたちの誇らしげな様子を思いながら、同時に施設、設備について日本の学校との格差の大きさを思わずにはいられなかった。

子どもには負担になる程の通学距離を、保護者にとっては安くない学費等の経済的負担を乗り越えて通学するのは、ここに求める教育が行われているからだと確信する。

実際に朝鮮学校を訪れることによって、朝鮮学校の置かれている状況がわかってくる。日本社会が朝鮮学校をどのように遇しているかが見えてくる。日本と朝鮮の関係の歴史が見えてくる。戦後責任をとらず、歴史清算を拒否し続けてきた政府の朝鮮民主主義人民共和国に対する敵視政策、それに追従してしまっている日本人の姿が見える。

朝鮮学校は日本の在り方、日本人の在り方を写す鏡の一つである。

そこで2009年秋、朝鮮学校が置かれている状況や民族教育についてできるだけ多くの日本人に知ってもらい、支援する人々の輪を広げていくことを目的として「城北ハッキョを支える会」を立ち上げた。その後、大阪府内の朝鮮学校を支援する会（アプロハムケ・ネットワーク）と共に活動に取り組んできた。

2010年、政府の朝鮮高校に対する高校無償化の対象から除外しようとする動き、そして大阪の橋下知事がこのような政府の動きに連動して、民族差別発言を繰り返し、補助金支給の見直しを打ち出したことに対応し、３回の緊急集会を開いた。

３月４日には、４月１日からの朝鮮学校の「無償化」実施を要求して多くの日本人と朝鮮人が参加した。クラブ活動を終えた朝高生、杖を突いたハルモニ、ハラボジの姿も見受けられた。６月18日は、日本人の責任としてこの問題を解決していこうという思いに溢れた集会となり、参加者は１０００人近くであった。大雨でデモは中止となったが、３００人を超える有志が土砂降りの夜の通りをデモ行進した。12月14日は、来年度予算の概算要求の時期を控えての切実な集会となった。

この間、オモニ会と共に、文科省へ、地元選出の国会議員へ、大阪府・大阪市への要請行動、駅前街頭宣伝活動、チラシ配布、署名活動等行った。「補助金」を支給する代わりに四要件を押し付ける府の不当性を批判し、既定の「補助金」支出を要求する要望書と署名を提出し、各地域の支える会、学校、保護者でいくつかのチームを作り、波状的に府に請願にも行った。しかし、知事との面会はできず、府の担当職員との話し合いばかりで、いつも最後には「知事がお願いした四要件についてのお答えを待つ」という答えが用意されていた。

２０１１年３月19日に予定していた「近畿緊急集会」は、東日本大震災が起こり延期となり、６月23日「即刻、朝鮮高校に〈無償化〉を！　６・23近畿集会」を開き、近畿各地から９００人の参加者があった。

政府は「４月時点では対象外」、「専門家会議で検討する」、「朝鮮半島西岸での軍事衝突を理由に無償化適用のプロセスの停止」等、「外交を配慮しない」という表明を何度も覆し、東北大震災を理由に「本年度中の適用はない」と表明した。そして２０１２年12月、第２次安倍政権に移行するや、初仕事として朝鮮高校の無償化除外を断行した。

火曜日行動でアピールする筆者（2018年6月28日、大阪府庁前）

２０１２年３月１日、無償化裁判、補助金裁判の司法闘争、朝鮮学校支援を目的として「朝鮮高級学校無償化を求める連絡会・大阪」が結成された。「当事者（朝鮮学園）からはお金は一切もらわない。日本社会の、日本人の責任として、支援団体を作り、裁判費用を捻出する。基金を発足し、朝鮮学園に渡す」と言う丹羽雅雄弁護団長の決意を聞き心が震えた。すぐさま事務局に加わり会計担当を引き受けた。

６月には「大阪朝鮮学園支援府民基金」（ホンギルドン基金）が設立された。

大阪における朝鮮学園関係者、弁護団、支援者による三位一体闘争が始まった。世論の喚起、学校支援、訴訟費用の捻出を目的として様々な催し（コンサート、集会、街頭行動等）を企画して取り組んだ。４月17日から、より多くの府民市民に朝鮮学校の現状に関心を持ってもらおうと「火曜日行動」がスタートされた。

10年にわたった高校無償化裁判は、最高裁はいずれの上

大阪・城北地区の集会で発言する故大村淳城北ハッキョを支える会前会長（2017年3月7日、城北朝鮮初級学校）

告も棄却、朝鮮学校側の敗訴に終わったが、大阪地裁での歴史的な勝訴判決は大変価値あるものだ。この勝利を基に、子どもたちに差別のない公的支援と日本社会を手渡せる日まで、諦めないでこれからも活動を続けていきたい。

「僕らはチョソンサラムやからウリハッキョへ通うのは当たり前やん」「オモニもアボジも大変やけど頑張ってな」。城北ハッキョに最も遠くから通学する少年の言葉だ。

民族教育を受けることで生まれた自信と誇りの現れであり、苦労を厭わず、ハッキョで学ばせてくれているオモニとアボジへの感謝が込められている。少年の「民族教育を受ける権利」は今益々踏みにじられてきている。この社会に生きる全ての子どもたちの教育を受ける権利、尊厳が平等に守られる未来を切り開くため、努力を続けたい。

法廷闘争の中で得た「つながり」

大阪朝鮮学園総務部長
林　学（リム・ハク）

＊本稿は２０２２年９月に脱稿したものです。２０２３年４月、筆者は大阪朝鮮学園総務部長に復帰されました。

今、私は創立75周年を迎えた母校・東大阪朝鮮初級学校の教壇に立っています。久しく遠ざかっていた教育現場に戻り早３年が過ぎようとしている今も、私には忘れられない夏があります。

２０１７年７月28日。

４年４か月にも及ぶ法廷闘争を経て大阪朝鮮学園が高校無償化裁判の一審で歴史的勝訴判決を勝ち取った日です。あの照りつける真夏の太陽と熱気に包まれた一日の出来事を今もまぶたの裏側で思いおこす時、沸き起こった歓喜の叫びが耳に響いてくるように感じます。裁判所に傍聴席の数倍も詰めかけ、法廷には入りきれずに前庭で判決を待つ学校関係者や生徒、同胞、保護者とともに多く駆けつけてくれた日本の支援者たち。勝訴の吉報に触れるよりも先に私たち朝鮮学園関係者たちの胸を熱くしたのは、朝鮮学校の子どもたちを我が子のように慈しみ、必死に守ろうとする人々の姿でした。子どもたちの「等しく学ぶ権利」を勝ち取るために闘った日々は、国による官製差別が司法によって糾されたことと同じくらいに大事なものを我々にもたらしてくれたのでした。

当時私は大阪朝鮮学園総務部長の肩書きで三つの裁判に従事しておりました。「中大阪朝鮮初級学校土地明け渡し裁判」「大阪府市補助金裁判」そして全国5か所で展開された「高校無償化裁判」です。２０１２年から始まったこれらの裁判で私たちは一貫して、朝鮮学校の子どもたちの「平等に学ぶ権利」を訴え続けました。ありとあらゆる手を尽くし、あらん限りの力を結集して、私たち在日韓国・朝鮮人たちが親しみを持って「ウリハッキョ」と呼ぶ子どもたちの学び舎を守るために闘い続けました。

どうすればありのままの朝鮮学校の姿、子どもたちの姿を裁判官に見てもらえるだろう？　常にそれを弁護団と「無償化連絡会」、学園関係者たちが三位一体となって知恵を絞り考え続けながら裁判を闘いました。生徒や卒業生、先生が法廷に出向き平等に学ぶ権利を直接訴えた証人尋問もありました。そんな中でもひときわ鮮明に記憶しているのが朝鮮学校保護者たちへの「アンケート調査」です。「朝鮮学校に子どもを通わせている親御さんたちの思いを直接法廷に届けよう」という弁護団の申し出をきっかけに始まったこの企画の最終目標は、大阪市立大学（現大阪公立大学）の伊地知紀子教授に鑑定意見書を書いてもらい、法廷に証拠として提出することでした（伊地知紀子鑑定書の要約は本書に収録）。私はその意義と効果がとても大きいものになると思いました。と同時に、とても困難な仕事になると感じました。そしてその予感は的中しました。

先ず、アンケートの質問内容を設定することが苦労の連続でした。統計学の専門家でもなければこれほど大規模な調査を行なった経験もない私を救ってくださったのは伊地知先生でした。先生は些細なことを聞きに何度も大学を訪ねた私を疎むこともなく歓待してくださり、丁寧に質問事項をご教授くださいました。そのおかげで無事にアンケート調査票を作り上げることができたのでした。しかし問題は続きました。出来上がったアンケート調査票と、協力を求めるチラシも作り、校長会議に出向いてこのアンケートの意義を説いて協力を強く求めるまではよかったものの、肝心の回収率が思うように上がらなかったのです。それでもあきらめず、各学校の行政実務を担う教務主任たちの会議にも出向き、毎日督促を繰り返すことでついに８００近い家庭、実に89・７％の保護者たちの「心の声」を拾うことができたのでした。

アンケート調査を終え、ひと段落する間も無く、最大の難関が待ち受けていました。それは調査票の集計です。単純な二択や三択を出来るだけ避け、保護者たちの肉声を克明に取り上げようという意図からアンケート表には実にたくさんの「自由記述」欄が設けられていたのです（手軽さを欠くという理由で回収率がなかなか上がらなかったのもこのせいでした）。そこには、家庭を苦しめる様々なリスクと引き換えに、我が子に民族のアイデンティティを獲得させたいと願う親たちの切実な思いが綴られていました。たった一人で朝鮮学校保護者たちの「思い」を見える形にまとめ上げることは気の遠くなるような作業となりました。積まれた段ボール箱にぎっしり詰まった調査票、これらすべてが親御さんたちの悩みであり、喜びであり、信念だと思うと責任の重さも感じました。結局、この年の夏、すべての時間を費やして集計作業を終えることができました。

アンケート用紙の原本と、伊地知先生による鑑定意見書は無事法廷に提出されました。

大阪府・市補助金裁判控訴審判決報告集会でアピールするオモニたち（2018年3月20日、東成区民センター）

子どもたちの学校生活を映像にまとめ法廷で上映したこともあります。これも例によって丹羽弁護団長の発案でした。我々大阪朝鮮学園が大阪市から訴えられた「中大阪朝鮮初級学校土地明け渡し裁判」において、「子どもたちの『素顔』を見てもらういい方法はないか……」という問題提起から「リムさん、何か作ってよ」の無茶振りまで10分とかからなかったのを今も覚えています。当時「中大阪土地明け渡し裁判」は小法廷で行われる「当事者協議」だったので、さほど深刻に考えもせず安請け合いしてしまいました。

作成にあたっては連日、中大阪朝鮮初級学校に足を運び「素材選び」から行いました。中大阪朝鮮初級学校の教育内容が大阪市に認められ土地の無償貸与に至った経緯と、子どもたちの純朴な姿を少しでも知ってもらえれば。そんな思いでひたすら撮影し、編集画面に向かいました。

「よし！　これで完成！」。意気込んで「弁護団会議」にパソコンを持ち込み、画面を覗き込む弁護団メンバーたちの反応をおそるおそる窺います。腕組みする丹羽先生の硬い表情。案の定「ダメ出し」が下されます。「もっと子どもたちの生き生きとした姿が欲しい」。すぐさま撮影機材を持って中大阪の学校に飛んでゆく。そして次の会議。「子どもたちの様子はいい。しかし学校の歴史が見えない」。

丹羽先生の要求は高まるばかりです。結局、最終OKがもらえるまで7度ほど編集をし直しました。子どもたちにも「あ！　またあのアジョシだ」と顔を覚えられ、それが功を奏して彼らの自然な表情を撮影できるに至りました。

ともかく、やっと出来上がった「映像資料」を小法廷で再生した時は感無量でした。この映像資料の視聴が裁判官たちにどんな印象を与え、後に勝ち取った「勝利的和解」にどう結びついたのか私は知りません。それでもやり遂げた満足感はひとしおでした。

しかし、これが災難の始まりでした。同時進行していた「高校無償化裁判」「大阪府・大阪市補助金裁判」でも法廷で映像資料を流そうという恐ろしい流れになりました。もちろん丹羽先生の鶴の一声で。「リムさん、あれ良かったよねえ。こっちの裁判でもやろうよ」。残酷な宣告。

それからまた眠れない夜が続きました。伝えたい内容が違うので、撮影も編集も一からやり直しました。高校無償化裁判編では、日頃の授業はもちろんラグビーの試合にも足しげく通い、堺東高校との交流会にもお邪魔しました。朝高生たちが活動するありとあらゆる場に赴き、一心にビデオを回しました。「補助金」裁判編では、補助金の対象となる大阪府内全ての朝鮮学校をフィルムに収めました。全校に依頼して子どもたちの生き生きとした日常を撮影してもらいました。映像の素材を回収し、帰ってくると夜は編集作業です。

つなげては切り、並べ替えてはつなぐといった作業を延々と繰り返しました。動画ファイルはとてつもないデータ容量となってパソコンに悲鳴を上げさせました。度々起こるフリーズ。次の弁護団会議に間に合わせるため、幾度となく夜を徹しました。

でも、そんな大変な作業も辛くはありませんでした。なぜなら、自分が担任した教え子たちがたくましく成長して朝高生となり活躍する姿を、いくつもいくつも観られたからです。モニターに映し出された彼らの姿は、この裁判が正しいことを繰り返し私に教えてくれました。

ようやく映像がまとまると、次はナレーションの録音です。朝高で日本語を教える若手の先生に頼み込んで、ナレーターを務めていただきました。原稿を書きあげるのも大変な作業でした。できるだけ恣意的にならず客観的に朝鮮学校を語ろう。子どもたちの日常を自然な目線でなぞりながらも説得力を持たせよう。ナレーターの先生と相談しながら何度も何度も録り直しました。

ようやく完成を迎えたパイロット版は、全国弁護団会議の場でお披露目しました。大阪弁護士会館の大会議室にスクリーンを設置し、プロジェクターから投影される映像。それを見守る全国の同志たち。視聴後、様々な意見が交わされました。肯定的な意見が大半でしたが、その中にギョッとさせられた発言もありました。「少しエモーショナルな感じが強い。もっと淡々と朝鮮学校の教育内容と子どもたちの姿を伝えた方がいいのでは？」。

私は心の中で思いました。「エモーショナル？　当然だ。当事者なんだから。それも朝鮮学校の教壇に立っていた者だ。感情移入もするさ」。結局、方向性はそのままで行こうということになり、それでも大小様々な注文がつきました。そうしてまた眠れない日々が続きました。

はじめ13分46秒だった映像は、最終的には15分7秒の大作へと膨れ上がりました。10分程度を予定していたから大幅なタイムオーバーです。それでも丹羽先生は削れとは仰いませんでした。

「どれも大切な場面なんでしょ。そのままでいきましょう」。安堵の表情を浮かべた私の肩を叩きながら、先生は私を最大級に労ってくださいました。数か月間に及ぶ苦労の連続が吹き飛ぶような気持ちでした。

こうして朝鮮学校に学ぶ子どもたちの姿を捉えた「映像資料」は、それぞれの裁判において同胞、保護者、支援者たちで埋め尽くされた大法廷のスクリーンに映し出されました。ハードディスクに保存された数々のパイロット版映像データが、今は大切な私の宝物です。

アンケート調査と映像資料を含む、すべての証拠や尋問、そして何よりも弁護団と無償化連絡会の献身的な努力により高校無償化裁判大阪地裁第1審・勝訴判決がもたらされました。

この全ての裁判を弁護団、支援者の皆さんと共に闘う中で得た大切なものがあります。それは朝鮮学校に学ぶ子どもたちを支えてくれる人々のネットワーク。裁判を通して可視化された差別の実態を目の当たりにし、我々と子どもたちに寄り添ってくれる仲間たちです。長く険しい闘いの中で時には折れそうになる保護者たちを奮い立たせ、心無い差別に晒されて笑顔を失いかけた朝鮮学校の子どもたちに希望を与え、教員たちに闘い抜き守り抜く勇気を植え付けてくれたのが、この「あたたかいつながり」だったと思います。この「つながり」の輪を広げて行く道の先に、きっとすべての子どもたちが等しく学べる豊かな社会があるのだと思

朝鮮戦争休戦 65 周年集会後に補助金再開・「無償化」適用を訴えデモ行進する朝鮮学校のオモニたち（2018 年 7 月 27 日、大阪市内）

います。

我々の闘いを先頭に立って導いてくださった丹羽雅雄弁護団長は、法廷に立ったたびにこう繰り返しました。

「この法廷で裁かれるのは朝鮮学校の教育内容や本国、総聯組織との関係性などではない。ましてや朝鮮学校に学ぶ子どもたちのふるまいなどでは決してない。裁かれるのはこの社会の在り方、日本の民主主義だ。だからこそ我々日本人も当事者と言える」。

今、子どもたちと共に大切な時間を過ごしながら多忙な日々の中で改めて民族教育がいかにして守られてきたのか、いかに多くの人々に支えられてきたのかを実感しています。

大阪朝鮮学園の一員として「朝鮮学校裁判」を闘い抜いた日々に得た「人的つながり」。このたやすくは得難い大切な宝物は、あの日の輝かしい勝訴判決と共にこれからも消えることのない希望の灯火となって私たちの進む道を照らし続けてくれるでしょう。

関連年表

2010年

1月19日 高校無償化法案国会上程
2月20日 中井洽拉致問題担当相が文科省に「高校無償化」から朝鮮学校を除外するよう要請したことが明らかに
3月12日 橋下徹大阪府知事が、金日成・金正日父子の肖像画を外すこと、学習指導要領に準じることなどの「四要件」をクリアしなければ補助金を支給しない方針表明
3月31日 高校無償化法公布、朝鮮学校への支援金支給については未決定
4月1日 高校無償化法施行
4月30日 「無償化」対象の外国人学校を指定する文科省告示公布、朝鮮学校は除外
5月26日 朝鮮高級学校の扱いについて専門家による検討会議設置
8月30日 検討会議、「外交上の配慮などにより判断すべきでない」との見解発表
11月5日 文科省、教育内容ではなく授業時間数や施設面積などで判断するという「無償化」の適用基準を発表
11月24日 延坪島砲撃事件を理由に、政府が「無償化」審査手続きを凍結

2011年

3月8日 大阪朝鮮学園が四要件に対する回答書を橋下府知事に提出府知事は教室の肖像画を外さなかった高級学校に、補助金を支給しない方針を表明
3月23日 大阪府、初・中級学校への補助金支給を正式決定
4月10日 統一地方選挙で、大阪維新の会が大阪府議会の過半数議席獲得
8月29日 菅直人首相、「無償化」審査手続き再開を文科省に指示
9月9日 大阪朝鮮学園、大阪市へ補助金申請書提出
10月6日 府議会教育常任委員が生野朝鮮初級学校視察以後、同委員会で一部議員が職員室からの肖像画撤去などを主張
11月27日 大阪府知事・大阪市長ダブル選挙。橋下前府知事が大阪市長に、大阪維新の会の松井一郎が大阪府知事に当選

12月21日　府議会本会議で、職員室に肖像画がなかった初級学校１校を除き、他の初・中級学校の補助金を停止する補正予算を可決

２０１２年

３月１日　「朝鮮高級学校無償化を求める連絡会・大阪」結成集会（於：阿倍野区民センター）

３月９日　大阪朝鮮学園、初・中級学校職員室の肖像画を外し、府に８校分の補助金支給申請書を提出

３月19日　松井府知事、朝鮮初中級学校生徒の平壌での迎春公演出演（２月）が朝鮮総聯の行事ではないことを大阪朝鮮学園が証明しなかったとして、補助金不交付を決定

３月22日　大阪市、市内の初・中級学校８校への補助金約２７００万円の不交付を決定

４月17日　連絡会・大阪、府庁前での抗議行動開始（以後、毎週火曜日実施）

６月16日　「大阪朝鮮学園支援府民基金」（ホンギルトン基金）立ち上げ集会（於：クレオ大阪中央）

９月10日　「高等学校等就学支援金の支給に関する審査会」第７回会議開催（以後、２０１３年12月16日〔第８回〕まで開催されず、審査会での朝鮮高級学校に関する審議は事実上打ち切り）

９月20日　大阪朝鮮学園、補助金不交付処分取消、交付義務づけを求め、大阪府・市を提訴

11月15日　大阪府・市補助金裁判第１回弁論

11月16日　モアコンサート―大阪朝鮮学校支援チャリティーコンサート―（於：東大阪市立市民会館）

12月16日　総選挙で自民党が圧勝、政権復帰が確定

12月28日　第２次安倍晋三内閣、朝鮮高級学校への「無償化」不適用方針決定

２０１３年

１月22日　大阪府・市補助金裁判第２回弁論

１月24日　大阪朝鮮学園、「無償化」指定に関する不作為の違法確認、指定義務づけを求め、国を提訴

愛知朝鮮中高級学校高級部の生徒・卒業生５名が「無償化」除外で受けた精神的損害への国家賠償（慰謝料）を求め、国を提訴（２０１３年12月19日　生徒・卒業生５名が追加提訴）

１月27日　大阪市が、市有地である中大阪朝鮮初中級学校敷地の明け渡しを求め、２０１２年12月26日に大阪朝鮮学園を提訴していたことが明らかに

２月17日　朝鮮学校「高校無償化」・補助金問題を考える研究集会（於：河合塾大阪校）

２月20日　改悪文科省令公布、朝鮮高級学校に「無償化」不指定通知を発送

3月11日　大阪朝鮮学園、請求内容の一部を「不作為の違法確認」から「不指定処分取消」に変更

3月13日　大阪「無償化」裁判第１回弁論

3月24日　朝鮮学校ええじゃないか！春のモア・パレード（於：扇町公園）

4月11日　大阪府・市補助金裁判第３回弁論

5月17日　国連社会権規約委員会が日本政府報告に対する総括所見を採択、朝鮮高級学校の「無償化」排除を差別と指摘（4月28日～5月3日オモニ代表団がジュネーブで要請活動実施）

5月20日　大阪「無償化」裁判第２回弁論
大阪府オモニ連絡会が、国連・文科省に対する要請行動報告会開催（於：東成区民センター）

5月31日　朝鮮大学校生、文科省前での金曜行動開始

6月12日　大阪府・市補助金裁判第４回弁論

7月5日　モンダンヨンピル コンサートｉｎ大阪―朝鮮学校ええじゃないか！―（於：東大阪市立市民会館）

7月29日　大阪「無償化」裁判第３回弁論

8月1日　広島朝鮮学園が「無償化」不指定処分取消と指定義務づけを、広島朝鮮初中高級学校高級部の生徒・卒業生１１０名が就学支援金支給を求め、国を提訴

9月3日　大阪府・市補助金裁判第５回弁論

10月25日　大阪「無償化」裁判第４回弁論

11月19日　大阪府・市補助金裁判第６回弁論

12月19日　九州朝鮮中高級学校高級部の生徒・卒業生67名が「無償化」不指定で受けた精神的苦痛への国家賠償（慰謝料）を求め、国を提訴（２０１４年2月19日　生徒1名が追加提訴）

２０１４年

1月23日　大阪府・市補助金裁判第７回弁論。請求内容に、原告の地位確認、国家賠償を追加

1月27日　大阪「無償化」裁判第５回弁論

2月17日　東京朝鮮中高級学校高級部の生徒62名が「無償化」不指定を違法とし、国家賠償を求め、国を提訴

2月28日　こどもたちの笑顔をモア　ウリハッキョの未来をモア―朝鮮学校高校無償化・補助金裁判報告集会―（於：北区民センター）

3月19日 映画「60万回のトライ」東京でロードショー開始
3月26日 大阪府・市補助金裁判第8回弁論
4月11日 大阪「無償化」裁判第6回弁論
5月13日 火曜日行動100回記念行動
6月4日 大阪府・市補助金裁判第9回弁論
6月13日 韓国で「ウリハッキョと子どもたちを守る市民の会」結成
6月20日 大阪「無償化」裁判第7回弁論
8月6日 大阪府・市補助金裁判第10回弁論
8月29日 大阪「無償化」裁判第8回弁論
8月29日 国連人種差別撤廃委員会が日本政府報告に対する総括所見採択。朝鮮学校に「無償化」制度を適用し、地方自治体には補助金再開・維持を要請するよう勧告（8月19日～8月22日ジュネーブで要請活動実施）
10月1日 大阪府・市補助金裁判第11回弁論
11月14日 大阪「無償化」裁判第9回弁論
モアＴＲＹ！ モアＶＯＩＣＥ！―声よ集まれ！子どもたちの未来へトライ！―（於：東成区民センター）
12月10日 大阪府・市補助金裁判第12回弁論

2015年

2月6日 大阪「無償化」裁判第10回弁論
2月20日 「朝鮮高校生裁判支援全国統一行動」文部科学省要請行動に参加
モアアクション全国一斉行動（於：中之島公園水上ステージ）
2月25日 大阪府・市補助金裁判第13回弁論
4月24日 大阪「無償化」裁判第11回弁論
5月14日 大阪府・市補助金裁判第14回弁論
7月15日 大阪「無償化」裁判第12回弁論

2016年	8月20日	大阪府・市補助金裁判第15回弁論
	10月14日	大阪「無償化」裁判第13回弁論
	11月12日	今こそスクラム！今こそトライ！―朝鮮学校を守るための裁判支援集会・大阪―（於：北区民センター）
	11月17日	大阪府・市補助金裁判第16回弁論
	12月9日	大阪「無償化」裁判第14回弁論
	1月12日	大阪府・市補助金裁判第17回進行協議（DVD上映）
	1月21日	大阪府・市補助金裁判第18回弁論
	2月13日	朝鮮学校高校無償化全国一斉行動全国集会（於：大淀コミュニティーセンター）
	2月17日	大阪「無償化」裁判第15回進行協議
	3月29日	馳浩文科相、「朝鮮学校に係る補助金に関する留意点について」（通知）を28都道府県知事宛に送付、民族教育に対する事実上の不当な介入
	4月19日	大阪府・市補助金裁判第19回原告側証人尋問
	4月25日	大阪府・市補助金裁判第20回被告側証人尋問
	4月27日	大阪「無償化」裁判第16回進行協議
	6月11日	田中宏さん講演会（於：東成区民センター）
	6月21日	火曜日行動200回記念行動
	7月8日	大阪「無償化」裁判第17回進行協議
	8月9日	大阪府・市補助金裁判第21回最終弁論・結審
	10月14日	大阪「無償化」裁判第18回原告側証人尋問
	11月10日	大阪統一街宣行動（於：ヨドバシカメラ梅田前）
2017年	1月26日	大阪府・市補助金裁判第22回地裁判決言い渡し＝不当判決、報告集会（於：中央区民センター）
	2月7日	大阪府・市補助金裁判、大阪高裁へ控訴
	2月15日	大阪「無償化」裁判第19回最終弁論・結審
	5月18日	モアパレード２０１７―勝利の日まで―（於：中之島公園水上ステージ）

6月27日 火曜日行動250回記念行動
7月19日 広島「無償化」裁判：地裁、原告敗訴
7月28日 大阪「無償化」裁判第20回判決言い渡し＝全面勝訴、報告集会（於：東成区民センター）
8月7日 大阪府・市補助金裁判控訴審第1回弁論
8月10日 大阪「無償化」裁判、国が控訴
9月13日 東京「無償化」裁判：地裁、原告敗訴
10月25日 大阪アクションｉｎ天王寺（於：JR天王寺駅前）
12月6日 大阪府・市補助金裁判控訴審第2回弁論・結審
12月14日 大阪「無償化」裁判控訴審第1回弁論

2018年
2月14日 大阪「無償化」裁判控訴審第2回弁論
3月20日 大阪府・市補助金裁判控訴審第3回判決言い渡し＝不当判決、報告集会（於：東成区民センター）
4月2日 大阪府・市補助金裁判、最高裁へ上告および上告受理申立
4月24日 阪神教育闘争70周年記念火曜日行動（291回）
4月27日 大阪「無償化」裁判控訴審第3回弁論・結審
愛知「無償化」裁判：地裁（名古屋地裁）原告敗訴
6月26日 火曜日行動300回
7月18日 幼児教育の無償化を求める大阪市役所前アクション
7月26日 大阪7か所一斉街宣活動
8月28日 国連人種差別撤廃委員会が日本政府報告に対する総括所見採択、朝鮮学校に「高校無償化」制度を適用するよう勧告（8月14日～8月17日ジュネーブで要請活動実施）
9月27日 大阪「無償化」裁判控訴審第3回判決言い渡し＝不当判決、報告集会（於：クレオ大阪中央）
10月10日 大阪「無償化」裁判、最高裁へ上告および上告受理申立
10月30日 東京「無償化」裁判：高裁、控訴棄却
11月28日 大阪府・市補助金裁判、最高裁が上告棄却および上告受理申立不受理の決定

2019年
1月12日 映画「アイたちの学校」大阪で上映開始（於：第七藝術劇場）

2020年

2月1日　国連子どもの権利委員会が日本政府報告書に関する総括所見採択、「無償化」制度を朝鮮学校に適用するために基準を見直すことを勧告（1月16日〜1月17日朝鮮学校学生・オモニ代表団がジュネーブで要請活動実施）
2月15日　国連「子どもの権利委員会」ジュネーブ報告集会（於：東成区民センター）
3月14日　九州「無償化」裁判：地裁（福岡地裁小倉支部）原告敗訴
3月14日　MOREフェスタ（祝祭）2019（於：クレオ大阪南大ホール）
8月27日　大阪・東京「無償化」裁判：最高裁、上告棄却・上告受理申立不受理
9月18日　「高校無償化裁判」最高裁上告棄却に断固抗議し「幼保無償化制度」の差別なき適用を強く求める大阪緊急集会（於：東成区民センター）
9月26日　幼保無償化実現を求める、9・26御堂筋ウォーク（於：中之島公園水上ステージ）
10月1日　「幼保無償化」実施、朝鮮学校など外国人学校の幼稚園は除外
10月3日　愛知「無償化」裁判：高裁（名古屋高裁）控訴棄却
10月7日　朝鮮学校支援ノレぺ・ウリナラ大阪公演（於：阿倍野区民センター）
11月9日　大阪朝鮮高級学校一般公開授業

2021年

5月19日　コロナ禍による困窮学生への緊急給付金創設発表、ただし朝鮮大学校生は除外
7月15日　朝鮮幼稚園に「幼保無償化」適用を求める文部科学省要請行動実施
7月28日　第1回オンライン学習会：リレートーク「大阪・朝鮮学校の闘い、10年を振りかえる」
9月2日　愛知「無償化」裁判：最高裁、上告棄却・上告受理申立不受理
10月13日　火曜日行動400回
10月16日　広島「無償化」裁判：高裁、控訴棄却
10月20日　第2回オンライン学習会：「幼保無償化」の差別なき適用に向けた全国的な取組みについて
10月30日　九州「無償化」裁判：高裁（福岡高裁）控訴棄却
11月29日　第3回オンライン学習会：再生産される植民地主義と朝鮮学校の裁判闘争
1月28日　第4回オンライン学習会：朝鮮学校の裁判闘争を通じて見た民族教育の課題

2022年	9月30日	第5回オンライン学習会：第一審勝訴に導いた専門家たち
	12月8日	第6回オンライン学習会：各地の取り組みから学ぶ
2022年	5月18日	第7回オンライン学習会：朝鮮大学校、そして大阪朝高の新たな挑戦
	10月22日	朝鮮学校を支援する全国弁護士フォーラム2022東京（於：東京朝鮮中高級学校）
	11月19日	大阪朝鮮中高級学校一般公開授業
	12月13日	火曜日行動500回記念ミニパレード
2023年	4月1日	MBSラジオでの上念司氏の発言を許さない！緊急オンライン集会
		映画「差別」大阪で封切り（於：シネ・ヌーヴォX）
	5月21日	映画「ワタシタチハニンゲンダ！」上映会

文献紹介

本書の内容に関連する文献は膨大な数に上ります。網羅的なリストは不可能なので多くを割愛せざるを得なかったことをご理解ください。この文献リストは、以下のような方針で作成しました。

○高校無償化制度が実施された2010年以降に発行または公開された日本語文献を対象とする。
○直接、朝鮮学校の無償化・補助金裁判闘争をテーマとしており、比較的入手しやすいもの、または裁判闘争関係者が執筆したものを優先する。なお、文献データベースや雑誌総目次などで、執筆者が明らかにされていないもの、朝鮮学校の歴史や現状に関わる学術的研究であっても裁判闘争を中心的な主題としていないものは除外する。
○裁判の判決文、国連人権機関の勧告はインターネット上で公開されているが、専門的な知識がなければ探し出しづらい面があるので、URLアドレスを記載した。
○各ジャンルでは時系列による配置を原則とした。単行本、学術論文・雑誌記事は著者別にリストアップするのが一般的だが、裁判闘争の経過にともない、誰がいつ、いかなる文章を、どのような媒体で発表したのかを示すこと自体が、運動の記録としての意義をもつと考えたからである。

■判決文

《大阪》

・補助金裁判

大阪地裁　平成24年（行ウ）197　2017年1月26日

https://www.courts.go.jp/app/files/hanrei_jp/663/086663_hanrei.pdf

大阪高裁　平成29年（行コ）60　２０１８年3月20日
https://www.courts.go.jp/app/files/hanrei_jp/687/087687_hanrei.pdf

・無償化裁判

大阪地裁　平成25年（行ウ）14　２０１７年7月28日
http://www.courts.go.jp/app/files/hanrei_jp/038/087038_hanrei.pdf

大阪高裁　平成29年（行コ）１７３　２０１８年9月27日
https://www.courts.go.jp/app/files/hanrei_jp/070/088070_hanrei.pdf

《広島》

広島地裁　平成25年（行ウ）27　２０１７年7月19日
http://www.courts.go.jp/app/files/hanrei_jp/130/087130_hanrei.pdf

広島高裁　平成29年（行コ）14　２０２０年10月16日
https://www.courts.go.jp/app/files/hanrei_jp/893/089893_hanrei.pdf

《東京》

東京地裁　平成26年（ワ）３６６２　２０１７年9月13日
http://www.courts.go.jp/app/files/hanrei_jp/150/087150_hanrei.pdf

東京高裁　平成29年（ネ）４４７７　２０１８年10月30日
https://www.courts.go.jp/app/files/hanrei_jp/149/088149_hanrei.pdf

《愛知》

名古屋地裁　平成25年（ワ）２６７　２０１８年4月27日
https://www.courts.go.jp/app/files/hanrei_jp/845/087845_hanrei.pdf

名古屋高裁　平成30年（ネ）４５７　２０１９年10月３日
https://www.courts.go.jp/app/files/hanrei_jp/031/089031_hanrei.pdf

《九州》

福岡地裁小倉支部　平成25年（ワ）１３５６　２０１９年３月14日
https://www.courts.go.jp/app/files/hanrei_jp/583/088583_hanrei.pdf

福岡高裁　平成31年（ネ）３０７　２０２０年10月30日
https://www.courts.go.jp/app/files/hanrei_jp/886/089886_hanrei.pdf

■国連人権機関の勧告（日本語訳）

《経済的、社会的および文化的権利に関する委員会》

第50会期（２０１３年４月29日～５月17日）において委員会により採択された日本の第３回定期報告書に関する総括所見（E/C.12/JPN/CO/3）２０１３年６月10日

〔日本政府仮訳〕　https://www.mofa.go.jp/mofaj/files/000053172.pdf

〔社会権規約ＮＧＯレポート連絡会議訳〕　https://w.atwiki.jp/childrights/pages/234.html

《人種差別撤廃委員会》

日本の第７回・第８回・第９回定期報告に関する最終見解（CERD/C/JPN/CO/7-9）２０１４年９月26日

〔外務省仮訳〕　https://www.mofa.go.jp/mofaj/files/000060749.pdf

〔人種差別撤廃ＮＧＯネットワーク訳〕　http://imadr.net/wordpress/wp-content/uploads/2015/02/be0b617d11574a568ea7ce46754d8bb5.pdf

日本の第10回・第11回定期報告に関する総括所見（CERD/C/JPN/CO/10-11）２０１８年８月30日
［外務省仮訳］　https://www.mofa.go.jp/mofaj/files/000406782.pdf
［人種差別撤廃ＮＧＯネットワーク訳］　https://imadr.net/wordpress/wp-content/uploads/2018/10/51753d9d0d44c8694af b2d15192dc987.pdf

《子どもの権利委員会》
日本の第４回・第５回政府報告に関する総括所見（CRC/C/JPN/CO/4-5）２０１９年３月５日
［外務省仮訳］　https://www.mofa.go.jp/mofaj/files/100078749.pdf
［子どもの権利条約ＮＧＯレポート連絡会議訳］　https://www26.atwiki.jp/childrights/pages/319.html

■単行本・定期刊行物

ウリハッキョ［朝鮮学校］を記録する会（２０１０～19）『朝鮮学校のある風景』１～59号、一粒［한알］出版
朴三石（２０１１）『教育を受ける権利と朝鮮学校：高校無償化問題から見えてきたこと』日本評論社
民族教育問題協議会（２０１１）『朝鮮高級学校への高校無償化適用を願って：全国の朝鮮高級学校生徒たちとオモニたちの作品集　改訂版』学友書房
クォン・ヘヒョ（２０１２）『私の心の中の朝鮮学校』ＨＡＮＡ
朴三石（２０１２）『知っていますか、朝鮮学校』岩波書店
地球村同胞連帯［ＫＩＮ］、「高校無償化」からの朝鮮学校排除に反対する連絡会（２０１５）『朝鮮学校物語：あなたのとなりの「もうひとつの学校」』花伝社
月刊イオ編集部（２０１５）『高校無償化裁判：２４９人の朝鮮高校生たたかいの記録』樹花舎

月刊イオ編集部（２０１７）『大阪で歴史的勝訴 高校無償化裁判 たたかいの記録 vol.2』樹花舎
長谷川和男（２０１９）『朝鮮学校を歩く：１１００キロ／１５６万歩の旅』花伝社
朝鮮大学校政治経済学部法律学科創設20周年記念誌刊行委員会（２０１９）『今、在日朝鮮人の人権は：若手法律家による現場からの実践レポート』三一書房
朝鮮高級学校無償化を求める連絡会・大阪（２０２０）『勝利のその日まで！：四〇〇回目の「火曜日行動」の日を迎えて』同連絡会
月刊イオ編集部、幼保無償化を求める朝鮮幼稚園保護者連絡会（２０２０）『改訂版　外国人学校幼稚園にも「幼保無償化」を！』朝鮮新報社
広島「無償化」裁判総括委員会（２０２２）『広島「無償化」裁判 闘いの記録：司法の有り様を問う』同委員会
朝鮮学校「高校無償化」裁判・東京弁護団（２０２２）『朝鮮学校「高校無償化」裁判・東京　資料集』同弁護団
民族教育の未来をともにつくるネットワーク愛知・ととりの会（２０２２）『明日を灯そう：愛知朝鮮高校無償化裁判支援の記録』ハンマウム出版
朝鮮学校「無償化」排除に反対する連絡会記録編集委員会（２０２３）『高校無償化問題が問いかけるもの』花伝社

■学術論文・雑誌記事

《２０１０年》

前田朗「朝鮮学校の高校無償化除外に異議あり！ 国連で見た極東の差別製造国家」『女も男も』１１５号
石塚さとし「不当な差別を助長する、朝鮮高校の「無償化」除外問題」『マスコミ市民』４９５号
権五憲「許されない、高校無償化からの朝鮮学校除外」『統一評論』５３５号
阿部浩己「これは日本社会の人権問題である：朝鮮学校の排除はどこが問題なのか」『世界』８０４号

李春熙、呉圭祥、師岡康子、江原護、リヒテルズ直子、広野省三「排除の不当性、私はこう思う」『月刊イオ』１６７号
山下栄一「「精神の自由への介入」は許されない」『月刊イオ』１６７号
阿部知「「学び」の本質、語られてこそ」『月刊イオ』１６７号
金昌宣「韓国併合」100年、在日朝鮮人の人権と植民地主義～高校無償化からの朝鮮高校「除外」が語るもの～」『人権と生活』30号
金舜植「すべての外国人学校・民族学校に差別なき無償化を」『人権と生活』30号
中野敏男「「高校無償化」問題に継続する植民地主義…排除を正当化する「論理」の意味」『人権と生活』30号
師岡康子「国連人種差別撤廃委員会日本審査に対する取り組み～高校無償化からの朝鮮学校外し問題を中心として」『人権と生活』30号
夏嶋泰裕「朝鮮学校への高校無償化適用はなぜ遅れているのか」『世界』８１１号

《２０１１年》

金東鶴「まかり通る「強盗の論理」‥朝鮮学校への「無償化」排除と自治体の補助金問題」『インパクション』１７９号
高龍秀「朝鮮学校と高校無償化‥日本政府と大阪府の政策を問う」『部落解放』６４４号
ちじけんた「朝鮮学校の高校無償化排除問題について」『アジェンダ』33号
金東鶴「朝鮮学校「無償化問題」‥現状と課題」『人権と生活』32号
長谷川和男「「高校無償化」朝鮮学校排除という現実に立ち向かう！」『人権と生活』32号
山本かほり「私にとっての「無償化問題」‥ネットワーク愛知の運動に関わって」『人権と生活』32号
大村淳「「高校無償化」と大阪の「補助金」　底流にある民族差別」『人権と生活』32号
板垣竜太「現代日本のレイシズム点描　朝鮮学校に対する攻撃・排除を事例に」『人権と生活』32号

張慧純「外国籍の子どもにも「学ぶ権利」がある。:この国はいつまで朝鮮学校を排除し続けるのか」『女たちの21世紀』66号
前田朗「人権セミナー ヒューマン・ライツ再入門(30):朝鮮学校の高校無償化除外問題(1)」『統一評論』５４８号
前田朗「人権セミナー ヒューマン・ライツ再入門(31):朝鮮学校の高校無償化除外問題(2)」『統一評論』５４９号
田中宏「高校無償化法は、なぜ画期的か」『人権と生活』33号
佐野通夫「朝鮮学校への東京都補助金不支給:経緯と現状」『人権と生活』33号
孔連順「神奈川県の朝鮮学校補助金支給決定にいたるまで」『人権と生活』33号
洪祥進「幼稚班への補助金廃止を撤回:同胞達の総合的・集中的な運動成果」『人権と生活』33号
権海孝、金香清「日本で高校が無償化されるならば、朝鮮学校も対象にするべき:「冬のソナタ」俳優権海孝さんインタビュー」『週刊金曜日』19巻48号

《２０１２年》

藤永壮「朝鮮学校に対する大阪府補助金停止問題の経緯」『インパクション』１８４号
裵明玉「民族教育権をめぐる危機と課題」『人権と生活』34号
金光敏「橋下府政・市政にとっての多文化共生政策:朝鮮学校補助金停止と在日外国人住民施策」『市政研究』１７６号
高龍秀「朝鮮学校の高校無償化からの除外と自治体補助金問題」『部落解放』６６２号
元百合子「国際人権法から見た朝鮮学校無償化除外と公費助成削減・停止問題」『法と民主主義』４６９号
金東鶴、森本孝子、朴京愛「座談会 今こそふんばり時、何をすべき? 何ができる?」『月刊イオ』１９２号
田中宏「画期的な高校無償化が画竜点睛を欠いている」『月刊イオ』１９２号
鈴木孝雄「朝鮮学園の小さな紳士淑女たちと「子どもの権利条約」」『月刊イオ』１９２号

宇野田尚哉「橋下維新による朝鮮学校潰しを許すな！：朝鮮学校に対する大阪府／市補助金停止の問題点」『部落解放』668号

具良鈺「卒業生として、弁護士として、朝鮮学校を守りたい：大阪府市補助金復活裁判について」『人権と生活』35号

《2013年》

藤永壮「朝鮮学校補助金停止問題と植民地主義」『歴史学研究』902号

師岡康子「枝川裁判の勝訴的和解の意義と高校無償化裁判」『月刊イオ』201号

森本孝子「朝鮮学校排除攻撃の本質を問う」『社会民主』695号

師岡康子「国際人権法から見た朝鮮学校の「高校無償化」排除」『世界』842号

金相日「朝鮮学校への高校無償化適用問題「ウリハッキョ」、ウリが支援するとき！」『統一評論』572号

康熙奉「日本の新聞社説は朝鮮高校「無償化」除外問題をどう語っているか」『月刊イオ』204号

金東鶴「省令改悪、審査打ち切りという暴挙に及んだ安倍政権：「高校無償化」、補助金停止問題」『人権と生活』36号

李承現「大阪朝鮮高級学校に「無償化」の適用を：大阪朝鮮学園無償化裁判の現況について」『人権と生活』36号

裵明玉「朝鮮高校生就学支援金不支給違憲国家賠償請求訴訟について」『人権と生活』36号

川口彩子「在日コリアンの子どもたちに民族教育を受ける権利の保障を：神奈川での弁護士活動を通して」『人権と生活』36号

韓英淑「思いは伝わる、諦めない」『人権と生活』36号

宋恵淑「「高校無償化」制度からの朝鮮学校除外、これは差別である：国連・社会権規約委員会が「高校無償化からの朝鮮学校はずしにNO！」」『人権と生活』36号

田中宏「朝鮮学校の戦後史と高校無償化」『〈教育と社会〉研究』23号

《2014年》
金有燮「民族の誇りをかけた闘い：「民族教育」と「集団主義教育」の意味」『部落解放』687号
朴陽子「海よりも深い愛情で子どもたちを見守る」『部落解放』687号
松野哲二「交流の支援から共生の支援へ：東京・多摩地区、チマ・チョゴリ友の会の活動」『部落解放』687号
丹羽雅雄、李春熙、金敏寛「座談会　法廷闘争と運動の両輪で、権利を勝ち取る！」『月刊イオ』214号
金東鶴「朝鮮学校への「高校無償化」排除をゆるさない！：省令「改正」を契機に繰り広げられる法廷闘争」『統一評論』581号
金泰植「朝鮮学校の現在」『現代思想』42巻6号
金南湜「国際人権法からみる朝鮮学校への補助金不支給問題」『人権と生活』38号
黄希奈「「朝鮮学校に高校無償化制度を適用せよ！」：金曜闘争に参加しながら」『人権と生活』38号
金優綺「日本政府・政治家が主導する差別煽動：朝鮮学校差別問題と日本軍「慰安婦」問題から考える」『女たちの21世紀』78号
宋恵淑「日本政府が主導してきた朝鮮学校の子どもたちへの差別と暴力：国連人権機関での活動と実体験を通じて考える」『季論21』25号
金優綺「「最終的に被害を受けるのは朝鮮学校生徒たちだ」：国連・人種差別撤廃委員会、「高校無償化」・補助金問題是正を日本政府に勧告」『人権と生活』39号
阿部浩己「国際人権法から見る「高校無償化」問題」『人権と生活』39号

《2015年》
韓東賢「わけること／わけないこと：朝鮮学校という「場」から考える」『支援』5号

韓東賢「朝鮮学校処遇の変遷にみる「排除／同化」」『教育社会学研究』96巻
園部守「多文化共生の神奈川を！補助金支給を求めるとりくみ」『人権と生活』40号
田中宏「高校無償化からの朝鮮高校除外、その前後左右」『歴史学研究』935号
山本かほり「「朝鮮高校無償化裁判」が問うていること」『抗路』1号

《2016年》
佐野通夫「朝鮮高校無償化裁判の意義と現状」『戦争責任研究』86号
佐野通夫「朝鮮学校無償化排除と三・二九文科大臣通知」『世界』883号
金優綺「在日朝鮮人への差別を根底から問わない日本社会を問う：日本政府による対朝鮮「制裁」と朝鮮学校潰しに抗して」『部落解放』734号
田中宏、長谷川和男「文科大臣通知「朝鮮学校に係る補助金交付に関する留意点について」に関する書簡」『統一評論』599号
佐野通夫「不当な現実が「日常」化する朝鮮学校をめぐる現状」『アジェンダ』55号
木下裕一「大阪における朝鮮学校補助金訴訟と文科省通知について」『人権と生活』43号

《2017年》
髙賛侑「路上の火曜日行動：朝鮮学校排除に抗う人々」『人権と部落問題』69巻 2号
山本かほり「排外主義の中の朝鮮学校：ヘイトスピーチを生み出すものを考える」『移民政策研究』9号
藤永壯「大阪朝鮮学園補助金裁判判決に見る「歴史の偽造」：大阪府私立外国人学校振興補助金制度の創設をめぐって」『人権と生活』44号

田中宏「司法は行政の「朝鮮学校いじめ」をただせるか」『世界』898号
丹羽雅雄「国の差別ただす歴史的判決」『月刊イオ』255号
田中宏「広島と大阪：真逆の判決から見えてくるもの」『月刊イオ』255号
宋恵淑「勝ちとった国連勧告を、無償化判決に：国際社会が求める民族教育権の保障」『月刊イオ』256号
伊地知紀子「朝鮮学校の存在意義：朝鮮学校保護者へのアンケート結果をもとに」『月刊イオ』256号
山本かほり「朝高生たちがつかみとる〈祖国〉：愛知・無償化裁判の意見書から」『月刊イオ』256号
康明逸「国と裁判中の朝高に通わせる意味：偏見によるアイデンティティの歪みに打ち克つもの」『月刊イオ』256号
森本孝子「朝鮮学校無償化裁判が問うもの」『社会民主』749号
中村一成「歴史的だが「当たり前」の一歩：朝鮮学校無償化訴訟大阪判決の意味」『世界』900号
丹羽雅雄「大阪朝鮮高級学校の無償化勝訴判決の概要と意義」『部落解放』747号
丹羽雅雄「大阪朝鮮高級学校無償化裁判の意義と課題」『抗路』4号
金英哲「朝鮮学校「高校無償化」裁判の大阪地裁判決」『賃金と社会保障』1693号
金英哲、李春煕「対談　1勝2敗。どう闘う、無償化裁判」『月刊イオ』257号
佐野通夫「民族教育権と朝鮮学校の歴史」『女も男も』130号
梁・永山聡子「司法が追認した公的な制度差別問題と裁判闘争の意義：東京朝鮮高校生「無償化」裁判判決を受けて」『女も男も』130号
東京朝鮮学校オモニ会「座談会　権利を勝ち取るまであきらめない」『女も男も』130号
成嶋隆「朝鮮学校の無償化問題」『国際人権』28号
平田かおり「「無償化」訴訟広島判決について」『人権と生活』45号
金英哲「力をあわせて勝ち取った大阪地裁判決」『人権と生活』45号

李春熙「東京朝鮮高校生「高校無償化」国賠訴訟の地裁判決について」『人権と生活』45号
長谷川和男「全国行脚でめぐった全国の朝鮮学校での出会い」『人権と生活』45号
孫美姫「すべての子どもたちには学ぶ権利がある！：韓国で拡がる朝鮮学校支援運動」『人権と生活』45号

《2018年》
普門大輔「朝鮮学校を巡る裁判を通じて：朝鮮学校のことをあまり知らない日本の方に」『はらっぱ』382号
成嶋隆「朝鮮高校無償化訴訟の諸論点」『法政理論』50巻1号
中川律「朝鮮高校就学支援金不指定事件を考える：3つの地裁判決を素材に」『法学セミナー』63巻2号
李春熙「司法は行政による差別を追認するのか：「朝鮮高校無償化訴訟」の現状」『法学セミナー』63巻2号
石井拓児「高校授業料無償化法の立法経緯と朝鮮学校除外問題」『法学セミナー』63巻2号
藤永壯「歴史的勝訴と、ヘイト判決・国策判決と：3地裁判決を終えた朝鮮学校の「高校無償化」裁判闘争」『歴史学研究』968号
朴金優綺「朝鮮学校差別問題を国際人権の視点から考える：二〇一四年の人種差別撤廃委員会における日本政府報告書審査を中心に」『明日を拓く』42巻5号
田中宏「朝鮮学校差別の見取図：その遠景と近景」『世界』908号
金東鶴「朝鮮学校の歴史と「高校無償化」裁判」『ひょうご部落解放』169号
前川喜平「朝鮮学校へも「高校無償化法」の適用を！」『ひょうご部落解放』169号
桜井克典「兵庫県における朝鮮学校に対する「補助」金額の削減に関して」『ひょうご部落解放』170号
金誠明「在日朝鮮人の民族教育と自決権：朝鮮学校「高校無償化」排除と朝鮮民主主義人民共和国」『歴史評論』822号
長谷川和男「朝鮮高校「教育無償化」は民主主義のバロメーター」『季論21』39号

朴金優綺「国連人種差別撤廃委員会、新たな勧告を日本政府に突きつける」『人権と生活』47号
金英哲「結論ありきの不当な大阪高裁判決」『人権と生活』47号
前田朗「差別とヘイトのない社会をめざして(7)：国連人種差別撤廃委員会、日本に4度目の勧告」『人権と生活』47号
金順雅「国連人種差別撤廃委員会の日本審査に参加して」『人権と生活』47号
丹羽徹「朝鮮学校への自治体による補助金の支給と在学生の教育を受ける権利」『龍谷法学』50巻４号

《２０１９年》

成嶋隆「「不当な支配」論による〈不当な支配〉：朝鮮高校無償化訴訟における不条理」『世界』９１６号
中川律「改めて憲法を考える(44)朝鮮高校と「不当な支配」の禁止：授業料無償化不指定裁判を考える」『時の法令』２０６７号
朴金優綺「現代日本における「上下」からの差別と排外主義：朝鮮学校への差別、ヘイトスピーチ・ヘイトクライムと国連の是正勧告」『広島平和研究』6号
金理花「地方行政による朝鮮学校就学支援金差別と「官製ヘイト」：埼玉朝鮮学園補助金不支給問題を中心に」『関係性の教育学』18巻1号
前海満広「不当な差別を許さない！朝鮮学校の子どもたちに学ぶ権利を！：九州朝鮮高校生「無償化」裁判福岡地裁判決を糾弾する」『進歩と改革』８０９号
朴憲浩「九州朝鮮高校「無償化」裁判地裁判決について」『人権と生活』48号
宋恵淑「朝鮮高校生たちの声を届けに：国連・子どもの権利委員会日本審査活動報告」『人権と生活』48号
丹羽徹「高校無償化の朝鮮高校除外　最高裁判決と今後の課題」『法と民主主義』５４２号
李春熙「朝鮮高校無償化裁判・最高裁決定について」『社会民主』７７４号

丹羽徹「憲法・国際法に反する朝鮮学校無償化除外「適法」判決」『前衛』982号
李春熙「「朝鮮高校無償化裁判」について」『国際人権』30号
李洪章「兵庫県による朝鮮学校に対する補助金減額の不当性」『人権と生活』49号
池允学「誰の声を隠したのか：前史としての千葉朝鮮学校地域交流補助金事件」『女たちの21世紀』100号

《2020年》
裵明玉、金敏寛「新春対談　民族教育の権利、どう守る」『月刊イオ』283号
裵明玉「高校無償化からの朝鮮学校排除をめぐる課題」『部落解放』786号
黄希奈「私たちは、一人じゃない　高2の冬から10年、絶望と希望を紡ぎながら」『月刊イオ』286号
尾辻かな子「文化の多様性こそ、日本の財産」『月刊イオ』286号
安達和志「朝鮮高校無償化裁判の教育法的検討」『日本教育法学会年報』49号
佐野通夫「教育における「不当な支配」：朝鮮学校「高校無償化」裁判から考える」『こども教育宝仙大学紀要』11号
丹羽徹「なぜ高校無償化から朝鮮学校を除外するのか」『歴史地理教育』909号
宋恵淑「外国人学校幼稚園の子どもたちを仲間外れにしないで！：「幼保無償化」からの各種学校幼児教育施設除外問題」『人権と生活』50号

《2021年》
金勇大「朝鮮学校差別の実態と本質」『教育』905号
藤永壯「朝鮮高校の「無償化」裁判と「国民」教育：「反ヘイト」の時代」『歴史評論』857号
金舜植「高校無償化裁判を振り返って：裁判の意義と今後の課題」『人権と生活』53号

三浦綾希子「「ととりの会」が目指すもの：愛知における「裁判後」の朝鮮学校支援運動」『人権と生活』53号
朴憲浩「九州朝鮮高校無償化裁判、法廷闘争とその後」『人権と生活』53号
千地健太「この11年間の朝鮮学校差別：「高校無償化」からの排除問題」『アジェンダ』75号

《2022年》
山本かほり「「北朝鮮言説」と朝鮮学校：朝鮮高校無償化裁判支援を通じて」『東海社会学会年報』14号
宋恵淑「民族教育の権利拡充運動において意義ある一歩：朝鮮幼稚園の保護者にも「支援事業」を通した国庫補助が実現」『人権と生活』55号

《2023年》
丸川哲史「朝鮮学校の過去・現在・未来：高校無償化問題から見えてくる朝鮮学校の現在地：金燦旭特別講義」『いすみあ：明治大学大学院教養デザイン研究科紀要』14号
松原拓郎「子どもの権利条約と自治体子ども施策：朝鮮学校への東京都補助金「凍結」問題を題材に考える」『法学セミナー』68巻6号

あとがき

本書は序文で述べているように、大阪の朝鮮学校が日本政府と大阪府・大阪市を相手取り、民族教育権の保障を求めて繰り広げた裁判闘争の記録です。この裁判闘争の経過とその意味を、広く日本社会全体で共有するために企画しました。

在日朝鮮人による民族教育の営みは、旧植民地宗主国である日本の地において朝鮮民族としてのアイデンティティを育むため、さまざまな困難に直面しながら今日まで発展してきました。しかし、戦前から今日に至るまで、日本政府は公安的な観点をもって、民族教育を敵視、弾圧し続けています。朝鮮学校が司法に訴えた高校無償化制度からの排除、補助金停止も、その政策の延長線上にあることは明らかです。

裁判の結果およびその評価については本書で詳しく述べたところですが、司法が行政の意向を忖度し、その独立性を自ら放棄したと言うほかなく、朝鮮学校だけの問題にとどまらない深刻さをもっています。残念なことに、裁判所の判断は朝鮮民族あるいは朝鮮民主主義人民共和国に対する今日の日本社会の差別意識、排外意識を反映しており、その根底に、植民地主義の清算を拒む歪んだ歴史認識が存在することを指摘しなければなりません。いまや日本では民主主義や人権を護るはずの規範が崩壊しつつありますが、朝鮮学校に対する差別的な扱いはこうした危機的状況を集中的に具現しているのです。すなわち、この裁判において本当の意味で敗れたのは、日本社会の側であるとさえ言えるのです。

しかし一方、大阪地方裁判所の無償化判決では、全面勝訴という特筆すべき成果を得ることができました。控訴審で覆されたとは言え、民族教育の意義を正面から認めた判決内容は、日本社会の朝鮮学校に対する認識を転換させる一里塚となる可能性をもっています。そしてこの間、国際人権委員会は、日本政府に対して、日本政府による朝鮮学校への高校無償化排除や自治体の補助金停止について、「人種差別」であるとの勧告を再三発出しています。大阪地方裁判所の無償化判決は、21世紀の国際人権・人道法の国際的潮流である脱植民地主義や反人種差別に適合した公正な全面勝利判決でした。当事者・支援者の手記にも頻出するように、民族教育権は実は「あたりまえの権利」なのです。この語を本書のタイトルで採用した所以です。

大阪の裁判闘争は終わりましたが、高校無償化・補助金支給を実現し、すべての民族的マイノリティの子どもたちの教育への権利保障のために、外国人学校・民族学校の制度的保障の確立に向けた活動を今後も継続する必要があります。

本書は、在日朝鮮人をはじめ、広く在日外国人の人権、教育、歴史などに関心を持つ弁護士、研究者、学生、市民の参考となるよう、この1冊で大阪・朝鮮学校裁判の全貌が理解できるような内容を目指しました。民族教育に対する認識を正すことは、内なる差別意識や排外主義を自覚、克服し、私たちの社会を立て直す道にほかなりません。

本書の編集、刊行は大阪での裁判闘争が終了した直後から構想されていましたが、コロナ禍の影響もあり、実際に編集委員会がつくられたのは2021年6月になってからでした。大阪の朝鮮学校裁判闘争において特筆すべきは、大阪朝鮮学園、弁護団、支援者が三位一体となって展開されたところです。本書の編集委員も裁判闘争の隊列に加わった、以下のようなさまざまな方々によって構成されました。

金英哲、李承現、任真赫（以上、大阪朝鮮学園裁判弁護団）、金大淵《キムデヨン》（大阪朝鮮中高級学校）、金亜紀《キムアギ》（在日本朝鮮民主女性同盟大阪府本部）、高熹成《コフィソン》（在日本朝鮮青年同盟大阪府本部）、玄潤芽《ヒョンユナ》（在日本朝鮮留学生同盟大阪地方本部）、玄完植《ヒョンワンシク》（在日本朝鮮人総聯合会大阪府本部）、宇野田尚哉、藤永壮（以上、朝鮮高級学校無償化を求める連絡会・大阪）

当初は2022年中の刊行を目指していたのですが、諸般の事情で作業は大幅に遅延してしまいました。早くから原稿を提出してくださった執筆者の方々、本書の出版を心待ちにしてくださった方々にお詫び申し上げます。

本書の表紙は大阪の朝鮮学校に通う生徒の作品で飾ることができました。作品提供を快諾してくださった生徒・保護者の方々はもちろん、選定にあたってくださった大阪朝鮮中高級学校の玄明淑《ヒョンミョンスク》先生をはじめとする美術教育関係者の方々にお礼申し上げます。

最後に厳しい出版事情の中、本書の出版を引き受けて下さった現代人文社に感謝申し上げます。とくに編集担当の李晋煥《リジナン》さんは、辛抱強く作業にお付き合いくださり、また編集委員会の要望にいつも迅速かつ適切に対応してくださいました。記して謝意を表します。

本書が民族教育の将来を展望するための一助となり、多くの方々に読まれることを願っています。

２０２３年９月

大阪朝鮮学園裁判弁護団長

丹羽雅雄

[編　者]

大阪朝鮮学園高校無償化・補助金裁判記録集刊行委員会

金英哲（キム・ヨンチョル）　大阪朝鮮学園裁判弁護団
李承現（リ・スンヒョン）　大阪朝鮮学園裁判弁護団
任真赫（イム・ジンヒョク）　大阪朝鮮学園裁判弁護団
金大淵（キム・デヨン）　大阪朝鮮中高級学校
金亜紀（キム・アギ）　在日本朝鮮民主女性同盟大阪府本部
高熹成（コ・フィソン）　在日本朝鮮青年同盟大阪府本部
玄潤芽（ヒョン・ユナ）　在日本朝鮮留学生同盟大阪地方本部
玄完植（ヒョン・ワンシク）　在日本朝鮮人総聯合会大阪府本部
宇野田尚哉（うのだ・しょうや）　朝鮮高級学校無償化を求める連絡会・大阪
藤永壮（ふじなが・たけし）　朝鮮高級学校無償化を求める連絡会・大阪

大阪朝鮮学校無償化・補助金裁判
「あたりまえの権利」を求めて

2023年11月20日　第1版第1刷

編　者　大阪朝鮮学園高校無償化・補助金裁判記録集刊行委員会
発行人　成澤壽信
編集人　李晋煥
発行所　株式会社 現代人文社
〒160-0004　東京都新宿区四谷2−10八ツ橋ビル7階
Tel: 03-5379-0307　Fax: 03-5379-5388
E-mail: henshu@genjin.jp（編集）　hanbai@genjin.jp（販売）
Web: www.genjin.jp
発売所　株式会社 大学図書
印刷所　株式会社 平河工業社
装　幀　Malpu Design（清水 良洋）

検印省略　Printed in JAPAN
ISBN978-4-87798-846-3　C0036

現代人文社の関連書籍

四六判／ 366 頁
定価 2,300 円＋税
ISBN978-4-87798-787-9

裁判の中の在日コリアン〔増補改訂版〕
——日本社会の人種主義・ヘイトを超えて

在日コリアン弁護士協会（LAZAK）編著

裁判は、日本社会を映す鏡。

日本社会の人種主義とヘイトに抗してきた裁判の歴史。

日本社会の真の多様性を実現するための途を探る。

2008 年に刊行された初版以降にあった事件を加筆、大幅増補改訂。

さらに、「徴用工」「慰安婦」「日韓請求権協定」「名前 (本名と通名) と国籍 (帰化)」の問題についてのコラムも充実。

在日コリアンを当事者とした裁判や事件について、在日コリアンの弁護士や事件に携わってきた弁護士が、当事者の視点から執筆した。

［目次］

現代人文社の関連書籍

A5判／232頁
定価**2,300円**+税
ISBN978-4-87798-830-2

入管解体新書
――外国人収容所、その闇の奥
山村淳平 著

入管収容施設に収容された外国人を長年診てきた医師が告発する入管行政の実態。
外国人収容施設に収容されて「こころ」と「からだ」を蝕まれた移民・難民の診察・治療に携わりつつ、彼ら／彼女らの支援や入管の問題にも長年、取り組んできた医師が、これまでに見たこと・聞いたことを多くのデータとともに記録。社会の底辺に位置づけられた人びとの生の姿を見、声を聞くこと、そして彼ら／彼女らがそのような状態に置かれている背景にはどのような構造的問題があるのかを知ることなくしては、真に「ひと」を救うことはできない。

［目次］